高等院校教育学系列教材

高校课程理论
大学教师必修课

黄福涛 著

北京大学出版社
PEKING UNIVERSITY PRESS

图书在版编目(CIP)数据

高校课程理论——大学教师必修课/黄福涛著. —北京：北京大学出版社，2023.12
高等院校教育学系列教材
ISBN 978-7-301-34610-5

Ⅰ.①高… Ⅱ.①黄… Ⅲ.①高等学校－课程建设－高等学校－教材 Ⅳ.①G642.3

中国国家版本馆CIP数据核字（2023）第209887号

书　　　名	高校课程理论——大学教师必修课 GAOXIAO KECHENG LILUN——DAXUE JIAOSHI BIXIUKE
著作责任者	黄福涛　著
责任编辑	周志刚
标准书号	ISBN 978-7-301-34610-5
出版发行	北京大学出版社
地　　　址	北京市海淀区成府路205号　100871
网　　　址	http://www.pup.cn　新浪微博：@北京大学出版社
微信公众号	通识书苑（微信号：sartspku）　科学元典（微信号：kexueyuandian）
电子邮箱	编辑部 jyzx@pup.cn　　　　总编室 zpup@pup.cn
电　　　话	邮购部 010-62752015　发行部 010-62750672 编辑部 010-62753056
印刷者	大厂回族自治县彩虹印刷有限公司
经销者	新华书店
	650毫米×980毫米　16开本　17.25印张　250千字 2023年12月第1版　2023年12月第1次印刷
定　　　价	60.00元

未经许可，不得以任何方式复制或抄袭本书之部分或全部内容。
版权所有，侵权必究
举报电话：010-62752024　电子邮箱：fd@pup.cn
图书如有印装质量问题，请与出版部联系，电话：010-62756370

前言

高等院校课程研究一直是我感兴趣的领域之一。自 2004 年 10 月，我开始在日本广岛大学高等教育研究开发中心讲授"大学课程开发论"课程。这是一门主要面向硕士研究生开设的学位课程，共 15 讲，两个学分。本书是我十多年来教学和研究的结晶，旨在系统地介绍和分析高等院校课程主要模式的演变和课程改革实践，为教育从业者和研究者提供有益的参考。

课程作为高等教育的核心，直接影响着大学生的学习体验和学习成果。课程研究也是高等教育的重要领域之一。自 20 世纪 90 年代初期开始，无论是中国还是日本都掀起了多次本科课程和教学改革，然而，较之于众多的宏观研究文献，有关高等院校课程，尤其是基于历史与比较的视角，将理论探讨与改革实践考察结合在一起的研究并不多见。随着社会的不断变化和知识的快速更新，高等院校如何进行反思和创新以适应大学生的发展和社会的要求，哪些主要课程模式可以帮助高校培养适应时代变化和发展的人才，如何通过课程培养大学生的综合能力和创新思维，等等，成为各国亟待解决的共同课题。

本书的写作旨在回答这些重要问题。本书分为十一个章和三个附录，涵盖了广泛的主题。第一章简要介绍了高等院校课程研究的背景和意义，并构建了一个分析框架，以便读者更好地理解和应用本书中的内容。接下来的几章分别探讨了自由教育（博雅教育）与通识教育、专业教育、学术训练教育、高等职业技术教育和能力本位教育等不同的课程模式，并结合国内外具体案例进行分析。通过对这些模式的案例分析，我希望读者能够了解不同模式的特点、优势以及所面临的挑战，并从中获得启发和借鉴。

本书的第八章至第十章详细介绍了美国、欧盟主要国家及日本的本科课程改革情况。通过对这些国家的案例分析，我希望能够向读者展示不同国家和地区在本科课程改革方面的探索和实践，它们所面临的挑战、所取得的成果，以及我们可以从中学到的经验和吸取的教训。本书附录部分分别讨论了大学课程开发与教师的教学活动、大众化和普及化阶段本科教育的质量保证以及一流大学的本科教育等内容。希望这些附录能为读者提供更全面的视角，帮助读者更好地理解和应用本书中的理论和实践。

　　在写作本书的过程中，我得到了许多人的支持和帮助。本书的构思最初始于 2005 年 10 月中旬在杭州西湖湖畔青藤茶馆与浙江大学教育学院顾建民教授的一次畅谈。在整洁优雅的茶馆里，面临窗外微波粼粼的西湖和若有若无的群山，我俩就大学课程开发论的教学和相关研究，讨论了大半天时间。十多年来，在中国和日本大学课堂内外我深入接触了众多学生和教育从业者，他们的学习经历和教学实践为我提供了宝贵的启示和动力。同时，在本书写作过程中，我还有幸多次在北京大学、清华大学、浙江大学、上海交通大学、南京大学、复旦大学、中国人民大学、北京航空航天大学、北京理工大学、华中科技大学、武汉大学、厦门大学、中山大学、吉林大学、大连理工大学、华东师范大学、东北师范大学和南京师范大学等重点高校，与从事课程研究的专家学者、研究生和行政管理人员进行了交流，这些无疑也为本书的写作提供了极大的帮助。

　　最后，我衷心希望读者通过阅读本书，能够深入了解高等院校课程研究的重要性和所面临的挑战。我期待着与读者分享这个充满挑战和机遇的学术领域，并共同努力为培养具有综合素质和创新能力的人才做出贡献。

黄福涛
2023 年 5 月 18 日于日本广岛大学

目 录

第一章　高等院校课程研究及其分析框架...................................1
　　第一节　课程研究的历史沿革...................................2
　　第二节　课程研究的主要问题和相关成果...................................4
　　第三节　大学课程研究的主要问题...................................7
　　第四节　大学课程的概念和分析框架...................................11
　　第五节　结　语...................................18

第二章　高等院校课程模式及其变化...................................19
　　第一节　不同课程模式的形成与特点...................................20
　　第二节　高等院校课程模式变化的动因...................................29
　　第三节　结　语...................................31

第三章　自由教育与通识教育课程模式...................................34
　　第一节　概念的解释和界定...................................35
　　第二节　自由教育的出现与变化...................................38
　　第三节　美国自由教育和通识教育的形成与发展...................................43
　　第四节　美国自由教育和通识教育模式的传播与影响...................................59
　　第五节　结　语...................................67

第四章　专业教育课程模式...................................70
　　第一节　专业教育的概念...................................70
　　第二节　专业教育的变化...................................75

第三节　结　语 87

第五章　学术训练教育课程模式 89
　　第一节　柏林大学产生的历史背景 89
　　第二节　近代柏林大学的课程特征 90
　　第三节　结　语 96

第六章　高等职业技术教育课程模式 98
　　第一节　职业技术教育的概念与起源 98
　　第二节　高等职业技术教育的变化 101
　　第三节　案例分析 106
　　第四节　结　语 119

第七章　能力本位教育课程模式 121
　　第一节　能力本位教育的概念和历史考察 121
　　第二节　高等教育阶段中的能力本位教育 124
　　第三节　结　语 132

第八章　美国本科课程改革 134
　　第一节　美国本科课程的历史变化 137
　　第二节　有关本科课程的改革报告和建议 140
　　第三节　本科课程的改革和变化 145
　　第四节　结　语 152

第九章　欧盟主要国家本科课程改革 156
　　第一节　欧洲大陆高等教育的传统与本科课程改革的背景 158
　　第二节　本科课程改革的进程、影响与问题 162
　　第三节　结　语 172

第十章　日本本科课程改革 174
第一节　"二战"后本科课程变化与改革 176
第二节　普及化阶段的本科课程变革 179
第三节　结　语 187

第十一章　中国本科课程改革 190
第一节　20世纪90年代本科课程改革 191
第二节　21世纪以来的本科课程改革 201
第三节　结　语 208

附录1　大学课程开发与教师的教学活动 210
第一节　研究框架和调查数据 212
第二节　调查结果分析 215
第三节　结　语 224

附录2　大众化和普及化阶段本科教育的质量保证 226
第一节　精英阶段的主要模式 227
第二节　外部法人评估：后期大众化阶段的案例 233
第三节　学习成果评估：普及化阶段的案例 236
第四节　结　语 247

附录3　一流大学的本科教育 248
第一节　概念和分析框架 249
第二节　一流大学的本科教育 253
第三节　结论与启示 264

第一章　高等院校课程研究及其分析框架

自11世纪欧洲中世纪大学出现以来，尽管单一的大学（university）已发展为复杂多样的高等教育机构、第三级教育机构（tertiary education）[①]或中等后教育机构（post-secondary education）[②]，大学的职能也从单一的教学发展到科研、服务社会等，本科课程始终是构成各类高等院校的核心部分，是高等院校区别于其他培训机构的最重要的标志之一，更是人才培养的核心手段。为了适应社会、经济、政治和文化的发展，高等院校课程也在不断变化，尤其是在全球化、市场化、国际化、信息化等诸多因素的影响下，20世纪90年代以来，许多国家和地区在高等教育改革过程中，都对课程，尤其是本科课程进行了多方面改革。因此，与20世纪80年代以前相比，这些国家和地区里几乎所有国立、地方公立和私立大学的本科课程结构和内容都发生了重大变化。然而，目前学术界对高等院校课程的研究多为课程政策的分析和评论、特定区域和国家课程改革趋势以及个别大学课程开发和改进的介绍等。对高等院校课程理论的研究，特别是对相关课程的发展和变化机制的研究，如何开发课程等的研究依然很少。自从1994年掀起大规模的本科课程和教学改革以来，中国本科课程的结构和内容也发生了巨大变化。在高等教育从大众化进入普及化的今天，如何构建本科课程的中国模式，院校层面如何开发能够满足普及化阶段人才培养需求的课程、如何形成具有特色的本科课程体系，都是亟须解决的重大理论和实践问题。这自然需要加强高等院校课程理论，尤其是课程开发的研究。

[①] World Bank. Tertiary Education [R/OL]. [2021-11-03]. https://www.worldbank.org/en/topic/tertiaryeducation#1. 本书中所参考的不少外文电子文献未显示网络发表时间，因此本书作者只能提供访问文献的时间。特此说明。

[②] Statics Canada. The Definition of Postsecondary Education [R/OL]. [2021-10-14]. https://www150.statcan.gc.ca/n1/pub/81-004-x/2010001/def/posteducation-educpost-eng.htm.

本章在简要整理现有研究的基础上，讨论构建高等院校，尤其是大学本科课程分析的视角和研究框架。以下第一部分考察课程研究的历史沿革，第二部分概括课程研究的主要问题和相关成果，第三部分介绍大学课程研究的主要成果，第四部分讨论和提出本科课程的概念以及分析框架，最后总结本章的要点。本书中使用的"大学"一词主要指开设学士学位课程的各类高等教育机构，尤其是本科院校。

第一节 课程研究的历史沿革

即使在学校教育的初期，课程也是人才培养不可缺少的重要组成部分。例如，在古希腊时期，虽然没有出现今天意义上的大学或高等院校，但在柏拉图创立的"学园"（Academy）、亚里士多德创立的"吕克昂"（Lyceum）和爱苏格拉底（Isocrates）创立的修辞学校中，就已经形成了培养哲学家和演说家的系统教学内容。[①②] 此外，古罗马学者瓦罗（Marcus Terentius Varro）在《学科要义九书》中也对当时的学校教育内容做了总结（见表1）。

表1 古罗马时代的学校教育内容

Ⅰ	Ⅱ	Ⅲ
文法	几何	医学
修辞	算术	建筑
辩证法	天文	
	音乐	

资料来源：Olaf Pedersen. The First Universities [M]. Cambridge University Press, 1977: 8.

---

① M. L. Clarke. Higher Education in the Ancient World [M]. Routledge & Kegan Paul London, 1971: 55.

② H. I. Marrou. A History of Education in Antiquity [M]. Sheed and Ward Ltd, 1956: 47.

公元5世纪前半叶，古罗马学者乌尔提亚努斯·卡佩拉（Martianus Capella）在其《百科全书》中首次将"语法、修辞、辩证法、算术、数学、几何学、天文学和音乐"定义为"自由学科"（liberal arts）或"七艺"（seven liberal arts）。此后，它不仅对欧洲中世纪大学的课程，而且至今也对世界许多国家的大学课程，尤其是文理学院课程和通识教育课程产生了深远的影响。

尽管欧洲中世纪大学课程的基础已经在古希腊时期出现，但对课程的研究，特别是对大学课程的研究是在20世纪才真正开始的。以下简要概述具有代表性的研究成果。

1918年，美国芝加哥大学富兰克林·博比特（Franklin Bobbit）教授出版了《课程》一书。[①②]该书被认为是世界教育史上第一部关于课程理论的著作。随着该书的出版，课程研究逐渐成为教育学中重要的研究领域。博比特认为，学校课程是解决社会和国家问题的有效手段，并主张在分析人类活动、确定社会和人类发展所需知识、技能和态度等要素的基础上设置课程。他强调，课程的规划和开发应与教育目的和目标相一致。此后，美国教育学家杜威（John Dewey）也对学校课程研究做出了重大贡献，其有关课程的理论不仅对20世纪前期美国的教育，而且还对日本、中国等国家和地区的教育产生过巨大影响。例如，杜威认为，教育过程，特别是学校的课程编排，与两个因素（即心理因素和社会因素）密切相关，而且两者同等重要。他强调人的主动性的重要性，以及教育在创造有利于人类自发展的环境中的作用。[③]博比特和杜威的理论都对现代课程理论的创始人拉夫尔·泰勒（Ralph Tyler）的研究产生了直接影响。

1949年，泰勒发表了《课程与教学的基本原则》，确立了被称为"泰勒原理"的课程组织理论，其主要内容包括：学校应该寻求实现哪

---

① Franklin Bobbit. The Curriculum [M]. Houghton Mifflin, 1918.
②［美］约翰·富兰克林·博比特. 课程 [M]. 刘幸, 译. 教育科学出版社, 2017.
③ John Dewey. Experience and Education [M]. Macmillan, 1938.

些教育目标？可以提供哪些经验来实现这些目标？如何有效地编排这些教育经验？如何判断这些目标是否已经实现？①"泰勒原理"的出现标志着现代课程理论的开端。很多学者认为，20世纪以来提出的各种课程理论大都是参考或基于"泰勒原理"发展变化而来。②

较之于美国，日本关于课程研究的主要著作是1985年安彦忠彦出版的《课程研究导论》。该书比较系统地介绍了课程的基本含义、开发原理和课程实施以及评估过程等。1999年的新版总结了日本20世纪90年代初之前的课程相关研究。③此后，很少有从理论的高度系统研究课程，尤其是大学课程的专著或相关成果问世。

第二节 课程研究的主要问题和相关成果

根据前一节介绍的课程研究的历史沿革，本节将围绕课程的概念、层次、目标和模式，讨论至今对课程研究产生影响的部分成果。

1. 课程的定义或含义

一般认为，英文的课程一词curriculum来自拉丁语的 *curriere*。在英文中，curriculum的基本含义是racecourse，类似中文"赛马场"或"竞赛场"的意思。因此，从字面上它可以理解为朝着某个目标或方向，绕过或跑过某个特定的路线。然而，在教育研究领域，curriculum的解释极其丰富。它的定义不仅随着时间不断变化，而且在不同国家和地区之间也存在较大差异。因此，本节将从狭义和广义两个方面对课程的概念进行分析。

狭义上，课程最常见的定义是"一系列的学习内容"（a course of

---

① Ralph W. Tyler. Basic Principles of Curriculum and Instruction [M]. University of Chicago Press, 1949.

② Peter S. Hlebowitsh. Amid Behavioural and Behaviouralistic Objectives: Reappraising Appraisals of the Tyler Rationale [J]. Journal of Curriculum Studies, 1992, 24(6): 553–547.

③ 安彦忠彦. 新版カリキュラム研究入門 [M]. 勁草書房, 1999.

subject matter of studies）。例如，伊夫琳·索厄尔（Evelyn J. Sowell）将课程定义为"学校所教的一切"（Curriculum refers to what is taught in schools）①。然而，对此也有许多批评意见，例如，凯莉（A. V. Kelly）认为："如果课程的目的是指在实践中产生有效的或者有生产性的结果，那么仅仅将其定义为知识和内容，或者学校里教授和提供的科目是远远不够的。这些课程必须向学习者解释这些知识的可能目的和正当理由以及他们的意图。"②凯莉还把课程分为两大类：作为内容和结果的课程，以及作为过程和发展的课程——也就是广泛意义上的课程。③另外，威廉·卡明斯（William K. Cummings）认为，学校课程的概念是各利益相关者对要教什么、为什么要教、如何教和在哪里教所达成的共识。他还强调，这种意义上的学校课程不仅包括正式的学科内容，而且包括现代学校中所有的日常活动（routine）和辅助课程（co-curriculum）。④

目前，较早关于课程的最详细定义可能是《国际课程百科全书》中的分类和解释。该书整理了20世纪90年代前有关课程概念的九种不同解释。⑤相比之下，日本学者井门富二夫较早将课程定义为"一种教育和研究计划的结构，这个结构的目的是根据学习者（在每个年龄阶段）的精神和身体发展状况，通过学习知识和获得技能从而使其顺利地融入社会"⑥。这基本上可以理解为是对课程的狭义解释。

---

① Evelyn J. Sowell. Curriculum: An Integrative Introduction [M]. Prentice-Hall Inc, 1996: iii.

② A. V. Kelly. The Curriculum-Theory and Practice: Fifth Edition [M]. SAGA Publications Limited, 2004: 4.

③ A. V. Kelly. The Curriculum-Theory and Practice: Fifth Edition [M]. SAGA Publications Limited, 2004: 46, 76.

④ William K. Cummings. The Institutions of Education: A Comparative Study of Educational Development in the Six Core Nations [M]. Cambridge University Press, 2003: 142.

⑤ Arieh Lewy（ed.）. The International Encyclopedia of Curriculum [M]. Pergamon Press, 1991: 15.

⑥ 井門富二夫. 大学のカリキュラム [M]. 玉川大学出版部, 1985: 14.

2. 课程的类型和层面

由于课程概念的广泛性，自20世纪50年代以来，约翰·古德拉德（John I. Goodlad）主持的美国研究小组对课程规划和发展的许多方面进行了广泛和系统的研究，其中包括课程所涉及的基本要素和影响课程变化的因素等。例如，该研究小组强调，课程规划和发展是一个由各种要素和因素组成的复杂过程，必须从多个层面来理解课程的概念。根据他们的研究，至少有四个层面的动因（forces）影响了课程的决策，即社会层面（societal，有关管理机构和部门）；机构层面（institutional，学校、学院、大学）；教学层面（instructional，教师）和个人/经验层面（personal/experiential，学生）。① 基于这种分析，古德拉德等进一步把课程分为五个层面：理想的或与意识形态有关的课程（ideal curriculum），正式的课程（formal curriculum，如政府、国家或地方学校委员会规定的教育内容），感知的课程（perceived curriculum，即不同利益相关者根据自己的标准和价值观对正式课程的看法和解释），实际教授的课程（operational curriculum）和学生实际体验的课程（experienced curriculum）。② 这些研究对教育领域课程的规划、有关课程发展的决定和过程产生了重大影响。

3. 课程的目标和模式

自19世纪以来，许多学者在课程的目标和功能方面提出了不同的模式。其中包括19世纪约翰·洛克（John Locke）提出的自由教育，即以培养绅士为核心的课程模式，20世纪杜威（Dewey）基于儿童中心主义的进步教育主义课程模式。截至20世纪上半叶，学校教育层面形成了多种课程模式，这些不同模式围绕着两个相互对立的教育理念展开了

---

① John I. Goodlad and Z. Su. Organization of the Curriculum//Philip. W. Jackson (ed.). Handbook of Research on Curriculum [M]. Macmillan, 1992: 327–344.

② John I. Goodlad and Associates. Curriculum Inquiry: The Study of Curriculum Practice [M]. McGraw-Hill Book Company, 1979: 349.

长年的争论：一个是满足学生个人需求的课程模式，一个是满足社会需求的课程模式。

第二次世界大战后的社会变革和科学技术的发展，特别是中等教育的普及、教育的国际化和全球化发展，带来了学校教育的多样化，也对课程改革提出了更多需求。自20世纪90年代以来，基于不同的教育理念和目标，出现了更多课程模式，其中美国学者阿瑟·埃利斯（Arthur Ellis）根据多年的学校教育实践，总结出三种课程模式：以学习者为中心的课程（the learner-centered curriculum）、以社会为中心的课程（the society-centered curriculum）和以知识为中心的课程（the knowledge-centered curriculum）。埃利斯对每种模式的特征（emphasis）、教师的教学（teaching）、学生的学习活动（learning）、教学环境（environment）和评估（assessment）等五个方面进行了详细分析。[①]

第三节 大学课程研究的主要问题

与中小学课程的研究相比，大学课程的研究历史较短，研究成果也少。在英美等国，虽然自19世纪以来就有学者讨论有关大学教育和大学课程的问题，但大学课程得到系统研究是在第二次世界大战之后。以下主要梳理战后（本书中的"战后"均指"二战后"）大学课程研究的代表性成果，进而界定大学课程的概念并提出课程研究的分析框架。

在1963年出版的《高等院校本科课程》一书中，美国学者保罗·德雷斯尔（Paul L. Dressel）讨论了大学课程定义、课程变化历史，特别是本科课程规划的基本原则、课程开发的理论以及美国大学本科课程的模式。[②] 学术界一般认为，该书是第一本系统研究本科课程的

---

① Arthur K. Ellis. Exemplars of Curriculum Theory [M]. Eye on Education, Inc., 2004: xi–xvi.

② Paul L. Dressel. College and University Curriculum [M]. The Center for Applied Research in Education, Inc., 1963.

专著。

　　20世纪70年代以后，美国卡内基基金会发表了一系列关于美国大学本科课程现实和变化的报告和研究成果。例如，1977年的《大学课程的使命》就是其中之一。① 弗雷德里克·鲁道夫（Frederick Rudolph）于1977年出版的《课程：1936年以来美国本科课程研究的历史》系统考察了美国本科课程内容的历史变化。② 对大学和本科学位课程研究者和大学管理者而言，阿瑟·莱文（Arthur Levin）于1978年出版的《本科学位课程手册》则是另一本重要的参考资料。③ 该手册由两部分组成：第一部分介绍"本科课程的现状"，第二部分侧重"本科课程的比较和历史观点"。该手册诠释了本科课程的关键概念，详细讨论了高等教育的理念、本科教育特别是美国本科教育的历史变化，以及世界主要国家的本科教育概况。1977年，由琼·斯塔克（Joan Stark）和丽莎·拉图卡（Lisa Lattuca）共同编著出版的《构建大学课程：行动中的学术计划》由界定课程、开发课程和改进课程三大部分组成，该书更多地研究了本科课程的有关理论问题。值得一提的是，作者提出用"学术计划"（academic plan）一词来取代多义且复杂的课程概念，并从社会学、组织学、心理学和管理学的角度为分析和开发学术计划建构了分析框架。④ 2009年，在该书基础上，拉图卡和斯塔克修订出版了《构建大学课程——情境中的学术计划》一书，进一步系统地阐述了大学课程的

---

　　① Carnegie Foundation for the Advancement of Teaching. Mission of the College Curriculum[M]. Jossey-Bass Publishers, 1977.

　　② Frederick Rudolph. Curriculum: A History of the American Undergraduate Course of Study since 1636 [M]. Jossy-Bass Publishers, 1977.

　　③ Arthur Levin. Handbook on Undergraduate Curriculum: Prepared for the Carnegie Council on Policy Studies in Higher Education [M]. Jossey-Bass Inc, 1978.

　　④ John S. Stark and Lisa R. Lattuca. Shaping the College Curriculum: Academic Plans in Action [M]. Allyn and Bacon, 1997.

基本框架。①② 由美国高等教育研究协会（ASHE）2002年出版的《学院和大学的课程》一书也成为研究美国大学课程的重要参考文献。③ 此外，自20世纪80年代以来，美国高等院校学会（AACU）在针对会员院校问卷调查基础上发布的报告对帮助了解美国大学本科课程，尤其是通识教育课程的变化提供了大量第一手的资料。④

日本从战后到20世纪90年代初的相关研究主要围绕通识教育或教养教育展开。具有代表性的学者包括和田小六、扇谷尚、小林哲也等。其中小林哲也从教育理念、改革原则和教育制度三个层面，比较系统地分析了美国、英国、法国、德国和日本的大学课程形成、变化、特点以及在各自大学教育中的作用与地位。⑤

20世纪90年代之后，关正夫教授对日本本科课程的历史和变化发展做了系统和综合的研究。根据他的研究，1990年前后至2002年日本大学教育改革中最重要的问题是本科课程改革。他以日本本科课程改革的相关出版物（学术书、论文以及研究报告等）作为主要的分析对象，以相关基本概念、教养教育、大学本科教育和四个不同学科案例作为切入点，从应对"知识的变化和社会的变化""经济（管理）逻辑和学术逻辑""高等教育大众化带给学生和教师角色的变化"三个方面探讨了日本

---

① Lisa R. Lattuca and John S. Stark. Shaping the College Curriculum: Academic Plans in Context [M]. John Wiley and Sons, Inc, 2009.

② 丽莎·拉图卡，琼·斯塔克. 构建大学课程——情境中的学术计划 [M]. 黄福涛，吴玫，译. 大连理工大学出版社，2020.

③ Lisa R. Lattuca, et al (eds.). College and University Curriculum: Developing and Cultivating Programs of Study that Enhance Student Learning [M]. Pearson Custom Publishing, 2002.

④ Hart Research Associates. Recent Trends in General Education Design, Learning Outcomes, and Teaching Approaches: Key Findings from a Survey among Administrators at AAC&U Member Institutions [R/OL]. [2021-11-24]. https://www.aacu.org/sites/default/files/files/LEAP/2015_Survey_Report2_GEtrends.pdf.

⑤ 小林哲也. 一般教育概念の国際比較 [M]. 玉川大学出版部，1997.

大学课程改革。他还考察了在课程研究发展中出现的三种课程理论观点，即"课程建构"理论、"课程开发"理论和"课程设计"理论。[①]

自1991年日本大学设置基准放宽以后，从国际比较的角度，研究英美等主要西方发达国家及日本大学的课程改革的研究逐渐增加，其中，基于问卷调查等的实证研究尤其令人瞩目。其中，馆昭、清水畏三、井门富二夫、关正夫、有本章、绢川正吉、吉田文等学者的研究成果[②③④⑤⑥⑦⑧]比较有代表性。然而，尽管以往许多关于日本的课程研究都从历史、比较、实证等角度涉及了大学课程的理论、开发、评价等，但有关设计和构建大学课程分析框架的研究成果几乎没有。

施良方的《课程理论课程的基础原理与问题》是我国较早系统介绍课程编制要素过程和模式的专著。[⑨]张伟平和唐卫民的《自由教育高等院校普通教育发展研究》[⑩]和季成均的《大学课程概论》[⑪]则是较早专门研究高等教育课程的专著。近年来，伴随中国通识教育改革的逐步推进，介绍和研究西方自由教育和通识教育的成果显著增多，其中，沈文钦的《西方博雅教育思想的起源、发展和现代转型：概念史的视角》对西方博雅教育概念的演化做了系统而深入的考察和论证。[⑫]

---

① 関正夫. 大学カリキュラム改革に関する研究の回顧と展望─学士課程教育を中心として─[J]. 大学論集, 2006, (36): 31-67.
② 舘昭. 大学改革：日本とアメリカ[M]. 玉川大学出版部, 1997.
③ 清水畏三, 井門富二夫. 大学カリキュラムの再編成[M]. 玉川大学出版部, 1997.
④ 井門富二夫. 大学のカリキュラム[M]. 玉川大学出版部, 1985: 14.
⑤ 関正夫. 日本の大学教育改革─歴史・現状・展望[M]. 玉川大学出版部, 1998.
⑥ 有本章. 大学のカリキュラム改革[M]. 玉川大学出版部, 2003.
⑦ 絹川正吉. 大学教育の思想─学士課程教育のデザイン[M]. 東信堂, 2006.
⑧ 吉田文. 大学と教養教育─戦後日本における模索─[M]. 岩波書店, 2013.
⑨ 施良方. 课程理论课程的基础原理与问题[M]. 教育科学出版社, 1996.
⑩ 张伟平, 唐卫民. 自由教育——高等院校普通教育发展研究[M]. 科学出版社, 2007.
⑪ 季成均. 大学课程概论[M]. 上海教育出版社, 2007.
⑫ 沈文钦. 西方博雅教育思想的起源、发展和现代转型：概念史的视角[M]. 广东高等教育出版社, 2011.

第四节 大学课程的概念和分析框架

尽管大学课程定义难以精准把握，但是至少可以从狭义和广义两个层面进行考虑。与中小学课程相比，狭义的大学课程一般可以理解为大学所提供的正式科目和教育课程，而广义的大学课程概念则可以从课程的目标、教学科目、教学内容、课程开发、教学方法、课程教学结果和评价等方面进行考察。在参考上述相关研究的基础上，本章认为，广义的大学课程应该是根据不同利益集团和利益相关者制定的教育目标、人才培养标准和相关课程政策，根据教育对象的身心发展和知识能力水平，尊重教学与学习的规律，为完善受教育者的人格、传授相关知识和培养相关能力而提供的系统教学内容。它包括显性和隐性的教学和学习内容，通过多种灵活和多样化的教学方法（如课堂讲授、研讨会、实验、实习、远距离和网络教学等）来实现，课程学习的结果一般通过受教育者获得相应的学位或专业资格证书等而得到体现。

基于上述的广义概念，如表2所示，本章认为有必要从多个层面和多种角度构建大学课程分析框架。以下对表2中相关因素和组成部分做简要概述。

表2 大学课程研究的分析框架

理念·目的	哲学的、理论的、有关意识形态的等					
政策·方针	相关组织和机构等			过程	形式	实施手段
	政府	中央				
		地方				
	学术·专业团体					
	市场（企业等）					

（续表）

国家或制度层面的高等教育结构	结构的类型（举办者和不同领域或专业等）和教育阶段或层次，高等教育与高中教育和研究生教育的衔接和分工，传统大学与非大学院校的衔接和分工，学生的构成（年龄和性别等）和分布（按机构、教育阶段或层次、学科和专业）等。
课程 （院校层面）	教育使命或办学目标，人才培养规格和规划，全校课程的基本结构和内容，提供相关课程的教育组织及其结构，生源和学生基本构成，教师和学生支援体系等。
课程① （院系·专业·课堂层面）	本科教育的理念和目标，现行课程的结构和内容，教学体系，生源，学分和毕业及学位授予要求，教育组织结构，支援体系和教学方法等。
结果·效果	毕业生数（就业和升学状况）和质量（课程的目标达成度、学习成果）。

1. 理念和目的

大学课程的理念基本上是指构成高等教育人才目标和培养具体人才的哲学思想和特定的意识形态等较抽象的观念和学说。大学课程的理念多样且复杂。例如，英国学者彼得·斯科特（Peter Scott）基于英国案例，总结了英国四大课程模式的理念及其特点，这四大课程模式是自由教育（liberal education）、通识教育（general education）、大众教育（popular education）和跨学科教育（inter-disciplinary education）。在此基础上，鉴于高等教育大众化、后工业化社会以及市场化所带来的专门

---

① 院系层面的课程至少还可以再分为专业层面和教学科目或课堂层面。在美国大多数院校，更多的是使用 educational、academic 或 degree program 等表达某一特定学习领域的内容，在我国台湾地区的大专院校，program 多翻译为"学程"一词。值得强调的是，美国大学中的 program 与我国大陆使用的"专业"还是有较大的区别，它内容更为广泛，包含主修、通识教育或大学内不同学院层面开设的学习内容，如正式的集中某一特定学科或领域的学习内容、跨学科内容以及学生根据教师的建议自我组合的个性化 program。此外，部分海外学习或合作教育内容等也包含在内。因此，program 也可以直译为教学项目、学术项目或学位项目。

职业和职业结构的变化等,他强调了在未来课程开发过程中引入"能力教育"理念的重要性。[1] 日本学者金子元久总结了"培养专业人才""自由或文理学科"和"探求学术真理"的三种大学教育课程理念。[2]

如上所述,迄今为止的研究大多分析了高等教育的具体目标和大学教育的类型,但是对课程哲学思想和意识形态层面的研究相对较少。鉴于未来高等教育的发展趋势充满不确定性,越来越难以把握,有必要研究和发展能指导课程开发和建设的新理论,满足高等教育日新月异的变化,培养能顺应未来社会发展的人才。

2. 政策和方针

政府、个人、各类团体和组织、企业等利益相关者采取各种措施,通过正式文件和人才培养政策,把抽象的或哲学层面的理念转化为课程开发和改革的政策或战略。对于课程政策的研究,至少需要从以下方面进行探讨:例如,从政治学、经济学和教育社会学的角度,以及历史、比较的角度分析相关政策由哪些团体组织等提出的?如何制定相关课程政策?政策制定经过了哪些程序或过程?政策是通过何种方式或手段得到贯彻实施的?如何评估课程政策效果?等等。如表2所示,如果从历史和国际比较的视角来看,尽管在不同时期以及在不同国家和地区存在差异性,政府(中央和地方)、学术和专业团体或学会以及市场(包括企业)对大学课程政策的制定和实施显然发挥了明显的影响。例如,从20世纪90年代开始,在俄罗斯和中国课程改革过程中,中央政府发挥的影响远远大于其他任何外来因素。相比之下,如第8章所述,美国大学的课程政策制定和实施更多受到市场以及专业学会的影响。

3. 高等教育系统和结构

在国家和制度层面,高等教育系统和结构直接反映了课程理念的

---

[1] Peter Scott. The Future of General Education in Mass Higher Education Systems[J]. Higher Education Policy, 2002, 15(1): 61−75.

[2] 金子元久. 大学の教育力[M]. ちくま新書, 2007.

特点以及相关课程政策的实施情况。作为实现课程理念和落实课程政策的载体和组织，国家和地方政府或其他团体等必须建立相应的高等教育系统。当然，研究或引入新的课程理念、制定和实施新的课程政策也需要改革或调整现有的高等教育系统和结构。在分析作为课程实施载体的高等教育系统和结构时，需要关注两方面的问题：一是大学和其他非大学高等教育机构的结构，另一个是学生的结构。前者指的是高等教育系统的结构状况。从横向来看，它包括不同类型的机构（按举办者和学科或专业等进行分类）之间的关系，特别是大学与非大学高等教育机构之间的衔接和分工。从纵向来看，它包括各级或不同阶段的教育机构之间的关系，例如专科和本科课程之间的关系，及它们与研究生教育机构之间的衔接与分工等。至于学生的基本构成，基本包括在不同类型和不同层次或阶段的机构中学生的年龄和性别、学科专业等的分布情况。

通过上述横向和纵向的分析，我们基本可以确定高等教育系统和结构在多大程度上反映了相应的课程理念和政策，也便于考察和分析现有高等教育系统和机构中哪些部分与课程理念和政策不一致，哪些部分可能阻碍了理念和政策的实施，哪些部分有助于理念和政策的贯彻，等等。

4. 课程设置（院校层面）

院校层面的课程研究主要包括全校范围内的课程分类、课程内容和结构、毕业和获得学位所必须修完的最低学分要求、全校范围内必修学分的有关规定、开设全校必修课的教学组织和人员安排、教学辅助人员、生源和学生基本构成等。需要强调的是，伴随高等教育大众化和普及化的进展，本科课程的开发和实施与高中和研究生课程之间的联系越来越密切（如图1所示），尤其是在高等教育已步入普及化阶段的国家和地区，研究高中教育阶段的课程与大学向新生开设的课程间的相关性和衔接等问题更为迫切和重要。

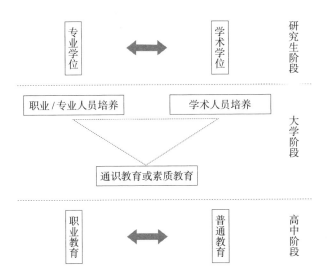

图 1 本科课程研究和开发与高中教育课程及研究生教育课程之间的关系

5. 课程设置（学院、系、专业、课堂层面）

关于学院、系、专业和课堂层面的课程研究，有两点需要特别注意。第一点是应该使用什么标准和方法来确定本科课程的原则和目标。如图 1 所示，至少在综合性或研究型大学，本科课程的开发和实施除了考虑与高中阶段课程衔接及学习者的知识水平与能力等因素外，还必须考虑与研究生教育阶段课程的衔接和对应。理由之一是，伴随高等院校层面和类型的多样化，本科教育阶段至少存在三种不同类型的院校：一类是开设重视自由教育或博雅教育课程、培养精英的文理学院或类似院校，一类是重视职业和专业教育、帮助学生获得学士学位之后即可就业的院校，还有一类是绝大多数本科毕业生继续进入研究生教育阶段学习，特别是从事学术研究的研究型大学。因此，不同国家和地区之间尽管存在明显差异，本科课程开发和实施过程中至少需要考虑以下几种课程模式，即旨在提高学生人格、广泛知识和多方面能力的课程模式，强调职业和专业教育导向的课程模式，重视学术训练、重在培养学术科研人员的课程模式，以及其他融合型或混合型课程模式。本科教学采用何种课程模式，不同课程模式如何体现在本科课程结构和内容之中，授予不同专业学位的课程标准是什么，院校的办学目标和人才培养规格、师资水平、生源、毕业生去向以及劳动力市场等如何影响本科课程开发和人才培养计划制定等，都是重要的研究内容。

6. 结果和效果

课程的结果和效果主要指课程实施中学生所获得的学习结果，即本科课程相关目标在学生学习成果方面的实现程度。它与课程的理念和目标、政策、国家和制度层面的高等教育系统和结构，特别是院校层面的人才培养目标、院系层面的专业人才培养规格和课堂层面的具体教学目标直接相关。课程结果和效果总体上反映了学生通过大学教育，在特定大学、院系和专业中通过相关课程学习所获得的素养、所掌握的知识和能力等。同时，它为评估教育理念、目标、政策、高等教育系统和结构、院系和专业人才培养目标和课程设置是否有效提供了直接的证据和判断材料。更为重要的是，这些证据和材料可以作为参考以改进课程，评估院校层面人才教育目标和专业层面人才培养方案是否合理和有效，促使相关教学人员和教学组织思考是否需要进行调整和改革，并有助于开发新的课程理念和教学内容等。具体而言，课程结果和效果的相关研究至少应该包括两个方面。首先是定量方面的研究，主要指毕业生的就业和升学等方面的分析。大致包括毕业率、不同专业和性别的毕业生的毕业率、就业去向、升学情况以及其他有关毕业后的情况等。其次是有关定性方面的研究，例如研究衡量课程有效性的标准、学生对课程目标的达成度、课程实施的满意度以及雇主对毕业生知识和能力的评估和反馈等。

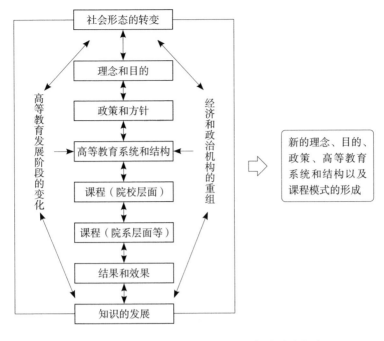

图 2 研究大学课程变化及其影响因素的动态视角

必须强调的是,首先,上述课程理念和目标的确立、课程政策的形成、高等教育体系和结构的构建、不同层面的教育目标的设定以及课程在课堂层面的具体实施并非简单的自上而下的过程。近年来,根据学生学习成果,审核课堂、专业和院校层面的课程设置,进而调整高等教育系统和结构,制定新的课程政策和新的课程理念也成为课程改革的有效手段。其次,不同国家和地区也并非完全严格按照这些环节进行课程开发和实施。例如,美国联邦政府对课程政策和院校层面的课程设置,尤其是学位项目的开发和开设的影响远远小于中国教育部。最后,开展课程研究还必须考虑到各种社会、政治和经济因素的变化给课程设置带来的影响。从历史和比较的角度来看,特别是19世纪以来,由于大学外部各种因素的变动,如近代工业革命的兴起、近代国家的建立和近代科学技术以及专门职业(profession)等的变化和发展,都直接影响了大学课程理念和课程模式的变化。因此,如图2所示,除了从静态研究课程有关问题之外，更重要的是需要从动态，即课程与外部相关因素之间关系的变化，外部相关因素如何影响课程变化等方面进行研究。例如，高等教育大众化和普及化是如何影响大学教育理念和目标的变化、高等教育系统和结构的调整、院校和专业层面的课程结构和内容以及学生学习方式的变化等。此外，在知识社会发展过程中，如何在大学教育中提供以学习者为导向的新课程，并为社会变革培养新的知识和技能也值得关注。不仅如此，如何培养学习者的广泛能力，也就是说如何培养适应社会多样化需求的能力也是一个重要问题。

第五节 结 语

本章在简要回顾课程相关研究的基础上，从广义上简单界定了大学课程的概念，同时提出了研究大学课程的基本分析框架和值得关注的问题和要点。显然，与中小学教育阶段相比，大学课程研究涉及院校外部的各种因素更多，与国家和社会之间的关系更为密切和复杂。同时，影响大学课程开发和实施的高等院校内部其他因素也更为广泛和多样。

本章强调，首先，在大学课程研究过程中，不仅要关注狭义的课程或教育内容，还要研究与课程相关的课程理念和教育目的、课程政策、作为理念和政策载体的高等教育系统和结构，不同层面的教学内容、课程实施的组织，学生、教学和辅助人员，以及体现课程成果和效果的毕业生数量和质量等问题。其次，课程研究不能仅仅停留在分析院校内部影响课程开发和实施的不同因素，还必须从更为宏观的、特别是动态的观点考察社会变革、知识进步、专门职业变化、大学和高等教育的发展水平对本科课程的影响，以及本科课程与高中和研究生教育课程之间的衔接和相互联系。

第二章 高等院校课程模式及其变化

伴随着高等教育的大众化和普及化,尤其是知识经济社会的不断发展,如何通过开发符合本国国情以及不同院校办学目标的课程模式,来培养高质量的人才,是各国高等教育改革过程中面临的共同课题。课程是高等院校人才培养的核心载体之一,与初等和中等教育机构相比,高等院校与国家、地方政府和社会各界的联系更加密切,而且许多高等院校还具有发现知识和应用知识的功能。因此,高等院校课程的思想流派、目标、类型、设计开发的价值取向和实施等显然更加复杂和多样。[①]例如,一般认为,初等和中等学校的课程设计和开发主要是围绕三种基本的理念进行,即学科中心主义、学生中心主义和社会中心主义。[②]相比之下,从国际比较的角度来看,至少英国、法国、德国以及美国在大学教育方面存在显著差异,并形成了各自的人才培养和课程体系特征。[③④]此外,丽莎·拉图卡和琼·斯塔克认为,即使在美国,自19世纪后期以来,美国大学至少出现了三种不同的办学使命,即实用主义、学术研究和自由教育,这些不同的使命直接影响了美国高等院校人

---

① Michael N. Bastedo. Curriculum in Higher Education: The Historical Roots of Contemporary Issues[M]// Philip G. Altbach, Robert O. Berdahl and Patricial J. Gumport. American Higher Education in the Twenty-First Century: Social, Political, and Economic Challenges (Second Edition). The John Hopkins University Press, 2005: 469.

② Arthur K. Ellis. Exemplars of Curriculum Theory[M]. Eye on Education, 2004: xi-xvi. 也可参见:亚瑟 K.埃利斯. 课程理论及其实践范例[M]. 张文军,译. 教育科学出版社,2004: 3。

③ Joseph Ben-David. Universities and Academic Systems in Modern Societies[J]. European Journal of Sociology, 1962, 2 (1): 45-85.

④ Joseph Ben-David. Centers of Learning: Britain, France, Germany, United States[M]. McGraw-Hill, 1977: 9-28.

才培养活动和课程设置的多样化。①

国内外有关本科课程模式的研究多为关于某一特定模式的讨论,如自由教育、通识教育、专业教育和职业技术教育等;从历史考察和国际比较的视角,对影响本科层次人才培养的所有课程模式进行综合和系统的整理很少。本章从课程目标着手,基于历史考察和国际比较,概括高等院校,尤其是本科层次主要课程模式及其基本特点,分析不同模式变化的原因,并在此基础上对研究发现进行总结。

第一节 不同课程模式的形成与特点

高等院校本科课程的类型,可以从不同的角度进行划分和总结。我们基于历史考察和国际比较,把课程培养目标作为分析切入口,将本科层次的课程主要归纳为以下六种基本模式。

第一是自由教育(liberal education)和博雅教育(liberal arts education)课程模式②。该理念的根源可以追溯到古希腊雅典时期为公民或自由人提供的教育。在古希腊,"自由教育"这个词意味着精神教化,指作为非奴隶的自由人所具备的知识素养。特别是在古希腊的雅典,自由教育是将培育身心和谐的、具备文化素养的人作为理想,主要

---

① 丽莎·拉图卡,琼·斯塔克. 构建大学课程——情境中的学术计划[M]. 黄福涛,吴玫,译. 大连理工大学出版社,2020:37—38.

② 自由教育和博雅教育两个概念之间既有联系也有区别,本章主要讨论自由教育。根据美国高等院校学会(American Association of Colleges and Universities, AACU)对自由教育的最新解释:"博雅教育是一种本科教育方式,旨在促进课程和辅助课程(co-curriculum)以及学术性学习和体验性学习的整合,发展受教育者获得对工作、公民精神和个人生活至关重要的特定学习成果。"见 https://www.aacu.org/trending-topics/what-is-liberal-education,访问时间:2022-12-12。该学会有关自由教育的详细论述,可参见 What Liberal Education Looks like: What It Is, Who It's for, & Where It Happens,网址为:https://d38xzozy36dxrv.cloudfront.net/qa/content/user-photos/About/whatlibedlookslike.pdf,访问时间:2022-12-12。博雅教育多指文理相关学位课程的学习,主要与职业、专业或技术类课程教育形成对比。

是为培养从事公共生活或政治活动的领导者和社会精英阶层服务。与中世纪英国牛津大学和剑桥大学的部分自由教育和欧洲大陆的自由教育相比,古希腊时期的自由教育更加强调通过人的培养为公共生活做准备,而不仅仅是为了个人发展。从古希腊至古罗马时期,系统的自由教育内容主要包括文法、修辞学、辩证法、算术、几何、天文和音乐等。在公元5世纪前半叶的罗马,这些科目被称为"七艺"(seven liberal arts)。从12世纪开始,自巴黎大学等中世纪大学出现后,"七艺"成为专业教育(神学、法学、医学)的预备和基础科目,也是专业学院之下文理学院(Faculty of arts)的核心科目。不同于古希腊时期,这些科目具有更强的实用性,并与培养教师、律师、医师和神职人员等专门职业的专业教育有着密切的联系。从14世纪开始,古典的自由教育概念在文艺复兴时期人文主义思潮中再次兴起,其后在18世纪下半叶开始的德国新人文主义运动中发展成为重新学习古典文化精神,强调理性、个人兴趣、尊严、思想、自由的价值观,并在一定程度上影响了德国近代研究型大学的形成。[1]

大约在12世纪下半叶开始,英国出现了牛津大学和剑桥大学。在这两所大学中,学院提供与"七艺"有关的古典人文科目,如古典语言、古代文学、宗教、道德、历史、体育和社交等。两所大学中的不同学院承担了大学的重要教育职能,学院实行"住宿制"。学生学习和生活的方方面面,诸如身心健康、个人卫生、宗教意识培养和道德发展等,均由指导教师(tutor)负责。从16世纪起,这种教育的宗教色彩逐渐减弱,更加强调培养绅士的教育,主要培养学生的品格和广泛的知识和能力。严格意义上,这两所大学的主要教育目的不是培养学者,而是培养绅士和社会精英阶层。此外,较之于研究和教授科学方面的内

---

[1] Louis Kanmpf. The Humanist Tradition in Eighteenth-Century England and Today[M]// Modernism and Postmodernism: Inquiries, Reflections, and Speculations. The Johns Hopkins University Press, 1971: 157-170.

容，它们更注重培育学生的素养。[1]伴随18世纪60年代英国工业革命的发展，位于欧洲大陆的法国、德国、俄罗斯等地的不少新型大学将基于古典自由教育理念的教育下移到中等教育机构中，高等院校则成为主要传授专业教育的机构。牛津大学和剑桥大学也逐渐改变其办学方针，逐渐增加学科教学和引入近代课程学习内容。

简而言之，至少在理念层面，古典自由教育的本质是精英教育，是反对、排斥职业教育和专业教育的。欧洲中世纪大学出现后，它成为大学专业教育的预备教育。换句话说，这种教育模式从古希腊时期旨在培养受教育者的人格和提高一般素养的"自由人"教育，转变为欧洲中世纪大学中服务专业教育的预备教育与基础教育；自18世纪以来，在大多数欧洲国家，存在于高等教育阶段的精英教育下移至中等教育机构，成为培养未来进入高等教育机构学习或成为社会精英教育的中等教育内容。[2]

第二是专业教育（professional education）课程模式。这是一种主要为将来从事某种特定职业做准备的教育，即培养专业人员（professionals）的教育，如培养神职人员、律师、医生、教师、作家、研究者、艺术家等，并为他们获得某种职业资格或证书而提供准备的一种教育。在强调传授理论和基础学科知识方面，专业教育有别于提供技术、家政、贸易等强调实用或技能的职业教育（vocational education）。[3]

专业教育始于巴黎大学的神学院、法学院和医学院，这种教育以培训神职人员、律师、医生和教师等传统专业人员为目的。11世纪后半期，这种教育出现在意大利的博洛尼亚（Bologna）和萨勒诺（Salerno）等地的大学中。17世纪末，随着近代科学技术相关内容被引入大学，

---

[1] Gillard Derek. Education in England: A History[EB/OL]. [2021-12-03]. http:www.Educationengland.org.uk/history.

[2] 小林哲也. 一般教育概念の国際比較[M]. 玉川大学出版部, 1997: 93—100.

[3] 小学館. 日本大百科全書＋国語大辞書[CD]. 株式会社ハーティネス, 1998.

以实践知识为基础、旨在培养传统专业人员的教育，转化为以近代科学技术为基础、旨在培养服务国家的高级技术官员的教育。1789 年法国大革命后成立的各种专门学院所提供的教育是其最初的典范，尤其是新政府直接设立和管理的综合理工学院，为了满足新政权、科学革命和技术发展等方面的需求，开设了与近代国家利益和工业发展密切相关的实用课程，更加强调课程的功利性和实用性。这种模式后来传播到欧洲大陆其他各国，在 19 世纪下半叶对许多国家的近代专业教育产生了巨大影响，并成为专业教育的基本形式。[①] 例如，到 20 世纪初，沙皇俄国主要学习法国模式，建立了拥有技术、工程、军事和医疗机构等的近代高等教育体系。[②] 在苏联时期，这些机构发展成为培养党员干部和技术人员的专业高等教育机构。至少到 20 世纪 50 年代初期，许多高等院校提供五年系统的专业学习内容，前两年开设全校范围的公共必修课，后三年是对应职业的不同专业课和实践训练。专业基础课和专业课占毕业所需总学时的比例约为 95%。[③]

与中世纪大学相比，近代以来的专业教育课程模式的特点之一是基于细分的科学、技术和专业培训课程内容，有计划地为国家培养高度专业化的技术劳动力（manpower）或人力资源。在某些国家，如苏联及受其影响的民主德国等社会主义国家，这种模式尤其强调应用科学和工程的教育内容，课程的内容开发受到国家的严格管理，并由政府设置的标准和法律规定予以直接管理。此外，课程教学往往基于统一的或标准化的教科书和教学大纲进行。

第三是主要培养学者和科研人员的学术训练课程模式，也称为科

[①] 関正夫. 社会の変動と学問・教育等への影響―現代大学の本質的問題へのアプローチ―[J]. 大学論集，1994,（24）: 4.

[②] Konrad H. Jarausch. The Transformation of Higher Learning 1860-1930[M]. Klett-Cotta, 1982: 100-101.

[③] Nicholas de Witt. Soviet Professional Manpower: Its Education, Training and Supply [M]. National Science Foundation, 1955: 106-110.

学教育（译自德语的 *Wissenschaft* 或英语的 scientific education）或学术训练课程模式[①]。1810年成立的德国柏林大学是其典型代表。第二次世界大战前日本的帝国大学也受到了这种理念的影响。根据柏林大学创始人洪堡提倡的办学原则，在这类着重培养学者或科研人员的大学中，"学习应始终被视为一个尚未完全解决的'问题'，而不是从预先存在的知识中学习"[②]。大学教育目标是传授和探究"*Wissenschaft*"（纯粹科学或学问、学术等），发现和创造新知识。具体而言，在柏林大学，首先，中世纪大学中主要传授七艺的文理学院脱离其从属于法学院、医学院和神学院的地位。学生只有在完成神学、医学和法学等学院的学习之后才能进入哲学院，哲学院在大学中的地位得到提高。哲学院发挥了更高层次的统一和综合神学、医学和法学等学院的教学、研究和学习的作用，柏林大学实现了研究和教育的相互融合或一体化。其次，伴随更多有关近代人文、社会及自然科学的内容进入哲学院的课程，哲学院还被赋予如下功能：对学生实施教养教育，在神学、法律和医学领域培养具有深厚哲学素养的专业人员或专家。在课程组织和教学方面，柏林大学在重视教师系统授课的同时，还创造性地引入了研讨班或"习明纳"（seminar）方式。相关研究表明，"在以创造知识为使命的近代大学中，替代中世纪大学的讨论的应该是师生共同讨论。在这种教学方式中，学生在教师的指导下，或以与教师共同研究的形式，掌握科学研究的方法。人文和社会科学研究中的研讨班，以及自然科学研究中的研究所（institute）或实验室（laboratorium），都与近代大学的性质密切相关"[③]。换言之，教学、研究和学习的三位一体或相互融合第一次在德国研究型大学中得到了实现。

[①] 本书参阅以下文献，将这一模式翻译为学术训练课程模式：Peter Scott. The Future of General Education in Mass Higher Education Systems[J]. Higher Education Policy, 2002, 15(1): 61-75.

[②] 潮木守一. 近代大学の形成と変容[M]. 東京大学出版会，1973: 62.

[③] 皇至道. 大学の歴史と改革[M]. 講談社，1970: 104.

总之，这种课程模式强调近代科学知识的认知和智力发展价值，即使是属于自然科学的课程也不是为了培养学生将来从事某种具体的职业，而是要求学生不仅能获得科学知识，还必须参与一定的知识探讨和研究活动。学生要把人类的历史经验和科学的研究成果转化为主体的认知图式，逐步形成对事物的观察和认知能力。也就是说，这种课程模式更强调知识学习对提高个人素养的训练作用。较之于当时的法国高等教育，德国研究型大学模式不仅强调学习科学知识的实用性和功利价值，而且强调培养学生的科学信念，使其掌握科学研究方法和培养研究能力。

第四是通识教育（general education）课程模式。在理念层面，通识教育与上述源于古希腊的自由教育并无本质区别，都是排斥和反对传授实用和具体的职业和技术教育内容。有关通识教育的起源存在各种学说，部分学者认为，在殖民地时期，美国的高等教育主要受到英国古典大学（如剑桥大学）的影响，侧重于中世纪研究、宗教科目、文艺复兴时期被重新发掘的希腊和罗马古典文学和圣经等内容的教学，目的是培养神职人员和律师。[1]伴随近代国家的形成，特别是19世纪中叶以来工业革命的迅速发展，美国高等教育需要满足快速变化的社会需求，培养多样化的人才。美国继承欧洲自由教育的理念和部分课程内容，发展出了具有美国特色的通识教育模式。[2][3]

美国始于20世纪20年代的"阅读经典名著运动"（Great Books Movement）极大地丰富了通识教育内容，进一步扩大了其在美国高校中的影响。1945年哈佛委员会《自由社会中的通识教育》报告的发表，标志着通识教育理念进一步系统化和理论化。第二次世界大战后，特别

---

[1] Christopher J. Lucas. American Higher Education: A History[M]. St. Marin Press, 1994: 109.

[2] 黄福涛. 从自由教育到通识教育[J]. 复旦教育论坛，2006,（4）: 19—24.

[3] Sheldon Rothblatt. Tradition and Change in English Liberal Education: An Essay in History and Culture[M]. Faber and Faber, 1976: 206.

是近年来随着美国政治、经济和文化影响力在世界范围内的增长，通识教育课程模式逐步影响到美国以外的许多国家和地区。

由于美国大学的多样性及通识教育的概念和理念，尤其是在内容方面不断发生变化，我们很难精确概括通识教育的本质特征。①不过，相较于自由教育、专业教育和培养学者与科研人员的学术训练课程模式，通识教育至少具有以下几方面的特征。首先，在教育对象方面，不同于强调面向特定社会阶层或精英阶层的传统自由教育，通识教育是面向普通人和向大众开放的教育。其次，在理念方面，它区别于专业教育和职业技术教育，目的在于培养自由和民主社会的合格公民或社会成员。再次，在内容组织方面，通识教育提供广泛和多样的有关人文、社会和自然科学方面的选修内容，传授作为公民所需的一般、基本和综合的知识、技能、能力和态度的科目，保证学生习得作为公民和社会成员所需的广泛的知识、能力及素质。最后，值得强调的是，通识教育并不完全排斥专业教育，尤其是近年来，很多通识课程成为高年级专业教育以及研究生教育的共通性课程和基础性课程，通识教育因而有与专业教育相互融合的趋势。②

第五是职业技术教育（vocational and technical education）课程模式。较之于以上四种课程模式，以往在许多国家和地区，职业技术教育不属于高等教育，尤其是大学阶段的教育，无法授予相关学位，因此相关研究较少。近年来，伴随职业教育规模的扩大，特别是具有颁发学位资格的高等职业技术院校的大量出现，有关职业技术教育课程的研究越来越受重视。③④目前有关高等职业技术教育的起源问题尚无统一的说法。有的学者认为，欧洲中世纪巴黎大学和意大利的院校实施的有关法

---

① Ludwig Huber and Gisela Shaw. Towards a New Studium Generale: Some Conclusions[J]. European Journal of Education, 1992, 27 (3): 285-301.

② 舘昭. 大学改革日本とアメリカ[M]. 玉川大学出版部，1997: 77—78.

③ 姜大源. 职业教育学研究新论[M]. 教育科学出版社，2007.

④ 姜大源. 当代世界职业教育发展趋势研究[M]. 电子工业出版社，2012.

学、医学和神学的教育在某种程度上也可以视为职业教育。不过，真正意义上的高等职业技术教育应该始于19世纪初期法国资产阶级新政权创办的各种培养工程技术人才的专门学院（école speciale）。19世纪60年代欧洲第二次工业革命则在极大程度上促进了欧美许多国家短期高等教育机构或非大学机构的发展。与传统大学或研究型大学相比，这些新型机构主要为区域或地方工商业发展培养实用型和技术型人才，如19世纪后期英国的城市学院（civic college）等。几乎同时，美国的赠地学院运动也开启了高等院校实施职业技术教育的办学理念。不同于重视古典教育的文理学院，这些学院向一般民众开放，多开设有关农业、机械工程、自然科学等方面的课程。高等职业技术学院的出现和发展不仅促进了高等教育平等、高等教育与地方经济的密切联系，而且还为美国工业化和区域经济的发展培养了大批实用人才。[1]同样，这一理念也主导了20世纪初期美国初级学院和20世纪70年代社区学院和技术学院等机构的出现和发展。这些机构通常得到当地政府的财政支持，主要吸引和接收来自当地社区的学生，与地方和区域企业合作，开设大量职业技术类课程，帮助学生就业，为地方经济发展提供相应的劳动力。此外，部分机构还提供部分大学预科课程，帮助学生毕业后升入四年制大学攻读学位课程。[2]第二次世界大战之后日本迅速发展的短期大学和高等专门学校、德国的应用技术大学（Fachhochschule）等，都是实施高等教育层次的职业技术教育的代表性机构。值得强调的是，从举办者来看，除了日本的短期大学多为私立院校外，大多数国家和地区实施职业技术教育的机构均为国立或地方公立院校，得到国家和地方财政的支持。从办学层次来看，近年来，英国和日本等越来越多的国家和地区或把原属于中等教育层次的职业技术教育机构升格到高等教育或大学层次，或

---

[1] Geiger L. Roger and Nathan M.Sorber (eds.). Land-Grant Colleges and the Reshaping of American Higher Education [M]. Routledge, 2013: 2-11.

[2] Carrie B. Kisker, Arthur M. Cohen and Carrie B. Kisker. The American Community College[M]. John Wiley & Sons, 2013: 392-435.

赋予它们颁发学位的资格，或新办专门实施职业技术教育的高等教育机构。

第六是能力本位教育（competence-based education）课程模式。① 该模式进而可以分为两种不同的流派：一种是以美国为代表的行动主义导向（behavioristic approach）；另一种是以德国为代表的综合主义导向（holistic or integrated approach）。② 产生于20世纪60年代美国的能力本位教育主要建立在行动主义导向基础之上，注重单纯的刺激－反应学习和训练过程，最初主要用于师资培训，其后逐渐扩大到管理经营、法律等人才的培训。这一模式对欧洲、亚洲、大洋洲等的许多国家和地区的中等和高等职业教育和培训产生了深远的影响。20世纪90年代开始在德国和荷兰等欧洲大陆部分国家出现的能力本位教育模式是建立在社会建构主义导向（social constructionism approach）之上的能力教育。它更加强调在职业技术教育和训练过程中培养学生思考能力、社会交际能力、适应复杂环境的能力，特别是知识创造的能力。它将高等教育层面的能力分为不同学科特有的能力、所有学科共通的能力、不同职业教育特有的能力和综合能力等，在知识传授的基础上，更加重视学生学习成果的获得。因此，从国际比较的角度来看，20世纪90年代欧洲大陆出现的能力本位教育一方面强调课程开发应该满足劳动力市场需求，培养学生掌握具体职业技能，同时还引入和借鉴了美国通识教育理念中重视训练个人思考能力、判断能力、社交能力、复杂环境的适应能力，特别是知识创造能力等内容，在这个意义上，欧洲大陆的能力本位教育同时具备职业教育、专业教育和通识教育的某些特点。

综上所述，源于古希腊的部分古典课程内容在古罗马时期基本形成了系统的七艺课程体系，这些构成了欧洲中世纪大学，尤其是巴黎大学

---

① Martin Mulder. Competence-based Vocational and Professional Education: Bridging the Worlds of Work and Education[M]. Springer, 2017.

② 黄福涛. 能力本位教育的历史与比较研究——理念、制度与课程[J]. 中国高教研究，2012，(1)：27—32.

文理学院的核心教学内容，一方面成为培养师资的核心内容，另一方面为学生进入法学院、医学院和神学院学习提供预备性基础科目。12世纪后期开始，"七艺"构成英国牛津大学和剑桥大学的核心教学科目，其他专业或职业教育课程则成为欧洲高等院校的核心教学内容。英国的自由教育课程在17世纪又被传播到美国，直接影响了殖民地时期美国高等院校课程的出现。在此基础上，19世纪后期美国产生了具有本土特色的通识教育课程模式，第二次世界大战后通识教育课程模式得到进一步的系统化和理论化。在欧洲大陆，19世纪初期法国重视近代科学技术内容的专业和职业技术教育标志着近代专业和职业技术教育的出现，它直接影响了欧洲大陆德国、沙皇俄国等许多国家近代专业和职业技术课程的兴起。1810年德国柏林大学的办学理念则开创了大学重视科研，培养学者，以及将教学、科研和学习相互融合的先例。19世纪60年代之后欧美出现的短期职业技术教育课程同时也是近代职业技术课程模式的发端。20世纪60年代美国出现的能力本位教育模式和90年代欧洲大学出现的能力本位教育模式虽然没有像其他课程模式那样全面和深入地影响高等院校的人才培养，但是我们可以预测，作为一种新的课程模式，它今后将会对更多国家和地区产生更为广泛的影响。

第二节　高等院校课程模式变化的动因

上述六种高等院校课程模式无疑都是在不同社会、经济、政治、文化背景之下出现并不断发生变化的。具体而言，影响这些课程模式变化的主要动因大致可以归纳为以下五个方面。

第一是民族国家（nation state）和近代国家的成立。在民族国家和近代国家形成过程中，各国需要建立和发展符合国家利益、促进民族统一和融合以及社会发展的自由教育和专业教育。由宗教势力支配的中世纪大学课程模式自然需要走向世俗化，以培养能够服务民族国家和近代国家的高级技术管理人员为目的。这是欧洲中世纪大学中自由教育课程模式逐渐在高等院校中失去存在基础的重要原因。对于所谓后发外生型国家来说，引入基于近代科学技术内容的专业教育课程模式更是建立近代高等教育制度、促进社会近代化的重要手段。[1]

第二是近代工业革命的爆发，尤其是19世纪下半叶开始的第二次工业革命要求相关国家和地区培养更多具有高度专业知识技能和素质的人才，这对英国牛津大学和剑桥大学的自由教育理念，以及德国柏林大学培养学者或科研人员的教育理念产生了巨大冲击。[2]

第三是20世纪上半叶始于美国的高等教育大众化和普及化过程。马丁·特罗（Martin Trow）认为，随着高等教育整体规模的扩大，在高等教育大众化和普及化阶段，高等教育的目的不仅是面向精英阶层服务，重视个人修养和人格完善，更重要的是面向一般大众，传授知识和技能以及提供新的更广泛的经验。此外，为了满足社会的各种需求，高等教育的主要功能不仅是培养精英或统治阶层，还包括培养高度专业化的精英与社会的领导阶层，以及能够适应工业社会发展的全体国民。因此，课程需要从高度结构化转变为结构化和灵活化相结合，进而开发具有弹性化的课程模式。[3]总之，高等教育的大众化、普及化，直接影响了传统自由教育模式向现代通识教育质的转变，同时也大大促进了高等职业技术教育课程模式的发展。

第四是知识型社会的出现。随着人类向学习型社会的过渡，高等教育将越来越强调为学习者提供新的和更广泛的经验，以及培养他们对社会变化的适应能力。课程设计和开发也非常注重培养学习者的各种技能，换句话说，就是要培养学习者适应社会多样化需求的多种能力。

---

[1] Alan B. Cobban. The Medieval Universities: Their Development and Organization[M]. Cambridge University Press, 1975.

[2] Harold Perking. History of Universities[M]//James J. F. Forest，Philip G. Altbach. International Handbook of Higher Education. Springer, 2007: 159−205.

[3] Martin Trow. Problems in the Transition from Elite to Mass Higher Education[R]// OECD. Policies for Higher Education. OECD, 1974: 1−57.

第五是高等教育国际化和经济全球化的影响。自20世纪80年代以来，经济全球化的发展要求各国高等教育进一步提高高等教育国际化水平和教育质量，培养能够在国际劳动力市场以及国际舞台活跃的国际化人才。提高一国高等教育的国际竞争力也需要进一步提高人才培养和课程教学的国际竞争力。这些都需要改革传统的通识和专业教育，引入和开发新的课程模式。①

在上述主要动因影响之下，自20世纪下半叶以来，在本科教育层面，传统上占主导地位的自由教育课程模式和学术训练课程模式在大多数国家和地区的影响逐渐减弱，专业教育课程模式，特别是通识教育课程模式和能力本位教育课程模式受到更多关注。因此，近年来围绕课程模式的讨论和改革，基本上是以如何解决通识教育模式与专业教育模式的冲突，如何重新定义通识教育或如何将通、专模式进行有效的融合，如何开发职业技术教育和能力本位教育课程，如何重新建构新的课程模式为主。

第三节 结 语

基于历史考察和国际比较，本章整理、概括了高等院校本科层次的主要课程模式及其主要特征，影响不同模式变化的主要动因等，具体要点包括以下四个方面。

首先，上述不同课程模式的出现和形成无疑都受到特定社会、政治、经济、文化传统或大学发展阶段的影响。更重要的是，伴随国际大背景和各国国情的变化，这些课程模式的理念和核心内容等也处于不断变化发展过程之中。新的课程模式总是在既存模式难以满足来自国家和社会及知识发展需求的情况下出现的，从这一意义上而言，高等院校内

---

① Peter Scott. The Future of General Education in Mass Higher Education Systems[J]. Higher Education Policy, 2002, 15(1): 61-75.

部新的课程模式的萌发和形成大多是被动接受来自外部影响或压力的结果。

其次，课程模式的产生、变化和发展是不同模式相互冲突、排斥、否定和融合的过程。在某些国家，相互对立的课程模式可能处于钟摆式的变化状态，如美国历史上的自由教育和专业教育的周期性变化。[①]在某些国家可能更多呈现新的课程模式否定现有模式的过程，如法国资产阶级大革命后对中世纪大学课程模式的废除，20世纪50年代初期中华人民共和国高校的院系调整；有的国家可能采取保留现有课程的可取部分，且注入新的理念的策略，如德国近代研究型大学课程模式的形成。

再次，特别是自近代以来，知识的发展和职业的细分带来了大学办学使命、高等院校结构和功能的多样化，进而导致不同课程模式之间矛盾、冲突的出现和激化。其结果是只有那些对知识发展、毕业生就业，以及对国家和社会发展有直接和明显贡献的模式能在高等院校中立足并得到重视和发展。[②]例如，英国自由教育课程模式的式微以及美国通识教育课程在全球范围内扩大影响的最重要原因在于，传统的自由教育课程模式本身难以应对工业革命的爆发，难以满足高等教育大众化以及知识经济社会的发展。相对而言，起源于中世纪大学的专业教育课程模式由于在近代之后不断引入新的科学技术方面的内容，在很大程度上能够应对社会变化并培养大批具有专业知识和能力的人才，能够服务于国家经济发展和社会进步，这是它长期存续并占据高等院校主导地位的关键要因。此外，伴随高等教育大众化和普及化的发展，职业技术教育课程以及能力本位课程模式无疑将会越来越受重视。

最后，新的课程模式的出现并非完全否定历史上的或现有的课程模

---

① Christopher J. Lucas. American Higher Education: A History[M]. St. Marin Press, 1994: 109.

② Steven Brint, Kristopher Proctor, Scott Patrick Murphy, et al. General Education Models: Continuity and Change in the U. S. Undergraduate Curriculum[J]. The Journal of Higher Education, 2009, 86 (6): 1975−2000, 634.

式的过程。尽管不同课程模式之间存在着某些相互对立和冲突的部分，但并不妨碍一个国家、一种教育制度、一所院校、一门学位课程在人才培养活动中采取不同的，甚至相互对立的课程模式。因而，即使某些古老的课程模式在某些国家、某些教育制度、某些院校和某些学位课程中不再居于支配地位，但至少其理念今天仍然影响高等院校的人才培养活动。例如，20世纪以后，除了培养学者与科研人员的课程模式更多影响了研究生教育层次的变化发展之外，其他主要课程模式至少在理念层面并没有完全从高等院校中消失。虽然在大多数国家和地区专业教育和通识教育占据了本科课程教育的主要地位，但是源于古希腊并在英国发扬光大的自由教育课程模式或理念仍在一定程度上对今天部分国家的本科课程教学产生着影响。

第三章　自由教育与通识教育课程模式

自20世纪90年代后期以来，作为本科课程和教学改革的重要一环，自由教育或博雅教育（liberal education，liberal arts education）以及通识教育（general education）在中国逐步得到推广。在这一过程中，无论是政府还是高校，在参考国外经验的同时，都在积极探索和开发适合中国国情的博雅或通识教育模式。相较于其他国家和地区，在理念和课程以及教学组织和培养方式等层面，英国传统的牛津和剑桥大学的自由教育或博雅教育以及目前美国大学的通识教育对中国有关改革产生了更重要和更直接的影响。例如北京大学2001年9月制定并实施"元培计划"。自2002年开始修订了新的教学计划，在全校本科生范围内实行自由选课制度。在课程设置上，在专业必修课、全校必修课、公共选修课之外还设置通选课。通选课包括数学与自然科学、社会科学、哲学与心理学、历史学、语言学与艺术等五个领域的若干课程。本科阶段基本形成"通识教育+宽口径专业教育"课程模式。复旦大学参照美国耶鲁大学模式，从2005年新学期开始把全校68个专业整合成人文、法政、经管、自然科学、技术科学、数学、医学等7类，新生在大一先入复旦学院学习，一年后再进入专业院系学习。学院按培养目标重构了课程内容体系，建立了综合教育、文理基础教育与专业教育的课程框架。中山大学于2009年创立的博雅学院、清华大学于2014年成立的新雅书院等，其办学理念和教学方案等，都在极大程度上借鉴了英、美两国自由教育或通识教育模式，参考了英、美博雅学院（Liberal Arts College）和文理学院（College of Arts and Sciences）的办学理念和部分课程内容与教学实践等。

近年来，中国有关美国大学自由教育或博雅教育、通识教育的著述颇为丰硕。① 不过，基于历史和国际比较的视角，从理念和课程以及教学组织等多层面研究自由教育和通识教育的文献并不多。例如，在中国知网中，使用"美国通识教育"关键词进行检索，约有200多个相关词条出现。但是，输入英国和美国自由教育或博雅教育，则不到10篇文章。实际上，英国传统的自由教育理念不仅影响了美国通识教育理念的形成，而且在课程内容和教学方式等方面直接影响了美国博雅学院和文理学院的人才培养活动。此外，通识教育是美国本科教育的一大特色，尤其值得一说的是，博雅学院或小规模文理学院中实施的自由教育也是美国本科教育特色之一。

因此，如果不理解自由教育或博雅教育的变化，以及英国传统大学自由教育或博雅教育对美国自由教育和通识教育的影响，实际上很难理解自由教育的本质、美国本科教育的变化，尤其是今天美国通识教育的特征，也不容易把握中国某些大学通识教育改革的背景和特色等。本章主要从历史和国际比较的角度出发，讨论以下问题：自由教育是如何形成与变化的，尤其是自由教育和通识教育在美国高等教育中是如何产生和发展的？两者的关系如何？目前两者有何基本特征？本章首先整理有关概念，其次简要考察自由教育的出现与变化，再次分析美国大学自由教育和通识教育的产生、发展变化阶段以及不同阶段的主要特点，接下来讨论美国模式对我国香港和台湾大学的影响，最后概括本章的主要发现并总结相关启示。

第一节 概念的解释和界定

从词源学的角度来看，英文中的 general education 和 liberal education

---

① 黄坤锦. 美国大学的通识教育——美国心灵的攀登 [M]. 北京大学出版社，2006；张维平，唐卫民. 自由教育——高等院校普通教育发展研究 [M]. 科学出版社，2007；庞海芍. "通识教育"困境与希望 [M]. 北京理工大学出版社，2009；沈文钦. 从博雅到自由——博雅教育概念的历史语义学分析 [J]. 清华大学教育研究，2013，（1），39—48.

或 liberal arts education 最初都是来自古罗马学者西塞罗使用的 *cultura animi*（"灵魂的耕作"——原意为耕作土地、养育万物，后演变为心灵或灵魂的耕作，意为精神的教化）一词，当时该词的含义是"精神的教化"。因此，liberal education 与今天的教养教育、博雅教育或者说一般心灵陶冶具有一定的关系。从古代罗马开始，达到精神上的教化的教育，就被称为 liberal art、liberal education。此外，就教育的对象来说，在古代希腊和罗马，liberal education 特指专为自由人（在英文中 liberal 是"自由"的意思）提供的教育，奴隶不能享有这种教育，因此，也带有强烈的阶级性。欧洲的 liberal education 在 17 世纪传播到美国，成为美国殖民地时期高校的核心模式。很多研究表明，general education 则是在 19 世纪才出现在美国高等教育之中。

一般认为，中文的自由教育或博雅教育多译自英语的 liberal education、liberal studies 或 liberal arts education，而通识教育多来自 general education、general studies 等。"二战"以后，同一汉字圈的日本将美国的 general education 翻译为"一般教育"，1991 年之后多把 liberal arts education 翻译为"教养教育"。20 世纪 50 年代，在美国自由教育和通识教育影响之下，香港地区的不少院校也开始实施通识教育和博雅教育。有香港学者认为，通识教育（general education）一词源自拉丁语 *Studium Generale*，即"来自各方的人一起参与学习"的意思。① 几乎与此同时，台湾地区某些大学也开始学习美国，推行通才教育、博雅教育和通识教育等。关于通识教育的源流，笔者认为，西方的"自由教育"（liberal education）是"通识教育"的滥觞。有关"自由教育"的思想和初步的课程设置最早可以追溯到古希腊时期。从"自由教育"概念的出现到"通识教育"一词的使用，大致经历了几个变化阶段，本章后面几节将做详细介绍。

---

① 张灿辉. 序言 [M]// 香港中文大学大学通识教育部. 香港中文大学通识教育概览，2005: 2—3.

需要说明的是，中外有关博雅教育和通识教育概念的论述不计其数，本章难以一一列举，仅选取具有代表性的观点予以解释。

早在20世纪70年代，谢尔顿·罗斯布拉特（Sheldon Rothblatt）就从历史学的角度，详尽地研究了欧洲自由教育对美国的影响。在分析了自由教育的不同理念，特别是自由教育与通识教育之间差异的基础上，他认为，自由教育在历史上基本主宰了美国大学教育，但"二战"之后，尤其是进入20世纪中期之后，历史上的自由教育理念很难在美国大学中付诸实践，更难以左右美国大学教育整体发展。[①]有关自由教育和通识教育的概念问题，美国不少学者认为，两者虽有关联，某些方面也难以辨析，但是至少在理念和提供的教学内容等方式，都存在明显不同。[②]不过，阿瑟·莱文（Arthur Levine）则认为，两者本质上是相同的概念，美国殖民地时期文理学院实施的教育（例如哈佛学院）既为学生开设了广泛的内容（breadth），也在某一领域提供了深奥的学习（depth），不仅如此，当时的这些教学内容几乎都是必修科，与今天美国大学开设的核心课程并无本质上的区别，当时的教育也可以视为通识教育科目（general education program）。[③]

[①] Sheldon Rothblatt. Tradition and Change in English Liberal Education: An Essay in History and Culture[M]. Faber and Faber, 1976: 206; Sheldon Rothblatt. The limbs of Osiris: Liberal Education in the English-speaking World [M]//Sheldon Rothblatt and B. Wittrock (eds.). The European and American Universities since 1800: Historical and Sociological Essays. Cambridge University Press, 1993: 19-73.

[②] Gary E. Miller. The Meaning of General Education: The Emergence of a Curriculum Paradigm [M]. Teachers College Press, 1988: 183; Peter Scott. The Future of General Education in Mass Higher Education Systems [J]. Higher Education Policy, 2002, 15(1): 61-75.

[③] Arthur Levine. Handbook on Undergraduate Curriculum. Jossey-Bass Publishers, 1978: 4.

第二节　自由教育的出现与变化

公元前8世纪，古代希腊的雅典过渡到奴隶制社会，从公元前6世纪，雅典建立了以工商奴隶主为主要政治力量的政权。在这一过程中，古代希腊逐步形成了两种不同的教育。一种是以斯巴达为代表的教育，其特点是培养忠贞爱国的战士，非常重视军事和体育教育；另一种是以雅典为代表的教育，它是既能发展人的身体又能发展人的心灵的教育。雅典教育所追求的是身体美和心灵美的结合，是身心都能得到和谐发展的教育。雅典理想的教育是培养集道德、智慧、健康、美诸品质为一身的公民教育。① 雅典的这种教育价值观直接影响了自由教育理念的形成。

古代希腊的教育是建立在奴隶制基础之上，教育自然带有严格的阶级性和等级性。当时，无论是在斯巴达、雅典还是在其他城邦，只有非奴隶身份的"自由人"才能接受上述教育。他们主要是掌握政权的工商奴隶主以及中下层自由民，从广义上说，今天人们使用的"自由教育"最初就是指专门面向自由民的、只有自由民才能享有的教育。不过，从教育理念和课程设置角度来看，对西方大学教育理念产生重大影响的希腊"自由教育"实际上是指雅典实行的教育。从西方大学历史来看，严格意义上的"自由教育"理念是完全摆脱功利和实用、注重陶冶情操和道德、达到身心和谐发展的教育，它与斯巴达提倡的军事体育教育有着本质上的差别。从课程内容上来看，当时雅典的教育内容主要包括"三艺"和"四艺"。"三艺"指文法、修辞学、辩证法；"四艺"包括算术、天文、几何和音乐。其中，辩证法、修辞学和文法等是智者系统总结和传授的主要教育内容。公元前5世纪后半叶是智者最活跃的时期，他们主要是以雅典为中心，传授有关雄辩的艺术。算术、天文、几何和音乐则是柏拉图在其《理想国》中提出的教育内容，它们是培养统治国家的"哲学王"的基础科目。按照柏拉图的设计，初等教育阶段的主要学

---

① 戴本博. 外国教育史（上）[M]. 人民教育出版社，1989：66.

习内容包括算术、几何和天文。这些内容虽然是从简单具体的数字和初步的长度和空间概念开始,但学习这些科目的目的绝非为了实用。柏拉图认为,即使在初等教育阶段,数学的学习也是为了训练思维,特别是发展思维的速度、反应以及记忆能力。在中等教育阶段,柏拉图继承了毕达哥拉斯学派的某些教学内容,例如,有关算术、几何、天文和音乐"四艺"等科目。值得提出的是,传授"四艺"的目的不是教授学生掌握具体实用的知识,而是为了发挥思维训练的功能,为将来学习更高深奥的哲学打下基础。

希腊的教育传统在古代罗马得到发扬光大。自毕达哥拉斯学派以来,希腊哲学学校就开始传授有关算术、几何、音乐和天文等科目;柏拉图在《理想国》中也强调学习上述课程的重要,并把它们视为学习哲学的基础科目;同时,亚里士多德在有关著作中也谈到有关自由学科等的问题,爱苏格拉底更是将文法、辩证法和修辞学等作为修辞学校的核心课程看待。但是,"自由教育"一词却源自古罗马哲学家西赛罗提出的 cultura animi 一词("灵魂的耕作"),原意为耕作土地、养育万物,后演变为心灵或灵魂的耕作,意为精神的教化。如第一章所述,在教育方面,首次提出"自由科目"概念的是古罗马的学者瓦罗。在《自由学科Ⅸ》(Disciplinarum Libri Ⅸ)中,瓦罗将这些科目划分为三类。第一类包括文法,修辞和辩证法;第二类包括几何、算术、天文和音乐;第三类包括医学和建筑学。公元5世纪前半叶,在卡佩拉(Martianus Capella)主编的百科全书中,有关"自由科目"的论述仅收入上述第一类和第二类中的七种科目,属于第三类的医学和建筑学并没有包括在内。自卡佩拉的百科全书问世后,文法、修辞、辩证法、算术、数学、几何和天文正式被称为"自由科目"或"七种自由艺术"(Seven Liberal Arts),简称"七艺"。①

11世纪开始,以博洛尼亚大学和巴黎大学为典型代表的欧洲中世

---

① 黄福涛. 外国高等教育史[M]. 北京大学出版社,2021:30.

纪大学出现。古罗马时代遗留下来的"三艺"和部分"四艺"内容构成了巴黎大学文理学院的主要科目，合称为"七艺"。在古罗马时代，培养演说家的核心科目是修辞学，文法和逻辑是辅助科目，"四艺"则被排斥在学习内容之外。因此，中世纪基督教世界从古罗马继承的主要是"三艺"的内容。此外，由于巴黎大学是直接由教会控制下的教堂学校发展而来，初期巴黎大学的课程主要强调"三艺"的学习。

在巴黎大学，文理学院的课程一般属于预科阶段，是为学生将来学习法律、医学，特别是神学做准备。预备阶段的学习不仅是为学生提供基本知识，为今后高级阶段的专业学习奠定知识基础，更重要的是通过哲学论证或有关辩论术方面的训练，发展学生的理性思考、判断、推理以及表达能力等。

13世纪之后，巴黎大学的部分师生在英国建立了牛津大学和剑桥大学。古希腊的自由教育理念成为英国培养绅士等社会精英阶层教育的主要理论基础。与巴黎大学不同，英国这两所古典大学的教育主要是在大学的各学院（College）中进行，导师和学生共同生活在一起，实施"针对少数人的教育"。大学教育的核心内容主要包括部分"七艺"内容和古典著作学习、宗教以及道德教育等。

欧洲文艺复兴运动的兴起使西欧人重新发现了古代西方的文明，回归古代，特别是追求古代希腊和罗马时期的教育理想，成为欧洲文艺复兴时期教育改革的重要内容。为了准确了解和掌握古代希腊罗马文明精髓，恢复古代希腊罗马文化的教育传统，学习古希腊语和拉丁语成为当时教育的重要内容之一。此外，在古典语言学习中，有关古代西方的历史、诗歌和哲学等，也成为文艺复兴时期大学教育的基本学习内容。在此背景下，古代希腊和罗马的自由教育演变为人文主义教育，18世纪后在德国演变为新人文主义运动，在极大程度上影响了德国近代研究型大学的创立。15世纪末开始，在人文主义思潮、宗教改革运动和科学革命的冲击下，在欧洲某些国家和地区，中世纪大学的文理学院开始脱离大学成为中等教育层次的文法学校（Grammar School），主要教授希腊语、拉丁语和古代西方的历史、诗歌以及部分自由教育科目，为学生进入大学开设预备科目。大学则完全由医学、法学和神学等专业学院构成，主要实施专业教育，培养医师、律师、教师、教会人员和国家官员等专业人才。由于人文主义思想的影响，经院哲学逐渐为学者们所抛弃，它在大学课程中所占比例也日益减少。古代的诗歌、修辞学以及希腊语、希伯来语和生动活泼的拉丁语成为大学中时髦的教学内容，此外，数学和音乐也比以往更受重视，并构成德国近代大学哲学系课程的基本内容之一。

16世纪之后，不仅自由教育理念发生了质的变化，其教学内容以及实施自由教育理念的教学组织和方法也发生了根本性变化。这一变化突出地表现在英国牛津大学和剑桥大学人才培养活动之中。以下简要从理念层面和牛津大学的课程开设和教学活动来说明这一时期自由教育模式的变化和基本特征。

16世纪后期对英国大学绅士教育课程产生较大影响的是约翰·洛克（John Locke）的教育思想。他在《人类理解论》(*Essay concerning Human Understanding*，1690)和《教育漫话》(*Some Thoughts concerning Education*，1693)等著作中，对绅士教育做了较为详细的论述。洛克继承了英国传统绅士教育中注重品行和道德教育的传统，认为德行是一个绅士必须具备的最重要的品质，应该成为教育的首要目的。他说："我认为在一个人或者一个绅士的各种品性之中，德行是第一位，是最不可缺少的。如果没有德行，我觉得他在今生来世就都得不到幸福"[1]，而"德行愈高的人，其他一切成就的获得也愈容易"[2]。因此，"把子弟的幸福奠定在德行与良好的教养上面，那才是唯一可靠的和保险的办法"[3]。从这一观点出发，洛克在其设计的范围广泛、科目繁多的课程体系中，

---

[1] 洛克. 教育漫话[M]. 人民教育出版社，1963：19.
[2] 同上书，53页.
[3] 同上书，51页.

肯定并包纳了传统大学中伦理学的教育内容。不过，洛克同时也强调教育的实用价值，认为教育应在训练与培养人类的理性和增进人类幸福的过程中发挥作用。因此，除了伦理学外，洛克还把数学也纳入课程体系之中，用数学取代传统大学中的逻辑学，并与伦理学一样作为教育的最基本和最首要的内容。

较之于洛克，19世纪的英国红衣大主教约翰·亨利·纽曼（John Henry Newman）在《大学的理念》一书中对自由教育的理念做了更为系统和全面的论述。纽曼认为，大学教育的最终理念是培养出成为优秀社会成员的绅士阶层。由此，他认为，发现科学真理的使命理应归于大学之外的学术界或科学团体等，大学的使命不在于发现真理，而在于教授和传播真理。在此前提下，在教育内容方面，纽曼强调以古典人文学科教育为主要内容，以理性开发为主要内涵。①

尽管当时的牛津大学和剑桥大学并没有完全按照洛克的建议开设相应的课程，其教育的理念的确是着眼于培养将来能成为国家领导人的有教养的绅士。值得强调的是，这一自由教育理念并没有仅仅局限于大学层次，而是贯穿于整个教育体系之中。例如，典型的培养绅士的自由教育始于受教育者在预备学校（Preparatory school）的学习，然后是进入公学（Public school）接受相应的教育，继而升入牛津大学或剑桥大学相关学院继续学习自由教育相关的课程内容。

到18世纪，牛津大学文理学院的课程主要包括两大部分，一部分沿袭传统的模式，以培养学生的辩论和演说能力为主；另一部分以经过革新或改造的科目的系统讲座为基础。据牛津大学校史记载，文理学院第一年开设的科目包括文法、修辞学以及古代希腊和罗马的名著选读等内容；第二年为亚里士多德的逻辑学和道德哲学，第三年学习几何学，以及通过钻研荷马、爱苏格拉底和其他古代经典作家的文章，提高希腊

---

① John Henry Newman. The Idea of a University[M]. University of Notre Dame Press. 1982: 91, 159.

语的阅读与表达能力。这一时期,牛津大学的文理学院还新增设了以下教授职位(professorship),即1708年的诗歌与古典文学、1724年的近代历史与语言、1753年的英国法、1764年的皇家钦定神学以及1779年的历史学教授职位等。①

寄宿制和导师制是牛津大学本科教学的特点。新生入学后,一般需要在校内各个学院的相关设施中居住三到四年。最初,各学院的导师主要负责学生的生活指导和道德等方面的教育。从1925年开始,他们中的一些人被任命为大学讲师。不同于当时的德国研究型大学,由于牛津大学的教育目的是造就具有教养的社会精英阶层,而并非培养从事原创性研究的科研人员,因此,导师们主要从事本科生的教学,而很少从事科研活动。此外,除了正规的课程学习之外,牛津大学学生一天的学习活动一般包括三大部分:早上集中课程学习,下午参加运动竞技活动,晚上多参加社交活动。实际上,占据学生大部分时间的运动与社交活动在牛津大学本科教育中有着独特和重要的作用。一些牛津师生甚至将"划船和阅读"与古希腊教育中的"体操和音乐"相提并论。②

第三节 美国自由教育和通识教育的形成与发展

自从1636年哈佛学院出现后,美国高等学校的课程一直处于不断变革之中。根据美国学者的归纳,从17世纪中期开始,高等学校课程基本上是在两大教育理念或模式的影响下发生变化,即古典/自由和通识教育和实践/专业和职业教育。③从17世纪到21世纪,这两大教育模

---

① L. S. Sutherland, L. G. Mitchell and T. H. Aston (eds.). The History of University of Oxford: Vol.5 [M]. Clarendon Press, 1986: 49.

② 皇至道. 大学の歴史と改革 [M]. 講談社,1970: 153—155.

③ Lisa R. Lattuca and Joan S. Stark. Shaping the College Curriculum: Academic Plans in Context [M]. Jessy-Bass Publishers, 2009: 46.

式在不同时期表现出各自的特征，几乎是此消彼长、交替变换地左右美国高等学校的本科课程的发展变化。从古典/通识和自由教育的变化来看，最初它源于欧洲大学的古典教育，其间虽然发生了某些变化，但对美国大学教育的影响持续到 19 世纪后期。20 世纪初期，美国虽然兴起了通识教育运动，但即使在 20 世纪 50 年代自由教育依然受到强调。参照美国大学本科教育模式基本变化的脉络，可以将美国自由教育和通识教育的形成与历史发展变化大致分为四个不同阶段。以下主要从两者的理念和课程内容两个层面，对不同阶段的自由教育和通识教育进行分析和考察。

1. 第一阶段（1636 年—19 世纪前期）：自由教育在美国的出现

1636 年创立的哈佛学院是美国殖民地时期第一所高等教育机构，极大地影响了此后美国的私立大学，特别是私立研究型大学的办学理念、模式和课程内容等。从办学理念上来看，哈佛学院以及此后模仿哈佛大学建立的耶鲁大学和普林斯顿大学等，都把培养有学问的牧师和有文化的市民作为大学教育的至高目的。例如，有关耶鲁大学成立的资料中曾有如下表述：学生在耶鲁接受万能的上帝传播的文理方面的知识，可以保证他们在毕业后既可以服务于上帝也可以给市民国家做出贡献。当时的校长强调，大学教育的最高目的就是学习有关神学或宗教方面的内容，在此基础上进而获得来自上帝及耶和华的神圣知识。[①] 在教育理念和目的方面，哈佛学院与牛津和剑桥等大学一样，建立了文理学院。这种文理学院此后构成了美国私立研究型大学本科教育的主要形式，同时也保留在一些建校历史较早的院校中，成为美国本科教育的主要特征之一。在课程层面，不少学者认为，哈佛学院课程大都承袭了欧洲大学的传统，特别是牛津和剑桥的做法，以修习七艺和文雅学科等为主要学

---

① Frederick Rudolph. Curriculum: A History of the American Undergraduate Course of Study since 1636 [M]. Jossy-Bass Publishers, 1977: 27.

科。①实际上从课程设置的角度来看,它还吸收了部分14至16世纪西欧文艺复兴时期出现的内容。例如,学生在第一和第二学年主要学习拉丁语或希腊语、逻辑学与修辞学,进入第三和第四学年后,除了学习哲学(主要是自然哲学精神哲学和伦理等),还需要学习地理、数学、历史、植物学等近代教育内容,第四年则复习拉丁语、希腊语、逻辑学和自然哲学等。更重要的是,神学方面的课程则贯穿学生四年大学教育。②这些课程内容直接影响了此后出现的威廉－玛丽学院（William and Mary College）和耶鲁大学等高校的教学,直到17世纪末,没有发生根本性的变化。

从18世纪开始,美国工业革命的兴起和社会环境的变革导致反古典课程运动的出现。例如,自1754年至1779年间,菲拉德菲尔学院在传统课程基础上引进了部分近代教育内容：

第一学年 古希腊部分学者的著作与培养商人的会计课程
第二学年 测量、制作地图和逻辑学
第三学年 地方语（vernacular）、农业和历史

开设这些新课程的最大意义在于,与传统的博雅教育内容不同,宗教类内容不再居于课程中的核心地位,学生通过学习历史等其他科目来接受宗教教育。"在美国历史上,(该校)首次不再拘泥于中世纪的传统,也不再把宗教作为教育的最重要目的,而是开发了较为系统的大学教育内容。"③

---

① 黄坤锦. 美国大学的通识教育——美国心灵的攀登[M]. 北京：北京大学出版社, 2006：4.
② Frederick Rudolph. Curriculum: A History of the American Undergraduate Course of Study since 1636[M]. Jossy-Bass Publishers, 1977: 31.
③ Ibid.: 48.

2. 第二阶段（19世纪中期—19世纪后期）：自由教育的变化

19世纪中期以后，不仅以赠地学院为代表的新型高等教育机构大量出现，殖民地时期以英国古典大学为模式建立的部分文理学院或大学等，也纷纷进行课程改革，以适应美国工业化和社会近代化。这一时期，美国的专业教育得到快速发展。例如，很多大学不再开设拉丁语或希腊语，取而代之的是法语、西班牙语、德语和意大利语等，同时，英国文学、农业化学、工程、建筑、理论物理和应用物理、美国政治和宗教历史、美国宪法等课程内容，也开始进入大学课堂。[①] 不过，为了对抗专业教育对大学的影响，坚持和强调传统古典教育在文理学院和类似的高等教育机构中的地位，1828年耶鲁大学提出了《耶鲁报告》(The Yale Report of 1828)，对古典教育的目的、内容、教学方法和教育对象等，做了系统的阐述。

这一时期，美国自由教育理念的基本特征可以从耶鲁报告中比较清晰地反映出来。与以往不同，耶鲁报告提出教育的目的是培养全人 (the whole man)。全人即是性格均衡发展、视野开阔、具备全面知识和技能的精英人才。为了实现全人教育，该报告提出了以下几方面的建议。[②]

首先，传统的文理学院的教育目的并非着眼于实施完全或全面的教育，而在于让学生通过学习文理（arts and science）相关学科内容，为进入更高阶段的学习打下坚实的基础。具体而言，它是作为学习特定专业教育（study of a profession）预备阶段的内容，扩大学生的知识技能，从自由教育的角度，开拓学生的综合视野，养成学生协调发展的性格。

---

① Frederick Rudolph. Curriculum: A History of the American Undergraduate Course of Study since 1636[M]. Jossy-Bass Publishers, 1977: 83.

② A Committee of the Corporation and the Academical Faculty. Reports on the Course of Instruction in Yale College [R/OL]. [2021-03-06]. https://higher-ed.org/resources/yale/1828_curriculum/.

其次，为了实现以上目的，文理学院不开设专业教育内容（professional studies），只为本科生提供构成所有专业教育基础和共同部分的学问。也就是说，仅仅提供与特定专业教育没有关联的内容。此外，为了培养学生具备良好的人格，保证文理相关学科或教育内容的良好平衡非常重要。例如，理论数学、物理、古代文学、英语文献选读、逻辑学与精神哲学、修辞学与雄辩术、作文、参与讨论的能力训练等，都应该是必不可少的内容。该报告还指出，培养商人或技术人员等的教育活动不应该在传统的文理学院中进行，它们应该在教育机构之外的现场进行，例如，培养商人的会计室、培养机械师的工厂和培养农民的田地等。

再次，在教学方式上，文理学院的教育内容都应该是必修课，而且主要应该是以教师教授和学生背诵为主。

最后，该报告也对殖民地时期基于欧洲古典大学模式而建立的美国文理学院改革提出了一些建议。主要内容包括，虽然学习欧洲大学对改善今后美国大学仍然具有借鉴意义，但不能不警惕那种盲目学习欧洲大学一切的做法，根据美国特有的环境和背景，有的放矢地引入欧洲大学可取的部分十分重要。

该报告认为，为适度扩大传统的文理学院规模、满足社会发展需要，文理学院的教育不再局限于特定的阶层或对象，而应对所有人开放。同时，报告也鲜明地反对文理学院与专业或职业教育一样，放宽招生标准，因为这将导致教育质量低下。

简言之，从17世纪后期开始，美国大学教育理念和内容发生了显著变化，包括在院校层面中有关自由教育内容的变革等。如上所述，《耶鲁报告》也提出美国文理学院教育需要改革和完善等。不过，该报告显然更加强调，在传统的大学机构中依然需要制定严格的招生标准，尽可能地选拔最优秀的学生，保持中世纪牛津大学或哈佛大学等古典大学或传统大学的特色，培养社会的精英阶层。从这个意义上而言，直到19世纪初期，美国的自由教育无论在理念还是在课程内容方面，仍然部分坚持欧洲古典大学和殖民地大学的传统，并未发生整体的或革命性的变化。

3. 第三阶段（19世纪后期—20世纪50年代）：美国通识教育的形成和体系化

有关研究表明，通识教育（general education）一词最初是帕卡德（A. S. Packard）于1829年在《北美评论》（*North American Review*）上首次公开使用的。此后，该用语逐渐被人接受，正式成为教育界的用语。[①]例如，1892年成立的芝加哥大学通识学院（general college）和其后建立的明尼苏达大学通识学院均是在教育史上首次把通识教育作为学院的教育目标。[②]

从19世纪后期至20世纪上半叶，美国很多大学开始实施通识教育，并根据社会环境变化和学生需求等，对通识教育进行了多种多样的改革。因此，这一时期出现了不同的通识教育模式。例如，1869年哈佛大学在德国研究型大学"教学自由"和"学习自由"的影响下，导入自由选修制。由于出现了学生选修的基础课和高年级学习内容之间无法很好衔接的问题，1909年哈佛大学将学生原则上可以完全自由选修所有课程，改为限制性选修（distribution requirement）。这样在主修（major）之外，学生既可以有更多自由选修自己感兴趣的科目，又必须根据学校的要求学习规定的内容，保证最低教育质量。1919年，哥伦比亚大学面对新生开设的"现代文明论"（contemporary civilization）入门课程也比较具有代表性。该课程作为通识教育的一部分，开设内容广泛多样，包括了伦理学和逻辑学、历史、经济、法律、管理、社会学、生物学、艺术等。不仅如此，该课程还在传播多种文明和知识的同时，注重培养学生的思考能力和分析判断能力等。

在通识教育形成过程中，传统的自由教育也在发生变化。例如，

---

① Russell Thomas. The Search for a Common Learning: General Education, 1800—1960[M]. McGraw-Hill, 1962: 11.

② James L. Ratcliff. Quality and Coherence in General Education [M]// Gerry G. Gaff and James L. Ratcliff (eds.). Handbook of the Undergraduate Curriculum: A Comprehensive Guide to Purposes, Structures, Practices, and Change. Jossy-Bass Publishers, 1997: 141.

20 世纪 30 年代初期，芝加哥大学校长哈钦斯提倡的以阅读《名著》（*Great Books*）作为核心内容的自由教育对当时美国大学教育产生的影响不言而喻。《名著》收录了约 100 本自古代至当时西方世界最具影响力的教育思想家和哲学家的作品，内容涉及人文、社会和自然学科等多个领域。哈钦斯主张：就整体而言，大学教育制度的目的不在于为工业培养劳动力或教授年轻人如何去谋生，而在于培养有责任感的公民。由此，他认为应遵循古典自由教育理念，以这些名作作为实施自由教育的基础和共同教材，对学生进行知性训练，培养他们探求真理的精神和能力。他反对以学生为中心的教育方式和学习方式，主张在教师指导下，通过核心课程和讨论等，教育和训练学生达到教育目的。此外，他坚持认为，由于自由教育目的在于培养社会精英阶层，因此，应该在文理学院等机构中实行小班教学。他主张，少数经过严格选拔的学生接受自由教育之后，一部分进入研究型大学，学习形而上学、社会科学、科学等有关的专业内容（specialization），另一部分学生也可以进入技术教育机构，接受专门的职业训练等。[1]

直到 20 世纪前半叶，虽然美国出现了不少有关自由教育和通识教育的改革活动，真正把通识教育理念化和体系化的则是 1945 年哈佛委员会（Harvard Committee）提出的《自由社会中的通识教育》（*General Education in a Free Society*）报告，即后来学界俗称的《哈佛通识教育红皮书》。[2] 该报告把美国通识教育的理论进一步体系化，伴随着战后美国在世界范围内政治、经济和文化影响力的不断加强，美国的通识教育理念和有关实践也传播到世界各地。以下简要归纳该报告的基本要点。

首先，该报告指出，自殖民地时代到 20 世纪前半期，美国教育基本上是注重培养基督教市民（Christian citizen）的教育。为了实现这一

---

[1] Robert Maynard Hutchins. The Learning Society[M]. Frederick A. Praeger, 1968.

[2] Harvard Committee. General Education in a Free Society [M]. Harvard University Press, 1945；哈佛委员会.《哈佛通识教育红皮史》[M]. 李曼丽, 译. 北京大学出版社, 2010.

目的，主要开设数学、古希腊语或拉丁语、修辞和基督教有关的内容。

其次，该报告认为，通识教育虽然是个中立的概念，含义比较暧昧，它应该是培养学生成为全人教育（whole education）的一部分，这种全人教育是有责任的公民一生中理应接受的最重要的教育。

再次，该报告认为，美国的自由教育和通识教育两者之间并不存在本质上的差异，都源自古希腊的自由教育。在理念层面，其根本目的都在于培养自由的人（free men）。但在教育对象方面，通识教育更着眼于大多数学生，自由教育则面向特定少数群体。也就是说，在现代民主主义国家里，通识教育保留了自由教育的部分理念，但更强调教育要服务于更多的人，实行全人教育。

最后，通识教育的目标强调的是开发全人（development of whole men）的过程。在这一目标指导下，通过培养学生的批判能力，让学生掌握所有领域的必要能力，培养学生的思考能力、交流能力、正确的判断能力以及具备判断不同价值观的能力等。

由此可见，虽然哈佛报告中提出的通识教育没有明确排斥专业教育或职业教育，但其追求的理念显然不是着眼于培养职业或专业人才。实际上，哈佛报告中提出的通识教育理念既区别于强调培养绅士的英国古典自由教育模式，也不是培养意在探求学问和真理的研究人员的德国古典教育模式。它所强调的是，通过这种教育模式，培养有责任感的市民，在此前提下，为他们将来接受专业教育或从事科学研究提供广泛的基础。①

通识教育的出现并不意味着自由教育概念的完全消失，更不是对自由教育的彻底否定。在当时的历史条件下，通识教育改革运动在美国的出现和蓬勃发展至少涵盖了两层含义：一方面，它认为欧洲传统的自

---

① 黄福涛. 从自由教育到通识教育——历史与比较的视角[J]. 复旦教育论坛，2006，(4)：19—24；黄福涛. 中日本科课程改革与美国一般教育模式——一种比较的视角[J]. 大学·研究与评价，2007，(10)：19—22.

由教育理念已经无法适应美国社会的急速变化，自由教育理念支配下的课程设置无法培养新时代所需要的人才，因此需要对自由教育理念和内容进行改革；另一方面，它也是作为专业（professional）教育和职业（vocational）教育的对立面出现的。面对大批传授实用知识和技术的院校的出现，主张推行通识教育的学者和大学相关人员认为，在大学中，特别是在一些专业或职业教育的院校中实施通识教育意义重大，它可以避免大学教育单纯或片面传授专业技术或职业知识和技能的做法，培养既具有涵养又掌握高度专业化知识的人才。因此，从某种意义上而言，通识教育改革运动既是在继承欧洲传统大学理念的前提下对自由教育的革新和升华，又是针对美国高等教育在近代化过程中过分强调专业教育或职业教育而提出的批判和回应。

1945年哈佛委员会的《自由社会中的通识教育》报告出版后，通识教育更加体系化和理论化。同时，其理念也开始向海外传播，尤其影响了战后日本、中国的港澳台地区以及近年来中国内地高校的本科教育改革。

4. 第四阶段（20世纪60年代至今）：自由教育与通识教育的相互融合与渗透

自20世纪60年代开始，美国高等教育的大众化和普及化带来了学生的多样化，加之其他多种因素的影响，美国的自由教育和通识教育都发生了极大变化。其结果是，不仅两者在用语或概念使用上越来越模糊，在理念和课程层面也逐渐趋于向同一方向发展，除极少数文理学院外，两者出现互为结合、融为一体的趋势。以下，对20世纪60年代之后自由教育和通识教育的变化做一简要介绍。

（1）自由教育的变化

保罗·德雷斯尔在其1968年出版的《学院与大学的课程》（*College and University Curriculum*）一书中，对20世纪50年代后半期到60年代美国自由教育的改革做了比较细致的考察。① 该书认为，在院校层面，自由教育内容的变化包括以下两大方面。

一方面，开发宽广的课程内容（broad programs）。

如开发学生自主学习科目或教学方式。例如，在教师的指导之下，学生阅读被指定的文献，从事课题研究等，培养和提高口头表达和写作能力、发现和解决问题的能力等。

再如将不同学科或不同背景的学生安排在一起，开设统一的研讨课（integrative seminar）。通过这种方式，不仅可以拓宽学生的学习视野，加强学习深度，还有可能统合学生由于主修不同课程而造成的学习内容过于狭窄的现象。

营造学习环境。通过改善生活和学习环境、开发相应的学习内容等，保证学生掌握知识的一贯性（coherence）和整体性（unity）。例如，来自不同文化背景的学生居住在一起，营造学生与教职员及大学管理人员进行交流和沟通的共同体。

为学生提供海外短期留学的体验以及学习研修等。

另一方面，让学生体会和掌握工作和服务经验（work and service experience）。具体包括以下内容。

开发能够将工作与大学学习相互结合的课程内容。例如，学生通过在企业或工厂、政府机构进行短期的见习，了解和熟悉不同大学的新环境，体验和掌握有助于大学学习的新内容。

积累社会的，特别是社区的经验。学生学习期间，利用暑假等为社区居民提供服务，在大学所在地学校担任咨询工作，或参与所在社区企业和政府机构的相关课题。

20世纪70年代后期，由于财政恶化，大学办学经费日趋紧张，社会和其他各种利益相关者要求大学提高办学效率的呼声不断。在此背景

---

① Paul L. Dressel. College and University Curriculum[M]. Michigan Publishing Corporation, 1968: 57-114.

下，部分小规模的学院和大学为了确保基本生源，对自由教育内容或进行改革，或减少自由教育的相关科目数。由此，对应和满足社会需要的，特别是社区需要的实用性教学内容逐渐进入自由教育课程之中，自由教育逐渐从象牙塔走出，越来越重视开设"实践性的"（practical）内容。正如芭芭拉·安·斯科特（Barbara Ann Scot）所指出的："这种变化是文理学院管理人员为中心自发努力的结果。其目的就是拯救自由教育，提高学生学习此类课程的兴趣，扩大生源。例如，伊利诺伊州的一所小规模的文理学院在其自由教育课程之中增加了有关商务方面的内容……除了极少数私立培养精英的大学外，几乎很少再有大学或文理学院开设以往的自由教育课程。"[1] 布林特（Brint）等人的研究结果也表明，伴随着文理学院等组织结构的变化，自由教育内容也越来越注重于传授实践性和应用性的内容。[2]

截至20世纪90年代，有关自由教育的改革不再局限于部分内容的更新或有关教学内容的减少、自由教育的整体结构、教师与学生的关系，教学方式等方面也发生了显著变化。根据卡罗尔·施奈德（Carol Schneider）和罗伯特·休恩伯格（Robert Shoenberg）的研究，这些变化主要表现在以下几方面：

强调知识技能或能力的获得

理解多样的知识探求模式

开发有关社会的、市民的和全球的知识

自我认识和基础知识的获得

强调学问的集中与统合学问

---

[1] Barbara Ann Scot. The "New Practicality" Revisited: Changes in the American College Curriculum[J]. Journal of Education, 1992, (1): 87-103.

[2] Steven G. Brint, et al. From the Liberal to the Practical Arts in American Colleges and Universities: Organizational Analysis and Curricular Change[J]. The Journal of Higher Education, 2005, 76(2): 151-180.

在师生关系方面，教师不再像以往那样，居于权威立场，主要通过课堂讲授或小规模的讨论课等单方面地向学生传授知识。教师逐渐扮演引导者的角色，主要给学生提供有关学习方面的建议。此外，教学方式最大的变化之一是在教学过程中借助计算机技术，鼓励学生成为学习主体。①

（2）通识教育的变化

虽然在教育目的和课程设置等方面，通识教育与自由教育存在着较大的区别，但在许多场合，它们往往混合使用，并无严格意义上的区分。例如，今天在美国仍有许多院校继续使用自由学科（liberal studies）或自由文理科目（liberal arts and sciences）概念，区别于专业教育科目（professional programs）。

根据有关调查，美国绝大多数大学中本科课程结构基本上可以分为两大类型，与此相对应，通识教育课程的开设也大致表现为两种基本形式，即文理学院（college or faculty）型和专业学院（specification）型。②

研究型大学，特别是许多历史悠久的私立大学的本科课程结构多属于文理学院型。如图（1）所示，本科阶段主要开设通识教育科目，这类课程主要由文理学院负责开设。如在哈佛大学，主要由哈佛大学文理学院（Faculty of Arts and Sciences）统一开发和开设本科课程；在耶鲁大学，这类课程由耶鲁学院负责。学生在完成规定的必修课程的前提下，可以根据自己的兴趣选择主修或辅修课程。本科阶段开设的这些科目通常自成一体，与研究生阶段各个专业学院开设的专业教育科目之间没有对应关系，大学中的通识教育科目不是作为专业教育的基础而开设的。

---

① Carol Geary Schneider and Robert Schoenberg. Contemporary Understandings of Liberal Education [J]. Liberal Education, 1998, 84(2): 32.

② 東京大学大学総合教育研究センター. アメリカ大学の学士課程教育 [M]. 東京大学大学総合教育研究センター，1997: 5.

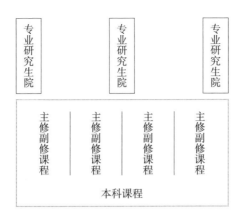

图 1　文理学院型

专业性较强的理工科院校，如麻省理工学院和加利福尼亚理工学院等，一般多采取专业学院型教学结构，见图 2。其特点为，本科阶段的教学与研究生阶段的教学联系较为密切，基本上由同一学科领域的教师负责，表现为本科阶段与研究生阶段的教育具有上下衔接的纵向联系。在本科阶段，不同的"系"（department）之间横向交流较少，大学中一般没有负责全校所有本科教学的专门机构，通识教育科目原则上各"系"独自开设。

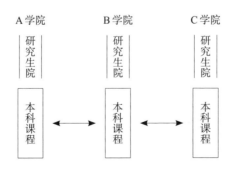

图 2　专业学院型

由于美国没有全国统一的课程设置标准，因此，通识教育课程的编制、开发和实施基本上是根据各大学的办学理念和人才培养目标进行，各院校之间差别较大。哈佛大学的"核心课程"比较具有代表性，而且影响了美国和许多其他国家的通识教育课程改革,以下作一简要介绍。

哈佛大学的核心课程最早形成于20世纪50年代初,几经变革。例如,2005学年度,其核心课程大致包括两大部分:集中学习课程和非集中学习课程(见表1)。其中,集中学习课程包含三大类:一类是主修课程(Major),另一类是复合集中学习课程(joint concentration)。复合集中学习课程原则上由两个领域相近的学科构成,如东亚经济研究(Economics with East-Asia Studies)。此外,哈佛大学开设部分特定集中学习课程(Special Concentration)供学生选修。学生一般在第三和第四学年根据自己的兴趣等,重点学习某一领域的科目。非集中学习课程包括核心课程和自由选修课程两大部分。这些课程通常从第一学年一直开设到第四学年。非集中学习课程,特别是核心课程主要是着眼于开拓学生的视野,提高学生的修养以及培养学生的批判精神。从严格意义上而言,无论从实践安排上还是从具体内容上,这些课程与集中学习课程或学生的主修课程之间并无前后衔接的联系。

表1 哈佛大学本科课程结构

集中学习课程 (concentration)	非集中学习课程(non-concentration)	
	核心课程 (人文、社会和自然科学)	自由选修课程
45%	25%	30%

资料来源:2004年6月由哈佛大学德里克·博克教学与研究中心(Derek Bok Center of Teaching and Learning)主任詹姆斯·威尔金森(James Wilkinson)教授提供给作者。

根据有关研究,哈佛2004学年度的核心课程包括七大领域。除了新增加的定量推理外,学生在毕业前需从人文科学、社会科学和自然科学三个领域中选择六门课程。即先从人文科学领域的"文化名著选读"、社会科学领域的"西方制度和思想"和自然科学领域的生物学和物理学各选一门，再从三个领域中各选一门教授高深或跨学科的课程（如科学史和人类关系史等）。①

哈佛大学在2009学年度制定了通识教育的四大目标：

第一，为学生参加市民活动做好准备；

第二，教育学生认识到自身是艺术、思想、各种不同价值观的传统产物，同时也是继承者；

第三，学生应能够批判性和建设性地应对变化；

第四，使学生理解和认识到自身言行举止会带来的伦理方面的结果。②

为了实现以上目标，哈佛大学开设了以下八大类通识教育课程：

美学和解释学的理解（aesthetical and interpretive understanding）；

文化和信念（culture and belief）；

经验的和数学的推理（empirical and mathematical reasoning）；

伦理的推理（ethical reasoning）；

生物系统的科学（science of living systems）；

物理宇宙的科学（science of physical universe）；

全球的社会（societies of the world）；

世界中的美国（the United States in the world）。

在学生学习方式上，改变以往长年实行的核心课程模式，取而代之的是实施限制性选修。学生按照学校的规定，从以上八大类课程中各选修一定比例的学分。

至于自由教育和通识教育的区别与关联，笔者于2009年9月对全美学院和大学协会前会长嘎夫进行了访谈。他认为，自由教育概念早于通识教育概念出现，但近几年来，两者的区别日趋模糊，不少大学

---

① 孙莱祥，张晓鹏. 研究型大学的课程改革与教育创新[M]. 高等教育出版社，2005：105—106.

② Harvard University. Program in General Education [R/OL]. [2018-05-06]. http://www.Generaleducation.fas.harvard.edu.

完全根据自己的理解来使用这两个概念。在历史上,两者在教育目的、教育对象以及开设的课程内容等方面均存在明显差异。进入21世纪以来,两者之间呈现出越来越多的共同点。例如,为了培养学生更好地面对和应付将来复杂的和多样的以及不断变化的社会,一方面为学生提供广泛的科学或文化,以及社会等方面的知识,另一方面则在特定的领域(a specific area of interest)传授学生掌握更加深奥的知识等。此外,两者都期待所提供的相关教学内容有助于学生具备社会责任感、掌握可迁移的知识和技能以及实践性能力等。这些技能或能力包括交流能力、分析能力、问题解决能力,以及把习得的知识和技能运用到现场和社会的能力等。①

自由教育的内涵和外延的不断变化可以从全美学院和大学协会主页对自由教育的定义上鲜明地反映出来。例如,根据该协会2005年对自由教育的定义:"自由教育为学生提供广袤世界中的宽广知识(如科学、文化和社会等)和特定领域中深奥的学习内容(in-depth study)。自由教育帮助学生发展社会责任感、坚实和可迁移的学术和实践技能,如交流、分析和解决问题的能力,将知识和能力应用到现实世界中的能力。"②今天,自由教育通常能囊括通识教育课程(a general education curriculum),主要提供多学科中宽广的学识和某一主修中更为深奥的学习内容。

由此可见,近年来,虽然有些学者、大学或专业学术团体等仍然有所区别地使用自由教育和通识教育,然而,至少从理念和课程层面来看,与"二战"前,特别是19世纪以前相比,目前美国自由教育和通识教育之间的差异显然日益减少,两者呈现出相互结合和渗透的

---

① 基于作者于2009年9月14日在美国华盛顿特区美国高等院校学会秘书处对杰瑞·嘎夫(Jerry Gaff)的访谈内容整理而成。

② Association of American Colleges and Universities. What Is a 21st-Century Liberal Education? [R/OL]. [2010-01-06]. https://secure.aacu.org/AACU/pubExcerpts/VALASSESS.pdf.

趋势。

综上所述，美国自由教育和通识教育的发展变化以及各自在不同阶段的主要特征大致可以归纳为表2。

表2 美国自由教育和通识教育的阶段变化及其特征

时期	理念	课程内容	在大学教育中的地位	教学法	特点
殖民地时期（1636年—19世纪前期）	培养有学问的牧师和有文化的基督教市民	以神学为核心的古典内容	构成独立完整的阶段	教师讲授与学生背诵	以欧洲自由教育为主导
工业化时期（19世纪中期—19世纪后期）	均衡发展的性格和全面的教养	现代语言和数学、物理学等内容	专业教育的预备阶段	教师讲授与学生背诵	美国自由教育的形成
工业化时期（19世纪后期—20世纪50年代）	全人教育	伦理学、经济学、法律、管理和当代文明等多种选修课程	专业教育的预备阶段	自由选修制出现	美国通识教育出现
20世纪60年代至今	培养有责任的公民	内容丰富多样	构成独立完整的本科教育阶段或专业教育阶段的预备部分	重视课堂学习之外的工作以及服务经验等	自由教育与通识教育相互融合与渗透

第四节 美国自由教育和通识教育模式的传播与影响

第二次世界大战之后，特别是20世纪90年代以来，随着美国在全球范围内政治、经济、军事和文化等方面影响的不断加强，包括通识教育理念和课程在内的美国高等教育模式也随之传播到许多国家和地区，并在一定程度上影响了这些国家和地区的高等教育改革。与欧洲、非洲和南美等区域相比，美国的高等教育理念，尤其是通识教育以及自由教育理念对日本和韩国等东亚国家和地区产生的影响尤为明显。①②例如，如第10章中提到的，日本在"二战"后的1947年就引入了美国通识教育理念，韩国、中国台湾地区等则从20世纪80年代开始参考美国通识教育、自由教育（liberal education）以及博雅教育（liberal arts education）等理念进行教育改革。③此外，如第11章中指出的，20世纪90年代中期开始，中国大陆在参考美国通识教育办学理念的基础上，也陆续开设了通识教育课程；从2012年开始，香港特别行政区许多高校也着手引入美国自由教育、博雅教育和通识教育模式。

不言而喻，东亚地区的日本、中国海峡两岸及香港不仅是在不同时期和不同背景下参考和引进了美国的相关办学理念，而且在不同国家和地区所实施的通识教育实践活动也存在差异。以下主要探讨美国的通识教育和自由教育模式，特别是其理念对中国香港和台湾地区本科教育变化的影响。

1. 美国模式对香港诸多大学的影响

1842年，英国通过《南京条约》强占了中国香港。其后，香港地区大学教育的形成和发展很大程度受到了英国模式的影响。例如，直到2005年，香港大学本科教育的修业年限为3年，基本上是由工学、建筑、理学、管理、法律、医学、教育和其他专业课程构成，其目的是培养高度专业化的人才。不过，1951年创办的香港崇基学院在美国通识教育理念的影响下，模仿美国的大学开设"人生哲学"，1963年该学院并入香港中文大学后，"人生哲学"课程改为"通识教育"课程。90年代后，

---

① Sungho Lee. The Emergence of the Modern University in Korea [J]. Higher Education, 1989, 18(1): 87-116.

② Jung Cheol Shin. Higher Education Development in Korea: Western University Ideas, Confucian Tradition, and Economic Development[J]. Higher Education, 2012, 64(1): 59-72.

③ Jun Xing, Pak-Sheung Ng, Chloe Cheng (eds.). General Education and the Development of Global Citizenship in Hong Kong, Taiwan and Mainland China: Not Merely Icing on the Cake. Routledge, 2016: 1.

该校的通识教育课程被香港各大学普遍接受。①根据有关资料，香港中文大学通识教育课程由两部分组成：大学通识教育和书院通识教育。大学通识教育科目由大学通识教育统筹，由大学各学系共同开设，内容包括四大领域：文化传承，自然、科技和环境，社会与文化，以及自我与人文。所有本科生必须在每个领域内选修最少一科。书院通识科目讲授有关大学、通识教育及不同社会问题的基本知识，目的在于加深学生对大学教育及现代社会的了解。②除了传统的授课和讲座外，还采取专题讨论、书院周会及月会、海外学习团等多种形式。活动强调学生们的参与、分享及交流，一方面开阔他们的视野，另一方面促进学生们跨学系的沟通和合作。随着90年代后期中国内地与香港在文化教育领域交流的不断加强和深入，源于香港中文大学的"通识教育"概念与课程设置显然对内地有关院校实施通识教育课程产生了极大的影响。

1997年中国政府恢复对香港行使主权之后，包括高等教育在内的香港教育体制逐渐发生了变化。2005年，香港大学教育资助委员会（UGC）授权其管辖的八所大学将3年制本科课程改为4年制，允许各高校在新增加的一学年中开设通识教育相关课程，从2012年秋季新学期开始，香港各大高校正式实施新的学制和课程。③以此为契机，2012年之后香港高校逐步对高度专业化的本科教育进行改革，拓宽本科教育的广度，开设跨学科的科目，并在专业科目之外开发有关西方文明和中国传统文化的通识教育科目。④例如，从2012年开始，香港大学在全校

---

① 冯增俊. 香港高校通识教育初探[J]. 比较教育研究, 2004, (8): 66—70.

② 香港中文大学大学通识教育部. 香港中文大学通识教育概览2005.

③ David Jaffee. The General Education Initiative in Hong Kong: Organized Contradictions and Emerging Tensions[J]. Higher Education, 2012, 64(2): 193-206.

④ David Jaffee. Building General Education with Hong Kong Characteristics[J]. International Education, 2013, 42(2): 41-59.

范围内提供共通的核心课程。①同年,香港的岭南大学开设了博雅教育课程。

如图3所示,香港大学的学制由三年改为四年后面向新生开设的本科课程大类由专业课、必修课和选修课组成,其中必修的共同核心课程是新开设的内容,它横跨四个领域:科技素养、人文科学、全球问题和中国(文化、民族和社会)。核心课程旨在拓宽学生的视野,培养学生应对21世纪复杂生活所需的智力以及社会性和创新性的技能。学生必须从每个领域里选择一门课程,并从其他任何领域再选择两门课程,合计学习六门课程。

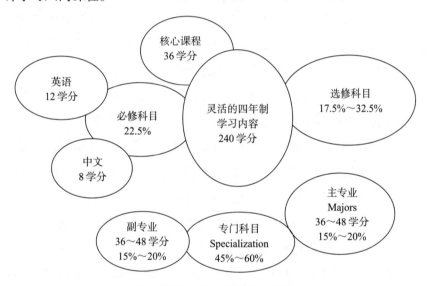

图3 香港大学本科课程的结构

资料来源:The University of Hong Kong. Common Core Curriculum 2015-2016 Student Handbook [EB/OL]. (2015-12-17) [2015-12-17]. http://commoncore.hku.hk/introduction/.

2012年,香港岭南大学主要以美国的文理学院为参考,致力于提供基于中国和西方文理传统的优质全人教育。它旨在培养学生在各方面

---

① The University of Hong Kong. Common Core Curriculum 2015-2016 Student Handbook [R/OL]. (2015-12-17) [2016-01-08]. http://commoncore.hku.hk/introduction/.

的卓越能力，包括批判性思维、广阔的视野、多样化的技能、承担社会责任的价值观和在多变世界中的领导力。岭南大学开设的博雅教育课程由广泛的课程、密切的师生关系、课外活动、宿舍生活和社区服务等多方面构成。① 其四年制大学本科课程的结构（120个学分）如图4所示。

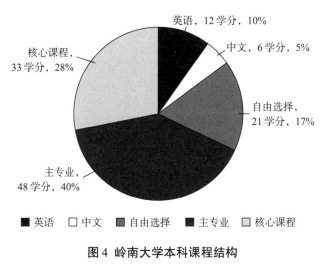

图4 岭南大学本科课程结构

资料来源：Core Curriculum and General Education Office, Lingnan University（2015）。

不同于香港大学，岭南大学的核心课程占本科总课程的28%，无论学生专业如何，都必须修满核心课程的所有学分。另外，在岭南大学，这部分课程不是作为本科课程的补充，而是融入整个四年本科过程之中，旨在全方位地培养和提高学生的素质。

在课程要求方面，核心课程由1个共同核心和5个科目群组成（表3）。学生需要学习共同核心的所有4门课程，并从5个科目群中共选7门课程。与核心课程相关的学分分布见表4。其特点是实现课程的无缝衔接，通过4年的学习，能够确保核心课程和专业的连续性。

---

① Lingnan University. Vision, Mission and Core Values [R/OL]. [2021-03-06]. http://www.ln.edu.hk/info-about/vision-mission.

表3 岭南大学核心课程的结构

共同核心				
1. 伦理和批判性思考				
2. 香港的历史和现状				
3. 道德理解				
4. 世界历史与文明				
5 个科目群				
创造性和创新性	人文科学与艺术	管理与社会	科学、技术与社会	价值观、文化与社会

资料来源：Core Curriculum and General Education Office, Lingnan University（2015）。

表4 岭南大学核心课程的学分分配

学年	学分	共同核心课程	可供选择的科目群课程：3 个选项		
1	12	·伦理和批判性思考 ·香港的历史和现状		2	2
2	9～12	·道德理解 ·世界历史与文明	2	2	1
3	3～6		2	1	2
4	3～6		1	2	2
合计	33 学分	4 核心课程共 12 学分	7 门课程（每科目群至少有一门课程）共 21 学分		

资料来源：Core Curriculum and General Education Office, Lingnan University（2015）。

根据目前的研究，以下几个因素促成了香港的本科教育改革。① 从政治上讲，香港自 1997 年回归后，一直是中华人民共和国的一个特别行政区（SAR）。它的政治、社会和教育系统需要与中国内地联系起来并得到加强，从经济角度来看，由于中国内地经济活力的增长以及香港

---

① David Jaffee. The General Education Initiative in Hong Kong: Organized Contradictions and Emerging Tensions[J]. Higher Education, 2012, 64(2): 193-206.

与内地经济依存度的加强,香港需要更加关注人才教育的发展。早期以英国的理念为模式的教育专业化,越来越被认为不能培养出应对全球社会变化的能力,这就导致了对广泛学习的必要性的认知出现。[1]

2. 美国模式对台湾地区诸多大学的影响

通识教育模式还影响了"二战"后台湾的大学教育改革。根据有关研究,成立于1955年的台湾东海大学最早按照美国模式实施general education。该大学在1956年呈请台湾教育主管部门核准实行"宏才教育"(general education),台湾教育主管部门建议改为"通才教育"。[2]当时东海大学的通才教育理念表述为:"通才教育则以使学生对自然界、社会、以及人生,能作综合性之了解,以助成其对整个文化的基本认识,和其全般人格的发展。这种教育是人人所应共同具备的。"[3]1984年春台湾教育主管部门公布的《大学通识教育选修科目实施要点》中,规定大学生必须修习4~6学分的"通识教育选修科目",在正式文件中首次出现"通识教育"一词。1992年,台湾教育主管部门公布的"共同必修科目表"中对通识课程作了如下描述:"为增广学生知识领域,各校应开设有关人文、社会、自然科学类通识科目,以供不同院系学生修习。"[4]

在文献回顾的基础上,台湾学者认为,美国现代通识教育的整体性和自由性元素也是传统中国大学和西方大学的关键理想,通识教育在

---

[1] Janel Marie Curry. Cultural Challenges in Hong Kong to the Implement of Effective General Education [J]. Teaching in Higher Education, 2012, 17(2): 223-230.

[2] 陈舜芬. 一九八〇年代初期台湾大学的通才教育 [J]. 通识教育季刊, 1995, (1): 83—106; 陈舜芬. 台湾地区大学通识教育的检讨与展望 [J]. 教育研究集刊, 2001, 47: 283—300.

[3] 陈舜芬. 东海大学早期实施的通才教育及其启示 [J]. 通识教育季刊, 2000, 7 (2, 3): 5—46.

[4] 陈舜芬. 一九九四年台湾地区大学共通课程之变化 [C]. 台湾大学教育学程中心. 跨世纪海峡两岸高等教育展望学术研讨会论文集, 1999.

台湾大学促进可持续发展和实现其教育理想方面发挥着关键作用。[①]尽管台湾大学通识教育面临不少挑战，通识教育在台湾大学可持续发展中至少发挥了以下多方面的作用：（1）通识教育是大学专业教育的基础；（2）通识教育改革是大学教育改革的基础；（3）通识教育是大学的教育理想；（4）通识教育是解决大学"唯知识论"和"非人性化"问题的方法；（5）通识教育是大学技术和人文的缓冲器；（6）通识教育是丰富大学文化的工具；（7）通识教育是实现大学目标和促进其持续发展的手段。

例如，台湾大学自1981年就已提出通才教育办学理念，1997年成立全校共同教育中心，1997年正式开始实施通识教育课程。在积极推动通识教育与全人教育的理念[②]之下，规划共同必修及通识课程。共同必修课程目标为培养本科生具有扎实的中文基础和英文基础能力，增进健康和适应能力，力行服务互助精神，促使学生兼备人文素养与身心健康。目前在台湾大学提供的本科课程[③]中，除各院系提供的专业课程之外，还由全校的共同教育中心协调组织和开设共同课程和通识课程以及其他面向新生的专题和讲座等。共同课程主要包括基础语言类课程、体育课和服务学习类课程，本科生在校期间约需要修满15个学分。通识课程主要包括两大类：一类是通识课程，由八大核心领域构成，即A1文学与艺术、A2历史思维、A3世界文明、A4哲学与道德思考、A5公民意识与社会分析、A6量化分析与数学素养、A7物质科学、A8生命科学。本科生毕业前需要修满15个学分，其中在就读院系所指定的五个或六个通识课程领域中，修完其中三个领域有关课程，其他可自由选修。此外，学生修习基本能力课程的学分也可换算为通识学分，但不能超过

---

① Yan-Hong Ye, Yi-Huang Shih, and Ru-Jer Wang. General Education in Taiwan's Universities: Development, Challenges, and Role[J]. Policy Futures in Education, 2022, 20(8). [2022-08-01]. https://doi.org/10.1177/1478210321106759.

② 台大共同教育中心[EB/OL]. [2022-08-09]. https://cge.ntu.edu.tw/cp_n_56966.html.

③ 台大共通课程架构表（自2016学年度起）[EB/OL]. [2022-08-09]. https://cge.ntu.edu.tw/001/Upload/1022/ckfile/bb8b9dda-bf51-4879-91b3-d08797b2ceee.pdf.

6个学分。

通过上述分析，不难看出，香港大学的共同核心课程以及岭南大学的博雅教育的出现和发展显然是受到了美国通识教育、自由教育/博雅教育理念的影响。从这个意义上说，至少在理念层面，美国的相关理念不仅影响了日本和中国内地，而且还促使中国香港和台湾地区的大学确立了新的人才培养理念。不过，值得强调的是，较之于台湾，香港的大学相关本科课程改革的背景更为复杂。不容否认，香港参考了美国的通识教育和自由教育/博雅教育并实施了相应改革，但这种改革其实也可以看作是与中国高等教育体制接轨的一种方式。

与日本和中国内地的情形[1][2]基本相似，香港和台湾两地的大学尽管引入了美国的通识教育和自由教育等理念，新开设了核心课程和通识课程等，但是在本科教育期间不同大类课程的学分分配上来看，香港和台湾仍然强调专业教育。也就是说，虽然美国的办学理念和某些课程内容已经影响了日本、中国海峡两岸及香港的本科课程的变化，但是美国模式在移植和引入东亚这些国家和地区的过程中，也受到了其特定的社会、政治、文化和教育背景的巨大影响，并且美国的通识教育和自由教育/博雅教育的理念在不同制度下，在院校和课堂层面的实践活动中也经历了不同的变化。

第五节 结 语

基于上述分析，不难发现，首先，在自由教育演变到通识教育的漫长过程中，从教育对象来看，它是从局限于特定社会阶层扩大到面向一般市民的大众教育演变过程；从教育目的来看，它是从培养国家统治者

---

[1] 吉田文．大学と教養教育—戦後日本における模索[M]．岩波書店，2013．

[2] Futao Huang. Transfers of General Education from the United States to East Asia: Case Studies of Japan, China and Hong Kong[J]. The Journal of General Education, 2017, 66 (1–2): 77–97.

和少数社会精英阶层转向培养具有社会责任感的一般公民的过程；从课程内容来看，它是从单纯注重思维训练的"七艺"涵盖到传授广博的人文、社科和自然科学知识以及培养多种能力的变化过程；从课程结构来看，它是从作为专业教育的附属逐步上升到本科教育核心地位的过程。在这一过程中，源于古希腊的自由教育和通识教育的内容日益丰富，目前至少包含了以下几方面的内容：第一，培养一般知识和教养的教育，如古希腊时期培养自由民和城邦统治者的教育；第二，作为专业教育的基础来开设，是学习专业教育的前提，如中世纪巴黎大学中的"七艺"；第三，通过学习有关文化素养课程来达到人格完善和合格公民的通识教育，如美国哈佛大学的核心课程等；第四，弥补专业教育之不足，培养大学生批判思考力等综合素质的非职业教育或非技术教育的模式等。

其次，从形成于美国的通识教育在不同国家和地区呈现出的多样性来看，即使在理念层面上使用同一用语或同一概念，在实践层面，不同国家和地区在人才培养目标制定、课程内容设置以及课程结构等方面，仍然存在较大的差异。

再次，源自欧洲，特别是参考英国传统大学中古典教育形成的美国自由教育自17世纪后期其实已经发生变化，这种变化持续至今。从全美学院和大学对自由教育的定义来看，当前美国的自由教育不仅与欧洲古典教育相去甚远，与"二战"之前美国本土实施的自由教育无论在理念上还是在课程内容等方面都千差万别。在大众化和市场化的影响下，由于实施自由教育的文理学院不断减少，自由教育内容不断趋于实用化和应用性，自由教育逐渐丧失了其本来的基本特征。其理念也许还在某种程度上影响了美国某些大学的人才培养活动，但在吸收大量新内容的过程中，美国自由教育至少在课程层面不再具有以往的影响力。相比之下，由于适应美国本土环境和社会变革的需要，通识教育尽管出现时间晚于自由教育，但通过接纳更多的受教育者，适应时代变化，开发更加符合美国社会发展的教学内容，加强与专业教育或主修的互相融合等，自 20 世纪 60 年代以后，它在美国本科教育中的影响逐渐扩大。不过，值得强调的是，当今，美国大学的自由教育和通识教育间的差异逐渐模糊，呈现出相互吸收和相互融合的趋势。

最后，值得指出的是，某种特定的课程模式，包括美国的通识和自由教育，可能会随着时间的推移逐渐成为主导模式，并对许多国家和地区的高等教育和本科课程改革产生重大影响，但上述两个案例也说明，只要存在主权国家和强烈的民族认同和文化价值观，源于国外或外来的模式几乎不可能在本科教育阶段成为全球单一的主导理念。

本章提供了以下几方面的启示。首先，参考和借鉴美国的自由教育或通识教育模式，有必要从历史发展的角度，把握其本质特征以及存在的问题。在了解不同阶段自由教育和通识教育的人才培养目标和课程内容的前提下，讨论两者在本科教育中的地位、影响及其意义极其重要。由于不同阶段的自由教育和通识教育都是适应当时社会需要的产物，服务于不同的受教育对象，存在不同的特征，两者在多大程度上能够适用于中国本科教育改革，值得进一步研究。其次，正是由于强调古典和人文教育，实施小班教学和培养特定的精英阶层，与工业化和高等教育大众化的发展趋势背道而驰，自由教育逐渐失去其在美国大学教育中的主流地位，不得不开发和提供实用的和专业性的内容，且同样强调培养学生的实践技能。中国在实施精英教育的过程中，有必要吸取这一教训。最后，无论是自由教育还是通识教育，都没有完全否定大学教育中专业教育（professional education）的重要性，也不是把专业教育作为对立的教育模式来看待。实际上，20 世纪 90 年代以来美国自由教育和通识教育的改革似乎更为强调其服务于专业教育，发挥衔接高中教育与大学专业教育（或主修）之间的作用。从这个意义上而言，与 19 世纪以前相比，尤其是自由教育不再具有培养精英阶层的目的，而是更多地为大学新生提供"一年级教育"或补习教育，弥补他们基础学力的不足，帮助他们更好地进入专业教育阶段或研究生教育阶段的学习。

第四章　专业教育课程模式

相对于通识教育或博雅教育而言，目前中国学术界系统地对专业教育的研究较少。通过中国知网，输入关键词"专业教育"进行检索，虽然显示不少与专业教育相关的论文和专著等，但大多是有关特定学科的专业教育内容（如语言专业或体育专业教育等）以及论及专业教育与通识教育或高等职业教育关系的论文[1]，从历史和比较的视角专门分析专业教育的文献几乎没有。实际上，包括日本和中国等在内的东亚国家和地区，近代大学或高等教育机构最初大多是建立在专业教育模式之上，以培养专业人才为主要教育目标。即使在今天，不仅在东亚和东南亚的中国、日本、韩国、马来西亚和越南等，在英国和欧洲大陆，专业教育也是构成本科阶段教育的主要内容。另外，从高等教育课程设置和教学活动来看，专业教育也是东亚主要国家和地区以及欧洲博洛尼亚进程中本科或相当于学士学位教育阶段改革的重要课题之一。

本章主要从历史和比较的视角，首先简要整理和分析专业教育的相关概念，其次从理念、制度或实施机构及组织、课程和教学内容三个层面，讨论专业教育的历史变化，探讨影响专业教育的社会因素和近年来的国际动态，最后在概述我国专业教育的变化和近年来变化的基础上，提出专业教育改革的有关建议和启示。

第一节　专业教育的概念

高等学校的专业教育涉及多方面。例如，在本科阶段，既有培养面向特定的或专门的职业或行业人才的专业教育，也有与具体职业或行业

---

[1] 陈向明. 从北大元培计划看通识教育与专业教育的关系[J]. 北京大学教育评论，2006，(3)：71—85.

不直接相关的专业教育。在研究生教育阶段，既有以培养科研人员或学者为中心的学术型专业教育，也有培养高度专业化且强调实践的应用型专业教育。以下，从本科阶段和研究生阶段两个方面分别整理和分析专业教育。

本-戴维在《学术中心》一书中多次论及专业教育（education for profession）。他在对英国、法国、德国和美国进行比较研究的基础上指出，和通识教育相比，专业教育是以培养从事某种专门职业为目的的教育。本-戴维认为，专业教育不仅单指美国研究生教育层次中包括法律、医学、神学等在内的教育，而且还指涵盖了本科教育层次中的专业教育（specialized education）在内的广义的专业教育。① 本科阶段，专业知识直接适用于未来，或者以假想一定范围内的职业为目的而提供的专业教育。

在美国，类似的教育一般普遍称为 specialized education、practical education 或 professional education、education for profession。例如，卡耐基分类是按照文理或通识内容和专门职业为指标，将20世纪90年代全美高校的本科教育课程分为七大类。② 换言之，文理或通识教育之外的教育都属于专业教育。斯塔克（Stark）和拉图卡（Lattuca）也把美国高校课程分为自由或通识教育（liberal/general education）和专业或实用教育（specialized/practical education）两大类，认为这两类不同教育模式的变化可以反映整个美国本科教育的发展进程。③ 此外，也有部分学者将主修（major）与集中学习科目（concentration）视为专业教育。例

---

① Joseph Ben-David. Centers of Learning: Britain, France, Germany, United States [M]. Transaction Publishers, 1977: 30-33.

② Ernest L. Boyer. A Classification of Institutions of Higher Education [M].The Carnegie Foundation for the Advancement of Teaching, 1994: xx-xxi.

③ 丽莎·拉图卡，琼·斯塔克. 构建大学课程——情境中的学术计划 [M]. 黄福涛，吴玫，译. 大连理工大学出版社，2020: 37—38.

如，美国出版的《本科课程指南》把主修分为三类。①第一类是学生完全根据自己的兴趣或者导师的要求所选择的学习内容，这些内容一般与学生毕业后从事的职业或行业没有直接对应关系，是为追求纯学术或强调学科学习的专业（nonpreparatory specialization）教育内容。第二类是学生为本科毕业后进入研究生阶段学习做准备而选择的课程，如为准备进入医学、法学或建筑等专业研究生院的学生提供预备教育的专业（preparatory specialization）教学内容。第三类是直接与学生今后就业、从事某种特定的职业或与职业相关的主修课程，如教育、经济、工程等方面的专业教育（occupational specialization）。第一类不属于严格意义上的专业教育内容，而第二类和第三类内容则毫无疑问地属于专业教育的范畴。与此相关，日本学者馆昭则把美国本科课程分为三大类，即专业教育（professional）、自由或通识教育（liberal arts）、职业技术教育（occupational technical education）。②

在欧洲大陆，专业教育一般多指大学，特别是非学术型大学中所提供的、旨在培养较高层次的实用和应用型人才的教育。法国使用专门教育（enseignement professional）和技术教育（enseignement technique）等概念。苏联时代的专业一词，大致相当于英语中的 specialization。比如 1952 年苏联的专业教育类别主要包括工业工程、农业、社会经济、教育和卫生。即国家层面的高等专业教育首先分为上述五大类，然后在这五大类之下分相应专业群，专业群之下再分对应的专业，专业之下再分专业方向，有些专业方向，如工业工程下面还要分次专业方向。③也就是说，在苏联，专业教育这一概念包含多种层次。而在许多其他国家和地区，专业教育主要作为区别于通识教育的词汇来使用。

---

① Arthur Levin. Handbook on Undergraduate Curriculum [M]. Jossey-Bass Publishers, 1978: 29.

② 舘昭. 大学改革：日本とアメリカ[M]. 玉川大学出版部，1997: 37.

③ Nicholas de Witt. Soviet Professional Manpower: Its Education, Training, and Supply [M]. National Science Foundation, 1955: 106−107.

1999 年以后,《博洛尼亚宣言》在明确区分了高等教育不同层次结构的基础上,将第一阶段学士教育(undergraduate education)或本科教育中的专业教育确定为旨在为学生提供进入劳动市场就业前的预备教育。

受苏联模式影响,中国从 1952 年开始使用专业教育一词。该词原本是苏联高等教育的专业和专业方向的中文翻译。这种专业教育更加强调为学生提供高度细分的并且与特定职业或行业甚至是工作岗位直接相关的教育。目前,我国专业教育内涵已经扩大,除了指本科阶段受苏联影响而开设的专业教育之外,至少还包括受美国影响而出现的专业研究生教育或应用型研究生教育,例如 EDD 等。

日本一般将英语的 professional education 称为"专门职教育",specialized education 称为"专业教育"。有时也使用"专业的教育"、"培养专门家的教育"或"专家的教育"。这些用法多用于区别自由教育或博雅教育、通识教育、职业技术教育等场合。

在研究生教育阶段,英、美、澳等英语圈国家在表达提供高度专业知识和能力的教育时,通常使用 professional education。欧洲大陆大部分国家在相当于研究生教育的第二阶段(硕士)和第三阶段(博士)教育中,通常将培养从事特定职业、行业或具体工作领域的专业人才的教育也称为 professional education。不过,与本科阶段相比,硕士阶段的专业教育更加强调高深专门知识和能力的传授,而在博士阶段则比较注重理论和独创性教育的实施。

中国在 20 世纪 90 年代初以后将研究生阶段的金融、法律、教育、管理、应用统计、税务、保险、资产评估、法律、社会工作、警务、体育、汉语国际教育、应用心理、艺术、翻译、新闻与传播、出版、文物与博物馆、建筑学、工程、农业推广等领域的教育认定为专业学位教育,其学位证书用"专业学位"表达,这与英语的 professional education 基本同义。日本大学的研究生教育多用"专门教育"和"专门家教育"。近年来,在美国影响下,日本研究生教育阶段的 professional education

多译为"专门职教育",特指培养商务、会计、公共政策、公共卫生、临床心理、法学、教育学、信息系统和技术等领域应用型人才的教育。

由此可见,专业教育不仅在非英语国家和地区,即使在英语国家和地区也未必有明确的区分。在与汉语中的"专业教育"相类似的英语用法中,professional education 用得比较多,即与本章所要谈论的专业教育有密切的关系。但值得注意的是,professional education 在西方,尤其是在美国高等教育中多指培养神学、法学、医学、建筑、教育、商业等高级专业人才,且在专业研究生院实施的教育。

中国高校在 1998 年扩招之后,高等教育逐步进入大众化和普及化阶段,与其他许多国家一样,中国高等教育大众化和普及化主要也是通过大力发展职业教育来实现的,具体说来就是高等职业技术教育的扩张。大多高职院校以前属于中等教育层次,但在扩招过程中许多升格为高等教育层次的机构,因此高职便毫无争议地构成我国高等教育中专业教育的一个部分。但是它与本科院校所实施的专业教育最大的不同之处在于,大多高职院校强调应用型人才的培养,提供与学生就业直接有关的教育内容,较少提供相关学科和专业基础和理论方面的学习内容。因此,我国专业教育概念的覆盖领域比较广,至少可以包括三个方面的内容:第一类指强调学科教育、不与学生将来就业直接对应的学术型专业教育;第二类指强调职业性的应用型专业教育;第三类指本科层次以上(即研究生阶段)的专业教育,其中包括颁发专业学位、侧重培养应用人才的研究生教育。

如上所述,专业教育可以分为"广义的专业教育"和"狭义的专业教育"。前者包含英语中的 professional education,日语中的"专门教育",美国高校主修中的第二、三类内容和集中学习科目(concentration),以及除自由教育(或博雅教育)和通识教育(或素质教育)以外的知识和技能方面的内容。后者主要提供与学生将来从事特定或具体职业或行业直接相关的教学内容,如培养律师、医生、牧师或神学人员、国家公务员（官僚）、大学教授、各种商务管理专家等的应用型教育。

第二节 专业教育的变化

从高等教育的历史发展来看，本章将专业教育的变化大致分为三个时期，即中世纪、近代和第二次世界大战之后。以下从专业教育的理念、制度和课程内容三个层面，选取相应的国家和地区的案例进行考察。

1. 理念层面

中世纪欧洲大陆的大学教育基本由两个不同学习阶段构成。大学预备阶段的教育主要提供专业基础教育，高级阶段则完全实施的是专业教育，如当时培养牧师、律师和医生等的教育。[①]17世纪开始，法国和德国的部分大学开始引进数学、物理和化学等近代科学方面的学习内容，但直到16世纪末期，欧洲大陆大多数大学的教育理念依旧主要受基督教教义影响，宗教色彩浓厚。例如，1527年设立的德国马堡大学，其教育理念鲜明地体现出当时的教育特征。该大学规定，神学、法学、医学、语言和文艺的教学要依据神灵的纯粹语言进行传授，违反神灵语言的任何科目的传授者将被开除。[②]

从18世纪开始，专业教育理念发生了变化，其中最为明显的是出现了培养国家官僚和高级专业技术人员以及为地方工农业发展服务的实用型人才的近代专业教育理念。

第一是培养国家官僚的专业教育理念。例如，在1789年资产阶级大革命胜利以后，法国新政府关闭了当时所有为教会服务的中世纪大

---

① Hastings Rashdall. The Universities of Europe in the Middle Ages: Vol. 1[M]. Oxford, 1936: 321-337.

② ハンス＝ウルナー・プラール. 山本尤訳. 大学制度の社会史[M]. 法制大学出版局, 1988: 113.

学，建立了旨在为新政权服务的专门高等教育机构。这类专门高等教育机构逐渐与新出现的专门职业紧密相连，提供有助于国家发展的高度专业化的教育。[①]特别是1808年拿破仑创立"帝国大学"后，法国的专业教育主要是为拿破仑帝国培养国家官僚、科学技术人员和职业军人。这种专业教育理念的变化促进了近代德国和沙皇俄国等欧洲大陆国家近代专业教育的发展，同时也给19世纪美国的工科及军事领域的教育带来了较大的影响。

第二是培养为企业或工农业服务的实业家和技术人员的专业教育理念。1860年以后的德国工科大学以法国巴黎综合理工大学为样本，明确提出了培养服务于企业的专业技术人员的人才培养目标。19世纪中期开始，伴随着工业革命的迅猛发展，美国在学习欧洲大陆的同时，新设了赠地学院，以满足地方经济特别是各州农工技术人才的需求。自此，专业教育正式成为美国大学教育的一部分。19世纪后期，美国大学开始大量培养企业需要的经营和管理人才。这些较高层次的专业人才培养活动多在研究生院，特别是在专业研究生院实施。

自19世纪后半期到20世纪80年代，虽然世界各国针对本科阶段的专业教育进行了各种改革，但是专业教育主要还是围绕上述这两大基本理念在进行。20世纪80年代以后，伴随市场化、国际化，特别是经济全球化的进展，包含专业教育在内，世界上多数国家的本科教育发生了显著变化，这些专业教育改革理念及改革方向因国家和地区不同而存在差别，但仍体现出以下三个共同点。

第一是市场化影响。在部分国家，政府放宽对专业教育的管理，特别是放宽对专业资格认定或标准制定的管理，市场、企业和非政府的其他利益相关者开始介入专业教育改革并发挥越来越重要的影响。在这一背景下，专业教育逐渐面向企业和市场变化需求，着重培养学生的就业能力和实践能力。例如，从20世纪80年代开始，由于英国在高等教育

---

① Jacques Verger. Histoire des Universites en France[M]. Bibliothèque historique Privat, 1986: 258.

中引进了市场竞争机制，高校外部的企业以及其他利益相关者开始参与高校人才培养和课程开发等，相关人员也承认无法像以往那样基于自己的专业知识和技能，从专业的角度独立自主地影响专业教育改革。[1]

第二是在国际化和全球化影响下，专业教育开始着眼于根据国际通用标准，在考虑国际通用性的前提下，制定出培养适应全球化的高级专业人员的教育理念。例如，自1989年至2018年，加上临时签署国，至少有28个国家和地区签署加入《华盛顿协议》(Washington Accord)，使用国际通用的工程专业认证标准，改革和实施所在国家和地区的工程专业本科教育。[2]此外，日本于2005年提出应该从国际视野改革专业教育，在社会经济各领域培养能发挥主导作用、能够活跃于国际舞台的高级专业人才的教育改革方针。[3]

第三是基于知识社会和终身学习社会的需求，如第九章所述，特别是在1999年以后的欧洲大陆，伴随《博洛尼亚宣言》的实施，越来越多的欧盟成员国开始接受能力本位教育理念（competence-based education），实施重视培养本科生具备基本能力或一般能力的教育改革。具体而言，在德国、荷兰、意大利以及挪威等国家，有的在部分专业学科，有的在某些专业教育机构，有的甚至在整个本科教育阶段，开始实施培养学生具备特定学科领域的能力和一般能力的教育改革。[4]

2. 制度层面

从19世纪后半期开始，在制度层面，实施专业教育的机构或组织主要表现为三种类型，即大学型、非大学型（或专门高等教育机构型）、

---

[1] Tony Becker. Governments and Professional Education[M]. The Society for Research into Higher Education & Open University Press, 1994: 15.

[2] Washington Accord. International Engineering Alliance[EB/OL]. [2020-11-18]. https://www.ieagreements.org/accords/washington/signatories/.

[3] 中央教育審議会. わが国の高等教育の将来像（答申）[R/OL]. [2022-10-16]. http://www.mext.go.jp/b_menu/shingi/chukyo/chukyo0/toushin/05013101/004.htm.

[4] 黄福涛. 能力本位教育的历史与比较研究[J]. 中国高教研究, 2012, (1): 27—32.

研究生院型。

（1）大学型

如上所述，欧洲的中世纪大学成立时旨在培养神职人员、律师和医生。13世纪巴黎大学是其典型代表，专业教育由大学的神学、法学和医学的三个高级专业学院承担。17世纪以后，部分欧洲大陆国家将单纯提供为升入高级专业而设置的七种自由教育或博雅教育科目从大学移至中等教育机构（例如德国的实科中学或文理中学［Gymnasium］等），大学不再提供预备教育，而成为专门从事专业教育的机构。19世纪以后设立的伦敦大学等所谓的市民大学和城市大学、1860年以后出现的美国大多数州立大学都是典型的案例。

第二次世界大战之后，主要国家大学机构提供专业教育大致可以划分为三大类型。第一大类是苏联型以及受该模式影响的相关国家，例如东欧和亚洲社会主义国家等。根据相关研究，20世纪50年代苏联的大学通常大约由六个学院（fakultety）构成。它们包括：①物理－数学科学院，②语言学院，③历史学院，④地理学院，⑤生物学院，以及⑥化学院。某些大学设置了地质学院和法学院等；但只有7所大学的学院数量超过9个。① 根据统计，1952—1954年间，33所苏联大学共设置了262个专业学院（表1）。

表1 苏联大学中设置的学院数

学院	数量
物理—数学	29
物理	4
生物	30
化学	23
地质和土壤力学	21
机械数学	2
地理	18

---

① Nicholas de Witt. Soviet Professional Manpower: Its Education, Training, and Supply [M]. National Science Foundation, 1955: 88-89.

（续表）

学院	数量
历史	16
历史语言学	17
语言学	16
法学	12
经济学	8
东方和太平洋文化	4
其他	62
合计	262

此外，当时苏联大学的所有学院中，约40%开设了数学、物理和自然科学方面的专业。262个学院下设相应的系（kafedry），在1953—1954年，33所大学设有约1900个系。同一年间，苏联大学提供了约62个专业（specialties）或专业领域（fields of specialization）的教学，每个专业都有自己的学习计划、课程和一定数量的专业教学科目（specialized courses），目的在于为接受大学教育的专业人员提供具体的方向。

第二大类是英联邦型，虽然近年来澳大利亚某些大学在低年级阶段开始有意识地开设较为宽广的跨专业课程，绝大多数英联邦国家和地区的大学仍然要求学生自入学至毕业主要学习专业教育课程，而且这些院校多开设有助于学生就业和与将来从事的职业直接相关的专业教育内容。

第三大类是受美国影响的部分国家和地区。例如，"二战"后到目前的日本大学、韩国大学以及中国的普通高等院校等。这类院校的特征表现为，在本科一、二年级主要开设人文、社会、自然科学等广泛的通识教育或素质教育课程，本科三、四年级侧重提供专业教育课程。当然，目前也有部分国家尝试实施大学四年本科通识教育和专业教育一贯制改革。例如，日本的许多大学自1991年大学设置标准放宽之后，逐步开始实施本科教养教育和专业教育一贯制（医学和齿科为6年）改革。其特征是：以学年制为单位，从大学一年级开始同时开设教养教育科目和专业教育科目；从大一至学生毕业，教养教育内容逐渐减少，专业教育内容逐渐增加，整个本科教育基本呈楔形结构。

（2）非大学型

这种类型的起源可以追溯到1793年法国大学教育改革。当时的资产阶级新政府根据有关教育法令，在法国各地设立了对应不同职业或专业的高等专门学院。① 例如，工艺专门学院、战争技术专门学院、农业经济专门学院等。其中最著名的是1793年9月28日设立的巴黎综合理工学院。这些院校后来对德国的工科大学、美国的部分工科大学、军事学院，19世纪后期以后英国的城市大学以及日本的大学校的成立都产生了重要的影响。②

与上述大学型相比，专门学院的特征如下：首先，多数院校没有学位授予权；其次，这些院校通常不进行学术研究；再次，课程内容主要根据学生就业去向，开设直接对应、高度专业化的内容，如工业、农林水产业、教育、医学、军事等；最后，在许多国家特别是欧洲诸国和日本等，这类院校主要是由中央政府各部委设置和管辖。

（3）研究生院型

从19世纪中期开始，伴随工业革命的进展，美国先后设立了提供农业、家政学、兽医和工学等专业教育的大学或非大学高等教育机构。除此之外，受德国研究型大学影响，美国还创立了研究生院，在本科教育层次之上培养专门的研究人员、医生、律师、企业家等。美国这类院校在本科教育层次多强调通识教育的传授，在研究生教育层次提供专业教育，特别是狭义上的专业教育。众所周知，美国的研究生院又可以分为两大类。一类是以传统人文、社会科学和理工科或跨学科领域为中心的学术型研究生院（graduate school），另一类是传授法律、商务、经营、医学、建筑等特定领域专业技能和实践知识的专业研究生

---

① Louis Liard. L'enseignement Supérieur en France 1789−1889: Tome Premier [M]. Armand Colin et Cie, Editeurs, 1908: 419.

② Frederick Rudolph. Curriculum: A History of the American Undergraduate Course of Study since 1636 [M]. Jossey-Bass Publishers, 1977.

院（professional school）。其中，学术型研究生院以1876年按德国的研究型大学为模型而设立的约翰·霍普金斯大学大学为代表。这类研究生院主要通过教育和研究相结合，旨在培养科学家、学者和大学教师等从事学术职业的人才。专业研究生院是在工业社会发展和专业领域日趋多样化的背景下，培养高级专门职业所需的实践知识和技能的专业研究生院。这是完全适应美国本土经济社会发展而产生的研究生院。从20世纪初期到第二次世界大战结束，这类专业研究生院由于能够满足美国社会各个领域对高级应用型专业人才的要求，发展十分迅速。例如，1925年，美国大学中经济学方面的专业研究生院数增加到181所。[①]目前，从学科领域来看，美国专业研究生院又大致可以分为15种类型，提供建筑、经济、牙科、新闻、法律、图书馆学、医学、护理学、药学、公共卫生学、公共政策、兽医和按摩脊柱疗法等领域的专业教育。[②]

不同于法国或德国，截止到19世纪中后期，英国没有出现专门培养律师和专业技术人员的高等院校。英国的专业教育，特别是培养应用型人才的教育，主要依靠师徒制在大学或高等教育机构之外传授。如上所述，法国从19世纪开始新设高等教育机构培养专业精英。德国依旧在综合性大学或研究型大学中提供培养大学教师和研究者的专业教育，在工科大学等非传统大学中提供培养技术人员和工程师的专业教育。美国则是在研究生院，特别是在专业研究生院实行狭义上的专业教育。

伴随专业教育理念的变化，实施专业教育的组织机构也发生了变化。特别是20世纪80年代中后期开始，从制度层面来看，这些变化主要包括以下三方面。

第一，就大学和非学术机构关系而言，部分国家废止了高等教育双轨制，将那些提供高度专业化教育、与职业直接对应的非学术型机构

---

① Paul L. Dressel. The Undergraduate Curriculum in Higher Education [M]. The Center for Applied Research in Education, 1963: 9.

② US Department of Labor. Occupational Outlook Handbook [R/OL]. [2011-07-05]. http: // http: //www.bls.gov/oco/.

与大学合并，恢复过去的单轨制。例如，英国从1988年到1992年对传统大学、工科大学和新设学院进行合并。在中国，从1992年开始，随着由计划经济体制向市场经济体制过渡，以理工科和农学为中心的单科高等教育机构大幅度减少，综合大学急速增加，并提供大量专业教育内容。由此，20世纪50年代初学习苏联模型而形成的高等教育制度发生了巨大变化。

第二，就本科教育和研究生教育关系而言，高等教育大体上呈现两大趋势。其一，为了构建"欧洲高等教育圈"，欧洲大陆有关国家随着《博洛尼亚宣言》的实施，从1999年开始进行各种各样的高等教育改革，尤其是2003年《柏林公报》的发表加速了欧洲高教一体化进程。例如，由于研究生教育中增加了博士课程，欧洲高等教育形成了相对统一的制度，即形成了由本科3年（第一阶段）、硕士2年（第二阶段）和博士3年（第三阶段）的三级高等教育体系。第一阶段本科教育主要侧重提供与学生就业直接相关的实用性内容，即狭义的专业教育课程，第二阶段的研究生教育一方面考虑学生将来的就业，另一方面也为学生进入博士阶段的学习提供基础性的和预备性的教育。学术性和研究性内容主要在博士阶段提供。

其二，在某些国家和地区形成了不同的模式，即本科阶段提供广泛的博雅或通识教育，研究生阶段提供高度专业化的教育。换言之，研究生阶段教育在实施专业教育过程中扮演着更重要的作用，本科阶段教育主要强调学习专业教育所需要的基础教育和学习跨学科的共同知识、基础技能等。例如，2008年澳大利亚墨尔本大学开始实施的"墨尔本模式"是比较典型的案例。①近年来，日本和韩国等国家，也参照美国高等教育，积极进行专业教育改革，重视在本科阶段提供教养教育（如第

---

① 墨尔本大学于2008年引入的标准化学位课程结构，旨在与欧洲和亚洲最佳的本科教育实践以及北美的传统接轨。墨尔本大学重视拓宽本科生的视野，将专业化课程教学尽可能延至研究生教育阶段。此外，提高学位课程的国际化程度，并将课程结构与博洛尼亚模式接轨也是改革的目标之一。有关墨尔本模式的详细信息可参阅 http://www.abdn.ac.uk/cass/bulletin/melbournemodel.shtml，访问时间：2022-10-10。

10章所述，1991年之后，日本的基于美国通识教育的一般教育改为教养教育——英文中一般译为 liberal arts education）和通识教育，将专业教育置于研究生阶段，由专业研究生院提供与具体职业和行业直接衔接的高度专业的知识传授和能力培养。

第三是为了培养国际通用的专业人才，越来越多的国家和地区通过和外国高校、外国企业、外国研究机构合作，以设立分校的方式，提供本国、本地区的先进教育，特别是市场就业前景看好的专业教育科目。这一趋势在亚洲地区和太平洋地区表现得尤其明显。①

3. 课程层面

欧洲中世纪大学的办学目的主要是培养神职人员、律师和医生。神学教学内容主要是《圣经》和相关文献；法学教学内容侧重《罗马法》与《教会法》的注释和解读；医学教学内容主要是学习古希腊和罗马医学家的内容，多局限于医学理论知识的研究而非临床实践。教学方法是宣读讲义和讨论。

从19世纪开始，伴随近代知识和技术的出现和发达，国家官僚、大学教师和技术人员等职业出现了专业化趋势，随之也形成了通过高等教育机构培养从事这类职业的人员的专业教育。如上所述，巴黎综合理工学院的课程主要由数学和物理学两大领域构成，每一领域分别由多种不同的近代新科目组成。学生毕业后，大多作为国家高级专业人员，在国家机关、民用、军用部门或者交通要道、桥梁等部门工作。②

由于苏联的工程教育课程不仅比较典型地反映了专业教育的主要特征，而且影响了新中国高校专业教育的形成与发展，以下通过翻译相关资料，大致整理了专业教育在课程层面呈现的基本特点。③

---

① Simon Marginson, Sarjit Kaur, Erlenawati Sawir (eds.). Higher Education in the Asia-Pacific: Strategic Responses to Globalization [M]. Springer: 2011.

② J. Callot. Histoire de L'ecole Polytechnique [M]. Les Presses Modernes, 1959: 335-336.

③ Nicholas de Witt. Soviet Professional Manpower: Its Education, Training, and Supply [M]. National Science Foundation, 1955: 118-119.

20世纪50年代初期苏联工程教育相关课程的实际教学时间（不包括毕业设计和校外实地实践活动）略超过5000小时，根据不同专业，教学科目（subjects of study instruction）的数量从30到40不等。根据当时苏联教育管理部门发布的工程教育课程的通用版本，如表2所示，这些科目分为四个主要的学习领域，时间分配如下：

表2 苏联工程教育课程（curriculum）的一般结构

教学科目	时间分配（%）
政治和社会经济	7
科学概论（General sciences）	30
一般非专业工程	35
具体专业工程	28
总教学时间5200～5500小时	

然而，实际上，这种对不同科目组的时间分配的通用版本只能视为一个非常粗略的估算。从实际开设的课程实践分配数来看，苏联教育管理部门通常不将体育和军事教学科目的教学时间计算在内，这两门课占总教学时间的比率分别为6%到10%。因此，如果将这两门课程的教学时间也考虑在内，苏联工程学院实际教学时间分配如表3所示：

表3 苏联工程学院教学时间分配

教学科目	时间分配（%）
政治和社会经济	6～8
科学概论	26～30
一般非专业工程	25～33
具体专业工程	22～28
体育和军事	6～10
总教学时间5200～5500小时	

值得提出的是，上述教学时间并不包括所有工程教育专业所要求的毕业设计或毕业论文和参与校外工程实践活动所需的时间。不难看出，

苏联工程教育课程的一般结构表显示，在五年学习期里，学生大约四分之一的时间学习直接与工程专业有关的或具体的专业科目。实际上，不仅工程教育如此，其他的专业，例如工业和物理等，教学时间的分配也大致如此。

　　从19世纪60年代开始，尤其是非大学机构也积极开设工商业所需的专业课程。例如，在德国的工科大学学科构成中，建筑、土木（治水工程、道路工学、铁道工学、测地学），以及机械工学、物理学和科学工学是必设学科。除此之外，这类院校还根据需求，开设造船、矿山、冶金（钢铁冶金）等内容。[①]学习这些内容的学生将来即使不成为国家官僚，不从事医生或律师等高度专门化的职业，也可就职于一般企业和商业部门。

　　专业教育课程的变化极其复杂，无法一概而论。保罗·德雷斯尔通过对20世纪50年代到60年代美国大学工学、经济、新闻、农业、教师培养、家政学、护理学、法律和医学领域的案例研究，考察了专业教育的变化和趋势。其研究表明，首先，所有学科的改革方向都逐渐侧重于培养市民阶层领导者、建立本学科与其他学科的关联性、提高学生自学能力。其次，一方面，通识教育出现专业化的趋势，另一方面，由于重视研究和专业教育在研究生教育层次的传授，专业教育之间的差异也逐渐变得模糊。最后，随着知识更新和发展的加速，专业教育开始要求学生拥有更加开阔的视野，需要掌握更扎实的基础专业知识和专业技能。由此，加速了各专业、学科之间统合和融合的步伐。[②]此外，全美高校协会于2000年对有学士授予权的567所高校的问卷调查和个别访问调查结果也显示，美国通识教育课程改革的一个主要特征是，通识教育和专业教育之间可能正在形成更加紧密的联系和衔接。[③]

　　[①] 潮木守一. 近代大学の形成と変容[M]. 東京大学出版会，1973：303—306.

　　[②] Paul L. Dressel. College and University Curriculum [M]. McCulchan Publishing Corporation, 1968: 132.

　　[③] J. Gaff, "Handout on Curriculum Trends," presentation at Kutztown University of Pennsylvania, 2003, October.

伴随博洛尼亚进程，欧洲大陆诸国对高等教育第一阶段的专业教育实施了改革。值得一提的是，作为博洛尼亚进程的一环，2000年出台的"协调欧洲教育结构工程"在2000年到2004年的第一期中，已制定出经济、化学、地球科学、教育、欧洲地域研究、历史、数学、护理学和物理学等9个专门领域的相关课程、需要掌握的必要能力的相关指标、学习成果评估指标以及各领域需要达到的学习要求等。该工程的第二期在农业和建筑等19个领域也开展了同样的工作。① 截至2023年，相关专门领域的指标和学习要求指南等增加到40多个。如前所述，在欧洲大陆大学教育的专业化进程中，越来越多的领域和学科侧重于提供与社会需求的特定职业和行业直接衔接的专业教育。② 另外，根据国际社会的改革动向，2008年日本中央教育审议会也提出了今后在本科专业教育中培养学生的"学士力"的重要性。③

综上所述，专业教育在不同历史时期在三个层面的变化及其动因和大致趋势可以基本概括如下。

第一，高等院校的专业教育源于13世纪初开始的中世纪大学对神职人员、律师和医生的培养，即狭义的专业教育；19世纪之后，专业教育的概念特别是理念发生了本质变化，除了培养传统的神职人员、律师和医生，在法国还出现了培养国家行政官员、军事人员以及技术官僚等的专业教育。此外，为了满足工业社会发展的需求，培养工业、农业和商业等领域技术人员等的实用型教育也逐渐纳入专业教育范畴。换言之，早在19世纪，高等院校的专业教育概念已经开始扩大，出现了狭义和广义的专业教育。从理念层面来看，19世纪法国专门学院中实施

---

① The Tuning Management Committee. Tuning General Brochure. [R/OL]. [2011-08-03]. http://www.unideusto.org/tuningeu/documents.html.

② Julia González and Robert Wagenaar. Universities's Contribution to the Bologna Process: An Introduction [M]. Publications de la Universidad de Deusto, 2008.

③ 大学審議会. 学士課程教育の構築にむけて（審議のまとめ）2008 [R/OL]. (2008-04-10) [2010-02-18]. http://www.mext.go.jp/b_menu/shingi/chukyo/chukyo4/houkoku/080410.htm.

的专业教育代表典型的和狭义的专业教育。从制度层面来看，除了法国的专门学院、德国的工科大学、英国的城市学院以及美国的州立大学等之外，19世纪后期美国创立的研究生教育，尤其是专业研究生院的出现极大地推动了专业教育实施机构的多样化。在课程层面，如上所述，根据各自的教育理念，出现了多种多样的教育内容。总之，要实现专业教育的理念，教育内容的改革必不可少，在制度层面高等教育机构的改革和设立也是刻不容缓。

第二，虽然专业教育变化发展的社会背景极其复杂，但截止到18世纪末，教会是影响中世纪大学专业教育变化的主要原因。从19世纪开始，尤其在欧洲大陆，近代国家的创立、工业革命和近代科学技术的发展、学术领域和职业的专业化趋势等，促使专业教育在理念、制度和内容上都发生了本质变化。20世纪80年代以后，知识经济社会的出现、经济全球化、市场化、高等教育国际化等新的动因逐渐影响了专业教育的变化。

第三，从20世纪60年代尤其是20世纪80年代开始，除欧洲大陆以外，美国、日本、韩国及澳大利亚等一些高等教育进入大众化后期和普及化阶段的国家，其专业教育变革出现了共同趋势。例如，在理念层面，强调培养视野广阔并具有国际竞争力的专业人才，特别是进行能力本位教育的改革；在制度层面，强调专业教育在本科阶段高学年，在研究生阶段、特别是在专业研究生院的实施等；在课程层面，强调本科阶段专业教育和通识教育的有机结合，加强专业内部不同领域和学科的互相融合和交叉，在工科、医学、管理学和建筑等学科引入国际标准，开设国际化的专业教学内容等。

第三节 结 语

从狭义和广义两个方面界定专业教育不仅有助于我们更加准确地把握专业教育的本质及其与社会职业或行业之间的关系，而且能够解释当今各国多样化的专业教育。此外，从历史和比较的视角，基于理念、制度和课程三个层面对不同历史时期的专业教育进行考察还有助于比较全面地揭示世界主要国家和地区专业教育变化发展的主要特点和发展趋势。

较之于其他国家和地区，自20世纪80年代开始，中国专业教育改革主要表现在两大方面。一方面是减少专业总数，削减必修课，增加选修课，加强基础课教学，拓宽专业口径，将狭义的职业指向性专业课程改成广义的学科指向性大类课程。另一方面是自90年代中期开始实施素质教育并逐步引入部分美国通识教育课程内容，通过这类课程的开设，扩大学生的视野，以期本科阶段的专业教育产生更好的效果。因此，中国专业教育在本质上依然是建立在外来模式影响的基础上，专业教育中的中国特色并不十分明显。

基于历史和比较的研究，本章对中国专业教育改革的启示主要包括以下两方面。第一，专业教育改革需着眼于整个教育系统变革，不仅需要考虑大学专业教育与高中教育之间的衔接和对应问题，还要考虑专业教育与通识教育以及职业技术教育之间的关系，甚至还要考虑本科层次专业教育与研究生教育之间的衔接和对应。第二，伴随高等教育大众化，特别是高等学校职能的多样化，根据不同的专业教育理念，构建相应的制度，开发合适的课程体系和教学内容，一方面应在某些专业领域和学科引入国际质量认证标准，培养具有国际竞争力的专业和国际化专业人才，另一方面尤其重要的是根据中国国情，特别是劳动力市场需求，实施不同的专业教育。

第五章　学术训练教育课程模式

大多数学者认为，1810年创立的德国柏林大学是近代大学的开端，理由在于柏林大学首次将教学与科研相结合，从此高等教育机构萌发了又一新的职能——科学研究，并将教学与研究相结合，培养新型人才。但是，极少有研究从课程的角度对柏林大学的近代意义，尤其是对其课程结构、内容和功能等进行分析。实际上，柏林大学创始者洪堡的近代大学理念的实现、大学新的职能的产生在很大程度上都取决于大学内部是否设置了相应的课程。本章拟对此作初步探析。首先简要介绍近代柏林大学创立的历史背景，其次整理和分析柏林大学课程的基本特征，最后概括本章的主要发现并提出相关启示。

第一节　柏林大学产生的历史背景

18世纪末，有关德国大学教育改革存在着三种不同观点。第一种是对大学改革采取消极和保守的观点，这种观点大多代表了德国境内各诸侯国的王公贵族的意愿，因为他们惧怕改革会威胁到切身利益。第二种观点是主张关闭设施落后、课程陈旧的传统大学。这一派人物或是受法国资产阶级革命的影响、主张国家收回教育所有权的激进分子，或是主张以普鲁士统一德国境内各小诸侯国的新兴资产阶级分子。他们希望通过建立新型教育机构，来培养符合资产阶级民主政治和近代工业发展的新人。第三种观点，也是奠定德国新大学理念重要基础的观点，反映在以费希特、洪堡等一批新人文主义者的思想学说之中，即通过学术和教育，创造和发展德国文化科学，振兴民族精神。

在上述各种观点的影响下，19世纪德国大学发生了极大变化。一方面，大批规模小、不合时代潮流的传统大学倒闭、移校或合并；另一方面，大批新大学产生和出现，其中柏林大学最具有代表性。它不仅为当时德国各大学效法，而且还影响了包括美、日、中国在内的许多国家高等教育近代化的进程。

第二节　近代柏林大学的课程特征

由于种种原因，现实中的柏林大学实际上是深受当时各种观点影响、糅合各种方案的调和物，加之，新人文主义者并不完全否定古代和传统文明，因而新建立的柏林大学依然在形式和结构等方面承袭了传统大学的模式。例如在专业设置或课程结构上，大学依然由神、法、医、哲学（或文学）四大学院（faculty）组成。但是与传统大学相比，柏林大学却在课程方面具有鲜明的特征，例如，不仅大学内部各学院之间的关系和位置发生了变化，而且各学院，特别是哲学院中课程内容也发生了变化。以下做简要评析。

与传统大学相比，1810年创立的柏林大学中的哲学院取代了原先神学院的地位，居于主导地位，其开设的课程也成为大学众多课程的核心，跃居于法学院、医学院、神学院之上。

哲学院从昔日从属于高级学习阶段的神、法、医等学院而转变为居于各学院之上，成为统合各门知识和学科的标准，表明它在大学中的地位发生了根本变化，即一方面恢复古希腊学术传统、主张哲学为一切知识之根本，一切知识的传授以服从于哲学并归于哲学为最高目的；另一方面又继承德国黑格尔等思想家的思想，主张世间万物都可归结为有机的理性统一，作为自然和社会最高形式的理性既生成各种知识，又包纳一切学问；并且其职能本身也发生了变化，哲学院不再是作为学习神、法、医等专业知识的预备和基础学院，以传授古代的"七艺"作为核心内容的预备教育学院，而是开始负有研究的使命，即将传统的教学与近代的科学研究融为一体，一方面研究各种新知识，另一方面更重要的是，培养一种受教育者的态度或精神，使学生在获得基本概念或知识的基础上，去获取和追求洪堡称之为"Wissenschaft"（最高形式的学问）的知识或科学，实现洪堡提出的始终把学习当作一个尚未完全解决的"问题"，而不是学习现有知识的办学理念，并在这一过程中，促使学生具备和发展比知识学习更重要的研究能力、研究方法以及完善的人格。[1]

自从17世纪末哈勒大学创立以来，哲学院在柏林大学中的地位不仅日益上升，直至发展到居于神、法、医各学院之上，而且随着近代科学技术的进步和德国工业化的进程加快，其课程内容也不断丰富。根据1890年至1910年之间柏林大学哲学院的课程名称和具体内容，它们具有如下特征。

根据相关研究，在柏林大学成立之前，德国大学的哲学院既开设有中世纪时期的教学内容，也提供文艺复兴时期新出现的语言和历史方面的课程。[2]相比之下，在柏林大学成立的早期，哲学院开设了四个领域的新学科：语言学、历史研究、数学和物理学。在语言学方面，引入了德语研究、罗曼斯语言学、东方语言学和文学、比较语言学和埃及学等科目。[3]柏林大学哲学院开设的课程不仅包含人文和社会科学，即类似于今天的文科内容，而且还引进和设置了自然科学方面的科目。据统计，这一时期哲学院的总课程数约为78门，几乎囊括当时除神、法、医之外所有的高级学问。例如，它不仅包括语言学、历史学、考古学、艺术学等，还开设了数学、物理学、气象学、化学、植物学、动物学、解剖学、地理学、矿物学等课程。[4]随着许多学科的出现，哲学院的全职教授人数从早期的12人上升到19世纪中期的53人。哲学院中开设

---

[1] 潮木守一. 近代大学の形成と変容[M]. 東京大学出版会，1973：62.

[2] 中山茂. 近代科学の大学に対するインパクト（Ⅲ）[J]. 大学論集，1975，（3）：75.

[3] Friedrich Paulsen. The German Universities: Their Character and Historical Development[M]. New York Macmillan and Co. and London, 1895: 70-71.

[4] Konard H. Jarausch (ed.). The Transformation of Higher Learning 1860-1930[M]. Klett-Cotta, 1982: 158-159.

的各门课程，一方面按照不同的学科性质，相应地设置不同的讲座或讲授职位，另一方面又按照授课者的学术水平和各门学科的成熟度，将大学中学术人员划分成不同的等级，如正教授、副教授、私人讲师等。文理科中历史悠久、体系完善的学科，如古典语言学、埃及学、古代史、数学、植物学等往往由教授负责，而新兴学科或尚未构成理论体系的学科，如近代文学、藏语、蒙古语、气象学、法医学等多由私人讲师执教。①

上述变化既说明了当时哲学院在柏林大学中的地位和规模，也更具体地反映了洪堡等人主张哲学凌驾于众学科之上，统合自然、人文和社会知识的学术思想和近代大学理念。

除此之外，哲学院中几乎所有课程，无论是人文学科，还是自然学科，都强调基本概念和基本理论的传授，崇尚纯学术研究，拒绝和反对教学和研究内容的应用和功利性。哲学院尤其重视开设语言学和数学等相关课程，其目的在于发展学生智力，使其具有孜孜不倦、知难而进和一丝不苟的科学研究精神。这反映了洪堡等人所坚持的高等教育理想：大学绝不能传授那些仅为养家糊口的学问，大学应是探究真理、发展科学和推动知识发展的场所。

与人文、社会科学方面的课程相比，哲学院中自然科学方面的课程少于前者，而且直到20世纪初，仍然没有开设技术方面的课程。根据史料记载，这一时期哲学院中属于文科方面的课程约为46门，占总课程的60%，而属于理科（或自然学科）的课程仅为32门，占40%。②就文科课程而言，绝大多数是语言、历史和艺术方面的科目，其中语言学方面的内容最多，多为学科不断分化或在传统学科名称下所衍生的更为狭窄的专门研究领域。例如，语言学之下分化为欧洲语言学和非欧洲语言学，

---

① 梅根悟監修，世界教育史研究会．世界教育史大系 26（大学史Ⅰ）[M]．講談社，1974：188．

② Robert Fox (ed.). The Organization of Science and Technology in France 1808–1914 [M]. Cambridge University Press, 1980: 315–319.

而在这之下，又相应地衍生出更为专门的研究领域——各个不同国家和地区语言学等。① 此外，从1820年到1830年，在自然科学方面，基于数学研究、调查和实验等，近代生理学逐渐形成并成为大学课程中的教学内容。②

不仅如此，医学院的课程范围也日益拓宽，内容愈加丰富和广泛。就其地位和规模而言，医学院在大学中的地位仅次于哲学院。一般而言，传统大学中医学课程的特点可简要概括为以下两方面：首先，有关医学的知识几乎完全是建立在某种唯心和抽象的观念学说或经验基础之上，缺乏以实验或以量化作为手段的科学理论作为指导和依据；其次，在教学方法上，着重书本知识的传授，忽视临床或医学实践的作用与意义。而19世纪的柏林大学不仅设置大批与近代科学有关的医学课程，而且还十分强调将课堂理论与临床实践相结合。例如，从1890—1914年柏林大学医学院课程设置名称和内容来看，新开设的课程就多达28门，其中大多数是融入了近代自然科学、人文科学和社会科学的最新成果，并结合研究型大学的特点开设的，如外科学、比较解剖学、药物化学、细菌学、实验治疗学、精神病学等。③ 遗憾的是，由于资料的缺乏，本章无法分析有关法学和神学院的课程设置。但有一点是可以肯定的：随着社会近代化的进一步发展，神学院在大学中的影响越来越小，近代自然科学则以各种形态，更加迅猛和直接地影响和制约着大学的课程设置，不仅使柏林大学各学院的课程在数量上，而且在内容上，甚至本质上发生了革命性的变化。

与柏林大学不同课程间的相互关系、数量和内容变化相适应，传

---

① Konrad H. Jarausch (ed.). The Transformation of Higher Learning 1860−1930 [M]. Klett-Cotta, 1982: 151.

② Friedrich Paulsen. The German Universities–Their Character and Historical Development [M]. New York Macmillan and Co. and London, 1895: 70−71.

③ Konrad H. Jarausch (ed.). The Transformation of Higher Learning 1860−1930 [M]. Klett-Cotta, 1982: 167.

授课程内容的教学组织形式也发生了巨大变化。不同于传统的中世纪大学以及当时的以法国为代表的专业教育模式，柏林大学的课程教学方法也发生了变化，除了教师系统讲授，还出现了师生共同讨论以及学生在教师指导下独立进行科学研究的新方法。大学中的人文科学和社会科学研究的研讨班以及自然科学研究的研究所和实验室等，都独具特征。根据相关研究，在以创造知识为使命的近代柏林大学中，研讨（seminar）取代了中世纪大学的口头辩论或讨论。在研讨课中，学生在教师的指导下或以与教师合作研究的形式掌握科学研究方法。研究人文和社会科学的研讨班以及研究自然科学的研究所和实验室都与早期近代大学的性质密切相关。即在近代柏林大学中首次实现了研究、教学和学习的统一。[1]柏林大学在这一时期设立的各种研讨班和各种研究所中，哲学院和医学院建立的研讨班和研究所数量最多，这反映了这两个学院学科发展迅速、注重教学与科研相结合的特点。这种独特的教学组织形式和研究所的出现表明：一方面，大学已不甘心囿于"象牙之塔"，不再把整理、解释和传承古代遗产作为主要任务。大学逐渐与科学学科、社会上的各种行业和职业密切相联，开始担负起推进学科研究和发展科学的新职能。另一方面，也改变了传统大学中教师和学生的相互关系。对教师和学生双方而言，摆在他们面前的都是尚待探索的未知领域，教学的过程同时也是学生积极参与的过程。就这个意义而言，教师和学生的地位是平等的，双方平等地通过研究来达到道德和情感的升华，最终获取最高形式的科学。

　　如上所述，正是由于近代科学的影响，才导致柏林大学的课程由量变向质变转化，并使其在本质上区别于传统大学，出现了又一新型课程模式，成为世界高等教育发展史上的一座里程碑。然而，在肯定其近代意义的同时，本章却不能不指出以下两点。

---

[1] 皇至道. 大学の歴史と改革 [M]. 講談社, 1970: 104.

首先，柏林大学创始者洪堡的办学思想并没有完全贯彻到教育实践当中。1810年柏林大学之所以能够成立，是因为它在很大程度上调和了当时的各种教育改革观点。尽管洪堡的理念在指导大学教育实践中据于主导地位，但大学的课程不能不受到其他因素的影响。更重要的是，由于德国日益迈上了工业化的道路、要求参与全球资本主义列强间的竞争等种种原因，现实中的柏林大学与洪堡等新人文主义思想家有关近代大学理念间的差距越来越大。事实上，的确如此，从课程内容来看，柏林大学创始者之所以将哲学院置于各学院之上，正是试图通过哲学这门在古代包罗万象又衍生为各门学问的学科，将除神、法、医之外的所有知识统合为一个有机的知识体系，使各门知识都以哲学基本原理作为原则，并通过各分支学科的独自研究和发展，最终促使哲学本身不断趋于体系完善、逻辑严密，成为最高形式的科学（Wissenschaft）。然而，随着近代自然、人文和社会学科的发展，学科或不断分化、或相互结合，课程设置越来越窄，学科分支越来越细，研究领域也越来越专，尤其是19世纪70年代之后，哲学的兼容性和包纳度越来越受到新兴自然科学技术的挑战，这就必然导致洪堡等人的近代大学理念与现实中大学教育活动间矛盾的尖锐和鸿沟的拓宽。

其次，除了医学院外，柏林大学的课程多着重纯理论知识的传授，研究也强调纯学术研究，其目的在于训练学生的心智，培养科学研究精神、态度并训练学生掌握科学研究的方法，但它对科学课程的应用和实践操作却极少理会。此外，直到20世纪初期，柏林大学所有学院中几乎都没有开设有关技术方面的课程。尽管到19世纪70年代以后，德国工业化急需大量高级技术人才，但是以柏林大学为代表的一批新大学不仅反对开设实用技术学科或从事这方面的研究，而且还百般阻挠技术教育机构的建立，甚至出现了反对当时大量的综合技术学院升格为工科大学的运动。具有讽刺意义的是，以对抗和批判传统大学而建立的柏林大学，却在新的历史时期成为保守的教育机构。就这一点而言，直到第一次世界大战之前，以柏林大学为主要模式建立的新大学仍在某种程度上保留着传统的痕迹。

第三节 结　语

如上所述，1810年创立的柏林大学是以培养那些探求高深知识和发现真理的大学教授、学者和学术研究人员为目的。不同于当时的法国专业教育理念，德国的近代大学教育主要是为了实现"文化国家"这一目标，提出了培养追求真理和纯粹知识的学者、研究者、科学家和大学教授等的学术训练课程理念模式。① 在教学组织和课程等层面，这种理念具体表现在几个方面：教学与科研相结合，新设研究所或实验室等，开设与职业技术无关的所谓纯科学方面的课程内容。

19世纪初期出现的以柏林大学为代表的德国研究型大学课程模式既不同于专业或职业技术教育课程，也区别于自由或通识教育课程。相比其他课程模式，这种学术训练课程模式更加强调近代科学的认知和发展性价值，即学生不能仅仅被动地获得科学知识，还必须参与不断的探索和研究活动。学生通过将人类的历史经验和科学研究的成果转化为自身的主体认知，逐渐形成发现和认识事物的能力，进而培养自身的教养和对未知事物的探究精神。换言之，这种课程模式重点不在于向学生传授科学的实用性和功利价值，而在于更强调对学生科学信仰、研究方法和研究技能的培养。柏林大学的这种课程模式为19世纪之后东西方许多国家的高等教育近代化提供了样板，并且直接影响了美国约翰·霍普金斯大学以及明治时期日本东京大学等研究型大学的成立，尤其是博士教育的出现。

首先，柏林大学之所以成为近代大学的开端，其根本原因在于大学创办者能够适应时代的需要，有目的、有步骤地将近代自然科学转化为课程形态，促使高等教育发生本质上的变化，通过课程设置和内容的改

---

① 潮木守一. 近代大学の形成と変容 [M]. 東京大学出版会，1973：330.

变，达到教育目的的实现和大学职能的转变。由此可见，高等教育改革的关键在于课程和教学改革，具体包括专业、课程、教材、教学组织形式等多方面的内容。实现高等教育的现代化，培养跨世纪人才，如果不从高校的课程和教学改革入手，使高校的课程设置符合新时期发展的需要，任何教育目标的实现、高校职能的转型转换等都难以进行。只有从课程改革和教学手段等着手，才能收到事半功倍的效果。

其次，高等教育的改革完全可以借助于既有的大学形态或组织形态进行。柏林大学便是在继承中世纪大学的某些传统形式之下，注入新的理念、设置新课程、发展新职能，从而实现近代化的。我国目前的经济状况和政治制度特点等也决定了高教改革不可能大规模地或彻底地废除旧有体系、设置完全崭新的教育机构来实现高等教育现代化。比较切实可行的途径可能是基本依托现有高等教育规模，不断挖掘潜力、优化结构，通过教育思想的转变以及本科课程的调整以及教学手段的改革等，来达到高等教育发生根本性转变的目的。

最后，必须树立高教改革持之以恒、教育思想不断更新的意识。尤其是那些历史悠久、在社会上享有极高学术声誉的名牌和老牌大学更是要正确处理继承和保持优良学术传统与不断吸取新的教育观念之间的矛盾。高等教育的自身逻辑发展与社会发展需求之间的矛盾或差距往往是阻碍大学进行改革、不断更新的重要因素之一。历史上的柏林大学便是在20世纪初未能顺应科学技术发展的要求，逐渐趋于保守和僵化的。因此建立灵活、具有弹性、多类型、多层次的高等教育结构，树立开放的教育观念，时刻将高等教育的发展置于广阔的社会发展大背景之中，才是保证高等教育充满活力、不断进步与繁荣的重要前提。

第六章　高等职业技术教育课程模式

伴随着我国高等教育大众化的发展，高等职业学院大量涌现，高等职业技术教育或技术职业教育诸多问题也受到广泛的关注。本章主要从历史和国际比较的视角，从高等职业技术教育的理念、制度以及课程三个层面入手，在参考有关研究文献和运用有关国家及院校层面数据的基础上，对高等职业技术教育的生成、变化、基本特征以及近年来的改革趋势做简要论述。首先，对有关职业技术特别是高等职业教育的相关概念做简单梳理。其次，从历史和国际比较的视角，探讨高等职业技术教育在不同阶段和主要国家及地区的变化特征。再次，选取美国、英国、欧洲大陆部分国家和日本的若干案例，进一步考察高等教育职业技术在院校特别是课程层面的特点。最后，在总结高等职业技术教育变化特征和一般趋势的基础上，提出有助于中国目前高等职业技术教育改革的几点启示。

第一节　职业技术教育的概念与起源

在不同历史时期，用于描述职业教育或职业技术训练的用语不少。例如，学徒式教育、职业教育、职业和技术教育和训练，以及生涯和技术教育等。不过，大多数用语都是在特定的国家或区域使用。例如，在欧洲，技术和职业教育使用较为普遍，而在美国，目前比较流行的是生涯和技术教育。①

在我国，多数场合，职业教育和技术教育往往不加区别地合在一起使用。此外，职业技术教育以及技术职业教育也多在同样的意义上

---

① Rupert Maclean and Ada Lai. Future of Technical and Vocational Education and Training: Global Challenges and Possibilities. International Journal of Training Research, 2011, 9（1-2）: 2-15.

使用。英文中对应中文职业教育和技术教育的单词分别是 vocational education 和 technical education。职业教育（vocational education）指发展职场中某一工种所需要的知识、技能和态度，范围广泛，既包括浅显的入门部分，也包括高深、专门的本领。技术教育（technical education）则指发展和掌握能应用到实际场景中的技能和知识的教育。① 此外，部分美国学者认为，职业教育是实施具有实践导向的和对应于具体工作或生涯技能的教育。因此职业教育包括农业教育、商业教育、家政和消费者学科、保健教育、市场教育、技术教育、贸易和工业教育。职业教育课程的特点是课堂教学和手工试验操作和现场训练的结合。职业准备必须时刻考虑社会和个人需求，在满足经济需要的同时，个人能力必须得到最大限度的利用。② 中国有学者认为，根据联合国教科文组织 1997 年 3 月推出的"国际教育标准分类（ISCED1997）"，我国高等职业教育应视为其中的 5B，作为第三级教育中"更加定向于实际工作，并更加体现职业特殊性"的一种特定类型来看待，即新版"国际教育标准分类"中的第三级教育第一阶段第 5 层次 B 类课程。主要是使求学者获得某一特定职业或职业群所需的实际能力（包括技能和知识等），提供通向某一职业的道路。③ 也有学者认为："高职教育是我国高等教育的重要组成部分，培养德、智、体全面发展的，面向生产、建设、管理、服务第一线及适应职业岗位（群）需要的，具有一定的专业知识和技能结构，有良好的职业素质和职业发展能力，能够适应工作转移或岗位转

---

① Jack Foks. Sharing Technical and Vocational Distance Education Resources [R]// City Polytechnic, Hong Kong（ed.）. Technical and Vocational Education and Training by Distance — Report of an International Conference Convened by The Commonwealth of Learning, 1990: 2.

② Howard R. D. Gordon.The History and Growth of Vocation Education in America [M]. Waveland Press, 2003.

③ 百度百科. 高等职业教育 [EB/OL]. [2022-08-08]. http://baike.baidu.com/]ink? url= fSuqTS4zh0_UqPK0bf2mcuCZ02yOoElfZwr 3gLEFRT6YivGknBaGlphENWUU.

换的，综合能力较强的高等技术应用性人才。"①

本章认为，在理念层面，高等职业教育和技术教育在人才培养指向性上没有本质的区别，两者都是以培养毕业生能够直接进入劳动力市场，从事某一具体或特定职业为目的。此外，高等职业技术教育主要是以完成了中等教育的学生为对象。实施高等职业技术教育的机构多为专门职业技术教育或培训机构，在某些国家和地区，这些教育也可能是由综合大学中的某些学院、部门甚至是在高水平的研究型理工学院的某些课程来提供。在有些国家和地区，高等职业技术教育虽然也传授学科性或学术性知识，但更加强调特定的、职业中所需要的具体技术和实践技能的传授。更重要的是，高等职业技术教育与普通高等教育不同，它特别注重课堂教学和校外实践的结合，尤其是学生就业前的实习环节。在教育评估方面，它更关注对学生所掌握的特定技能以及与将来就业有关的能力的测评。

由于对高等职业技术教育的理解和界定存在较大分歧，高等教育层次的职业技术教育究竟产生于何时何地，尚无公认的研究成果。如果把职业教育和技术教育分别进行考察，有学者认为，早在中世纪大学产生之前，欧洲大陆就已存在较为松散的职业教育或训练。不同职业教育或训练是通过不同行会组织，采取师徒制形式进行的，而并非是在正规学校中实施的。行会控制和制定具体职业教育或训练的标准。随着18世纪60年代英国工业革命的蓬勃发展，行会组织在欧洲社会的地位逐渐丧失，除极少数行业外，各国相继成立专门的职业教育和训练机构，职业教育和训练开始纳入正规学校教育体系，成为国民教育乃至高等教育制度的重要部分。因此，在严格意义上，正规的职业技术教育最初发端于欧洲工业化时期。在欧美大多数国家，大量正规的纳入高等教育体系的职业教育和技术教育则出现在19世纪之后，特别是19世纪中期欧洲第二次工业革命之后。②

---

① 俞仲文等. 高等职业技术教育模式研究[M]. 广东科技出版社，2003: 5.

② Norbert Wollschläger and Helga Reuter-Kumpmann. From Divergence to Convergence: A history of Vocational Education and Training in Europe [J]. European Journal of Vocational Training, 2004, 32: 6-17.

第二节　高等职业技术教育的变化

1. 理念层面

如前所述,中世纪并不存在严格意义上的高等职业和技术教育。19世纪初期,法国由政府直接创办和管理的专门学院(école speciale)和多科技术学院(École Polytechnique)等开始提供特定职业所需要的高级人才。从这个意义上来说,有关高等职业技术教育的理念大致可以追溯到这一时期。不过,需要指出的是,究竟这些专门学院和多科技术学院提供的是专业教育还是职业技术教育,或兼顾两者,学术界仍无统一的意见。本书认为,从人才培养理念来看,这些院校主要是为国家服务,为新生的资产阶级政权培养新型国家管理人才,特别是技术官僚和特定行业的技术人才,因此在很大程度上,这些学院的办学思想与高等职业技术教育有关。

19世纪中期之后,欧洲大陆和英国出现的为区域经济和工业发展服务的地方性短期院校,例如当时英国的城市学院(civic college),区别于牛津和剑桥等传统大学的最大特征在于,这些学院的教育目标在于为当地工商业的发展培养较为高级的技术型人才。这些"位于工业人口集中地的中心学院的首要目的,在于提供与从事工业的人口生活息息相关的教育,其教育应始于他们日常职业当中,即传授有助于其职业的知识"[①]。

1862年出现的美国赠地学院,与当时按照英国传统大学建立的、强调自由教育的大学不同,通过开设与本州工农业等直接相关的课程,培养实用型人才。因此,赠地学院的出现极大地丰富了高等职业技术教育办学理念。尽管部分学院也强调开设较为全面的、包括学术性内容在内的多样化课程,但基本都是为本州或本地区工业、农业和商业等的发

[①] Michael Sanderson. The Universities and British Industry 1850—1970 [M]. Routledge and Kegan Paul Ltd., 1972: 81.

展服务，强调学生使用知识和技能的培养。[①]因此，与19世纪后期欧洲大陆以及英国出现的各种注重传授实用知识和技能的机构一样，美国的赠地学院开启了高等职业技术教育的办学新理念，即高等教育与地方经济紧密联系，为区域和地方经济发展培养实用人才。同样，这一理念也主导了19世纪后期美国的初级学院和20世纪60年代社区学院的办学。

从20世纪90年代开始，在欧洲大陆出现了能力本位教育理念（competence-based 或 competency-based education）。不同于传统的职业技术教育，能力本位教育以社会结构主义为理论基础，提倡职业教育、技术教育中对学生进行学科能力、职业能力以及态度或方法等多方面的教育。在20世纪90年代后期开始的博洛尼亚进程中，这种能力本位的理念很快影响了欧洲大陆许多国家的高等职业技术教育的发展和改革。

如果说19世纪初期法国的高等职业技术教育的理念主要是根据国家的需要来培养各种实用人才，高等职业技术教育是为国家和政府服务，那么从19世纪中期开始，无论是英国、欧洲大陆的德国还是美国的新型职业技术教育机构中，高等职业技术教育萌发了新的教育理念，即为地方经济或区域经济的发展培养职业性人才。从20世纪90年代后期开始，为了迎接知识经济社会的挑战和应对经济全球化的影响，高等职业技术教育中又纳入了重视学生多种能力的教育理念。

2. 制度层面

19世纪初期法国大革命后建立的专门学院以近代科学技术知识作为核心内容，一部分学院按照学科，也有部分学院按照社会的具体职业开设相应课程，主要培养新政权所需要的技术官僚和专业人才。从这个意义上而言，专门学院可能是近代高等职业技术教育机构的滥觞。例如，1793年资产阶级国民议会设置的各种专门学院中就包括机械学院和农业学院。19世纪中期之后，伴随欧洲第二次工业革命的发

---

① Howard R. I. Gordon. The History and Growth of Vocational Education in America [M]. Allyn and Bacon, 1999.

展，德国和英国相继出现了专门传授近代科学技术的职业技术学院及其他形式的教育机构。很多机构最初仅仅提供属于中等教育层次的内容，从19世纪后期开始，许多机构升格为高等教育机构，如德国的工科大学、专门学院以及英国的城市学院等。学生在这些城市学院或职业教育机构经过两三年的教育后，一般只能获得毕业文凭或资格证书、能力证书。这些机构后来被称为非大学机构（non-university sector），主要培养企业和区域经济发展直接需要的实用技术型人才。它们与新出现的其他职业技术教育机构共同构成各国职业教育体系的重要部分。

　　虽然美国殖民地时期早已存在职业教育或训练，但它们主要还是采取师徒制的形式，基本上未纳入正规的学校教育体系之中。19世纪初期美国赠地法案的实施极大地促进了高等教育层次职业技术教育的发展。虽然不少赠地学院后来逐渐升格为州立大学，但不少学院和州立大学在提供职业和技术教育方面的贡献显然无法否认。20世纪初期，美国初级学院或社区学院的出现和规模扩大，更是极大地促进了高等教育层次职业技术教育的发展。虽然初级学院或社区学院层次和水平不一，教育培养目标各异，课程设置丰富多样，但与欧洲大多数国家相比，初级学院或社区学院构成了美国高等教育层次职业技术教育的主要部分。此外，也有观点认为，美国绝大多数中等后教育的技术和生涯训练是由私立机构提供的。其中，两年制的社区学院提供约30%的生涯训练证书。这些社区学院同时也为学生提供可转入四年制大学的课程。其他有关技术和生涯学习或训练项目则由军事技术训练或政府设置的成人教育中心提供。美国也有不少州通过州立技术学院提供类似的技术和生涯教育或训练，这些州立技术学院与州立大学一样，都是通过正式认定而开办的教育机构。[①]

[①] Karen Levesque, et al. Career and Technical Education in the United States [M]. United States Department of Education, 2008: 78.

表1 各国实施高等职业教育主要机构

国别	机构	学习年限	举办者	通常在学年龄	学校数
美国	理工学院	四年	州立	18～21岁	5
			私立		13
	社区学院	两年	州立	18～19岁	1000
			私立		721
英国	学院和大学学院	三年	国立	18～20岁	29
	继续教育学院		国立	16岁以上	416
德国	高等专门学院	三年	州立	18岁以上	147
			私立		89
	其他夜校	无限制	州立	19岁以上	232
			私立		93
	专门学校	半年或以上	州立	18以上	952
			私立		498
法国	技术短期大学院	两年	国立	18～19岁	114
	中等技术人员培养课程		公立		1358
			私立		900
	各种专门学院		国立、私立		740
日本	短期大学	两至三年	国立/公立	18～19岁	22
			私立		350
	高等专门学校	五年	国立/公立	15～19岁	54
			私立		3

注：美国数据为2009年度，但技术学院数据为2013年。日本数据为2012年度。其他国家数据为2010年度。

资料来源：文部科学省.教育指標の国際比較（平成25年版）[EB/OL]. [2020-11-11]. http://www.mext.go.jp/b_menu/toukei/data/kokusai/1332512.htm, 2013-12.

表1是根据有关资料整理而成的各国提供职业技术教育的主要机构。虽然各国实施高等职业教育的机构名称和形式不同，但还是表现出一些基本的共性。例如，从学习年限来看，除了美国的理工学院，绝大多数国家的高等职业教育都是短期的，一般都是两至三年。从举办者来

看，除美国的理工学院和日本的短期大学外，绝大多数高等职业教育机构由国家或地方政府设置和管理，反映了大多数国家对高等职业教育的重视。从接受高等职业教育的对象来看，除日本的高等专门学校，其他所有国家的教育机构都会接受完成高中教育的入学者。

综上所述，尽管很难对各国实施高等职业教育的机构做全面和精确的梳理，但从以上有限的资料来看，高等职业教育制度层面的变化可以大致归纳如下：从类型上来看，基本是从最初对应于特定和具体职业或行业的单科学院发展到多科学院；从层次上来看，从短期仅可以颁发文凭和资格的机构升格到类似于本科阶段甚至是研究生阶段的高等院校。

3. 课程层面

从历史的视角来看，19世纪初期法国专门学院的主要课程包括机械、应用化学、制图、农业、林业、葡萄园艺和面包制造等。自1870年之后，理学院中的工科或技术学院发展迅速。不少理学院还有权发放工科教育文凭或证书。例如，1908年格勒诺布尔（Grenoble）学院开始颁发造纸工程师证书，对象是在该学院系统学习两年的学生。为获取这一证书，学生必须在第一年学习物理、化学、工业制图、数学、电学和工业机械，在第二年学习工业和商业法以及造纸厂经营管理等课程。19世纪末，电气工业的飞速发展极大地促进了电气、电机等相关领域研究水平的提高，导致大批相关职业技术学院和课程的出现。1902年，该学院开始颁发电气工程师证书。此外，某些理学院中还颁发机械工程师等证书。①

英国的城市学院或后来升格为城市大学的课程同样鲜明地反映了重视技术教育和倾向于应用的特色。有关史料表明，各城市学院最初开设的几乎无一例外是工程、机械或机械工程、采矿等课程；到了19世纪末20世纪初则发展为开设电子工程等方面的课程。各城市学院的课程设置带有浓厚的地方色彩，反映了各地工商业发展的不同特色。它们成

---

① 黄福涛. 外国高等教育史[M]. 北京大学出版社，2021：82—122.

为促进地方工商业发展、进行实用技术推广和应用的机构。与19世纪初期创建的某些新型高等教育相比，城市学院与工商业发展之间的联系更为紧密和广泛，它完全与各地的社会发展融为一体、息息相关。

18世纪中期以后，德国境内各邦国就已经设立了不少专门学院。当时，这些学院多为各王国政府直接设立和管理，并直接与各地方的经济与军事发展相结合，带有强烈的地方和功利色彩。比较著名的专门学院有萨克森王国于1766年建立的矿山学院、1699年出现的柏林工艺学院等。这些学校一般培养地方高级技术管理人才或技术官僚（矿山、冶金和建筑等方面的管理者），课程设置十分强调应用。19世纪末至第一次世界大战之前，德国还出现了不少专门学院，多与商业或其他经济部门有关，一般由地方工商协会或商业团体资助兴办，毕业生多在经济和管理部门担任高级管理要职。

美国的初级学院是20世纪初产生的，到20世纪60年代，公立的初级学院改名为社区学院，而有些私立的初级学院依然叫做初级学院。"二战"以后，初级学院成为美国增长最快的高等教育部门之一。初级学院或者社区学院的课程五花八门，有真正属于高等教育第一阶段的课程，有职业技术教育课程、家政课程、休闲类课程甚至补偿性课程。

第三节　案例分析

1. 美国

瓦拉瓦拉社区学院（Walla Walla Community College）成立于20世纪60年代中期，目前在校生约12000人。2013年居于全美最好的50所社区学院之首。该学院开设本科学位课程、技术生涯训练课程以及提高就业能力或个人发展等的课程。[1]

---

[1] 瓦拉瓦拉学院 [EB/OL]. [2018-02-01]. http://www.wwcc.edu/cat/rogram_listing.cfm?CC=200&ProgType=Academic.

该校办学目标是：鼓励和支持终身学习；为学生将来转入四年制大学做准备；为学生成为21世纪劳动力做准备；增强学生基本技能，等等。对应以上办学目标，该学院主要开设了三大类课程。第一类是学术类课程，这些课程主要是为学生将来进入四年制学院或大学做准备。第二类是有关职业生涯类课程，这类课程主要是为了满足工业的需要，培养毕业生成为在不同行业工作的合格劳动者。第三类课程是卓越课程，这类课程主要是为学生将来找到更好的工作和发展机会提供较为广泛的基础课程。

除了大量社区学院开设有关高等职业教育的内容，如表2所示，根据美国卡内基基金会1994年对大学所有学科的分类标准，许多类似于中国专业教育的内容在美国高校实际上是以职业和技术学科的形式开设的。从这个意义上而言，不少美国四年制大学甚至一些综合性的研究型大学也开设部分类似于其他国家的高等职业和技术教育的课程。此外，由于四年制大学中学生的主修不仅包括为将来进入研究生教育阶段学习的预备性内容和无具体指向性的学习内容，还包括学生在本科毕业后与就业有关的一些职业性学习内容，因此，高等职业技术教育在美国高校开设的范围远远超过了社区学院。

表2 卡内基分类中的通识学科与职业和技术学科的区分

通识学科	职业和技术学科
英语·英国文学、外语、文学、自由·综合研究、生命科学、数学、哲学·宗教学、物理科学、心理学、社会科学、视觉·表演艺术、地域·民族研究、综合·跨学科研究	农学、保健学、建筑、商务·经营、信息通讯、自然资源保护、教育、工学、健康科学、家政学、法律·法规研究、图书馆·档案馆学、市场营销·流通、军事学、防护科学、公共管理·服务、神学

资料来源：Carnegie Foundation for the Advancement of Teaching. The Carnegie Classification of Institutions of Higher Education [S/DL]. [1995-12-12]. http://classifications.camegiefbundation.org/；舘昭.大学改革日本とアメリカ.玉川大学出版部，1997: 10-58.

尽管加州理工学院今天很难纳入高等职业教育机构之列，由于其前身是职业教育机构，这里姑且将其作为一特殊案例给予介绍。

该学院创建于1891年，最初是提供职业教育的机构，目前已发展成为全球最佳研究型工科院校之一。全日制本科课程强调文理教学。该学院开设了24个主修和6个副修学科领域，包括宇宙空间、英语、地质和行星系统、历史、科学史与科学哲学、结构机械学。此外，还开设了应用物理、生物化学、生物工程、环境科学和工程等跨学科课程。

四年学习期间，本科生需要学习核心课程和个人选修的学位要求课程。学院实行三学期制，学院要求学生四年中必须学习以下核心课程，即5个学期的数学、5个学期的物理、2个学期的化学、1个学期的生物学、1门新生导论课、2个学期的试验导论课、2个学期的科学写作课和12个学期的人文及社科方面的课程。本科生平均一个星期学习50个小时，毕业前必须修满486小时的课程，也就是平均每个学期5门课，一年共修15门课。此外，学院研究生教育强调博士生教育，主要集中在理科、技术、工程和数学4个领域。

与其他类似的理工学院一样，加州理工学院的案例表明，职业教育机构不仅可以发展成为包括硕士和博士学位课程在内的研究性内容，培养在自然科学和工科等领域的高级专业人才，而且可以跻身全球大学排名榜前列，成为国际著名的研究型机构。

2. 英国

英国职业教育的特点之一是学校和教育机构与职业训练紧密结合，教育机构开设的相关课程基本对应全国职业资格标准所要求的内容。表3是英国职业有关资格一览表。其中，级别4和5提供属于高等教育层次的资格证书。

以下以英国奇切斯特学院（Chichester College）为主要案例，介绍英国高等职业教育的基本特点。奇切斯特学院是一所创办于1964年的公立学院。目前学院共有学生约 15000 人，其中约 5000 名为全日制学生。除了一些学术性课程外，学院主要面向全日制学生和在职学生，开设不同水平的职业资格证书、文凭和相关的高等教育课程，给学生提供实习场地等。具体领域包括农业、动物管理、工艺设计和媒体、商业和管理、计算机和信息技术、食品保存、建筑、创造性工艺、工程、马科动物、花卉栽培技术、发型和美容、健康保健和儿童护理、旅游管理和接待、机动车辆、表演艺术、音乐、运动和公共服务等。其中，餐饮和活动管理课程可以提供级别 1 至级别 3 的文凭。此外，还开设了颁发级别 4 至级别 5 的职业资格证书的相关课程。这两个属于高等教育层次的课程内容大致如下。

餐饮和活动管理级别 4 文凭课程主要为今后从事餐饮服务业管理的人员开设，通过有关课程的学习，学生可以掌握有关餐饮和活动管理方面的扎实知识、相应的能力和经验。课程学习年限为 2 年，主要招收在职人员。录取标准为：在相关行业工作并有丰富经验，具有级别 3 资格证书，必须具备良好的英文和数学水平。学生一周在学院上课一天，其余时间在工作岗位完成学院布置的与工作有关的项目和作业。一年级的主要课程模块包括：当代餐饮业、顾客服务、食品和饮料运作、餐饮会计管理、合同与活动管理等。此外，还开设一小部分选修课程。

餐饮和活动管理基础学位（Foundation Degree）主要为从事餐饮和大型活动安排及管理的工作人员提供具有洞察力和技能的教育。课程学习年限为 2 年，主要招收全日制学生。该学位课程录取标准除了要求学生具有相关资格证书和相当水平的英文及数学能力，还要求学生具备该学院认定的有关知识、技能以及胜任力。完成该基础学位课程的学生可以自动进入奇切斯特大学（Chichester University）学士学位课程学习并获得学位，进而进入硕士学位课程学习。

表3 英国职业有关资格一览表

级别	一般资格	职业有关资格	职业资格NVQ
5	高等教育		NVQ5
4			NVQ4
3	A级	职业A级	NVQ3
2	GCSE A-C	GNVQ 中级	NVQ2
1	GCSE D-G	GNVQ 初级	NVQ1
入口		学历检查证明	

注：NVQ是National Vocational Qualification的缩写，意为全国统一职业资格标准

资料来源：QCA. Data News，2002（20）。

3.欧盟有关国家

20世纪90年代后期开始，欧洲大陆高等职业教育改革的突出特点是强调学生能力的培养。尽管有关能力的理解见仁见智，在欧盟主要国家，能力教育基本指知识、态度、理解力、技能和才能等的动态结合。它包括各学科要求具备的能力和一般能力。其中，一般能力包括：一是基本能力，如认知能力、方法论的能力、技术能力和语言能力；二是人际关系能力，如个人的社会交际与合作能力等；三是系统能力，有关整个系统的能力和技能（理解力、感知能力与知识的结合等）。

目前，建立在社会建构主义理论基础之上的能力教育理念得到欧盟大多数国家的认同和接受，但在制度层面各国进展不尽一致。例如，除了挪威在高等教育以及中等教育制度方面积极推进能力教育之外，英国、德国和荷兰主要都是在成人继续教育学院、应用技术大学和综合性大学之外的工科大学或学院有意识地逐步导入能力教育模式。而在意大利，能力教育主要体现在医学、工科、建筑和药学等学科层面，尚未上升到制度层面。

由于知识经济和经济全球化的发展，社会对劳动者也提出了新的要求，未来的劳动者或工作者需要具备多种新的能力和素质。表4是德

国有关研究机构对过去和将来劳动者的特点进行比较和归纳的结果。显然，与以往相比，未来的劳动者除了要掌握有关职业或工作所需要的具体知识和技能，还必须具备自我管理、自我规划、自我判断、团队精神等能力。因此，自20世纪90年代，德国不少学者提出，德国职业教育特别是高等职业教育需要提供综合职业能力教育。这种教育不仅包括职业所需要的职业知识和能力，还需要职业之外的方法能力和社会能力等。我国学者也指出，这种综合职业能力包括四个方面：与本职相关的知识、态度、经验（活动的领域）、反馈（评价和评估的领域）。四方面均达到才构成一种"专项能力"，专项能力以一个学习模块的形式表现出来。若干专项能力又构成一项"综合能力"，若干综合能力又构成某种"职业能力"。①

表4 传统型和未来型劳动者的比较

传统型	未来型
固定的工作时间	团队中允许的弹性工作时间
已定的工作日程表	自主规划的工作任务
由上司向雇员分配工作	在团队中决定工作任务
由上司对原材料和工具进行管理	自主分析工作的进度等
由专家和上司负责质量保证	自主负责质量保证
有遵守已定工作期限的义务	进行负责的自主判断
上司负有控制成本的责任	参与成本管理
由上司负责业务关系和契约合同的管理	由所有工作人员进行共同管理，并实行顾客中心主义
根据上司的指令进行工作规划和执行	自主进行工作规划、执行和管理

资料来源：Rudolf Tippelt Antonio Amorós. Competency-based Training: Compilation of Seminar Subject Matter: Training the Trainers [EB/OL]. [2023-05-04]. https://d-nb.info/1097297810/34.

---

① 中国CBE专家考察组. 前言 [C]// 国家教育委员会职业技术教育中心所. CBE理论与实践. 1993: 12.

4. 日本

短期大学和高等专门学校是日本实施高等职业教育的主要机构。案例一是日本女子营养大学短期大学教学院食物营养学科（两年）有关内容。女子营养大学是一所私立大学，创办于1961年。目前有4个本科层面的学院、1个短期大学院和1个提供研究生课程、可以颁发硕士和博士学位的营养学研究科。日本营养大学短期大学教学院食物营养学科的教育理念是培养能够把饮食与健康，进而将饮食和幸福连接在一起的人才。在两年学习过程中，大学开设了营养师必修科目、教职必修科目、自由选修科目、基础和教养科目（其中包括一般科目和生涯认定科目两类）和专业科目（其中包括一般科目和生涯认定科目两类）。表5和表6分别表示的是一般科目的课程表和生涯认定科目的课程表。从表中可以看出，一般科目和生涯认定科目最大的区别之一在于，一般科目第一学年中英语、化学、食品卫生学、经济学、微生物学和心理学等一些学科性课程开设得比较多，而在生涯认定科目中，第一学年开始便开设了大量注重实践的科目，特别是实习内容。

根据该校公布的数据，营养学科两年制毕业生的就职情况大致如下：成为营养师的占54.8%，继续升学的占17.4%，从事食品技术工作的占8.4%，从事销售和担任烹饪助手的各占3.9%，在不同企业或公司担任综合职务的占2.6%，从事其他工作的占7.1%。①

较之于注重职业教育的两年制课程内容而言，同一所大学营养学院饮食文化营养学科四年制的本科课程不仅在理念上有别于短期大学，而且在课程方面强调开设更多的学科性内容。例如，该校四年制营养学科的教育理念为培养能够基于宽广视野对丰富的饮食生活提出建议的专家。具体内容包括：培养的专家能够从专业的角度理解人们的饮食、营养和健康，同时基于日本或海外饮食文化等方面的宽广视野，对饮食业

---

① 营养学科毕业生就业情况，详见：就職データ（短期大学院・食物栄養学科）平成24年度[R/OL]. [2013-06-01]. http://www.ciyo.ac.jp/daigaku/faculty/juniorcollcge/careerpath.html.

第六章　高等职业技术教育课程模式

表 5　一般科目课程表

<table>
<tr><th colspan="2"></th><th>周一</th><th>周二</th><th>周三</th><th>周四</th><th>周五</th><th>周六</th></tr>
<tr><td rowspan="5">第一学年</td><td>第一节</td><td>英语</td><td>实践营养学学习</td><td>就职支援讨论发表1</td><td>经济学</td><td>基础烹饪学实习1</td><td></td></tr>
<tr><td>第二节</td><td>化学</td><td>食品卫生学</td><td>心理学</td><td>微生物学</td><td></td><td></td></tr>
<tr><td>第三节</td><td>食品学总论</td><td>生物学</td><td>解剖生理学</td><td>营养学概论</td><td>信息处理・生物统计学演习</td><td></td></tr>
<tr><td>第四节</td><td></td><td>英语</td><td>供餐管理论</td><td></td><td>健康法运动处方</td><td></td></tr>
<tr><td>第五节</td><td></td><td></td><td>追加讲座（日语）共10讲</td><td></td><td></td><td></td></tr>
<tr><td rowspan="5">第二学年</td><td>第一节</td><td>食品学精理论</td><td rowspan="3">临床营养学学习</td><td>营养生化学（包括遗传分子）</td><td>公共卫生学</td><td>文学</td><td></td></tr>
<tr><td>第二节</td><td>供餐实务讨论发表</td><td>营养生理学</td><td>营养指导论</td><td>不同年龄阶段营养学（基础）</td><td></td></tr>
<tr><td>第三节</td><td>食品专家论</td><td>临床营养学实习</td><td>营养病理学</td><td>营养生理学（包括运动生理学）</td><td></td></tr>
<tr><td>第四节</td><td>食物营养学讨论发表</td><td>营养指导实习</td><td>在营养教师指导下的实习</td><td>教育方法及技术/特别活动研究</td><td>营养士事务英语</td><td></td></tr>
<tr><td>第五节</td><td>学生指导论/教育课程</td><td></td><td></td><td></td><td>营养病理学</td><td></td></tr>
</table>

资料来源：学びのINDEX（短期大学院・食物栄養学科）[EB/OL]. [2020-02-01]. http://www.eiyo.ac.jp/daigaku/faculty/juniorcollege.

以及区域社会等如何获得丰富的饮食生活提出建议。其全校课程包括以下四大类。第一类是基础和教养课程，由人文、社会科学、自然科学和外语四大部分构成。第二类是专业基础课程，由营养学和保健学、食品科学、文化国际论、烹饪学以及信息科学构成。第三类是共通专业课程组，由食品管理论、专业烹饪学、设计和媒体论、健康达成论、应用食品学以及饮食文化论构成。第四类包括食品协调、食品制造以及食品文化和创造专业。此外，还有实习等内容。特别值得指出的是，在第一、二学年，该专业开设了美学、设计论、文化学概论、饮食生态学、烹饪学、食品学总论、国际理解论、多文化复合论、日本宪法、食品文化论和营养生化论等基础性内容。

从毕业生就业去向来看，2012年营养学院饮食文化营养学科学生就职率超过90%，其中45.5%的毕业生从事营业和销售，16%的毕业生在各种企业担任综合职务，14.7%的毕业生从事食品技术开发方面的工作，6.7%的毕业生从事烹饪业，营养师和从事事务工作的毕业生各占4%，从事食品协调、烹饪助手和系统设计辅助的各占1.3%，从事其他工作的占5.3%。因此，同一学校法人之下的短期课程和本科课程的显著差异在于，2年制的短期课程更加强调学习内容的实用性和职业指向性，而4年制的本科课程则在注重培养学生就业能力之外，还开设了大量学术性的基础学科。

案例二是东京都立产业技术高等专门学校（五年制）的有关内容。东京都立产业技术高等专门学校是由东京都于1962年设立的公立高等专门学校，目前设有制造工学科，包括8类课程，主要培养产业需要的相关技术人才。学生在第一学年相对集中地学习公共课之后，从第2年至第5年可以选修机械系统工学、生产系统工学、电气电子工学、电子信息工学、信息通信工学、机器人工学、航空宇宙工学和医药福利工学等8类课程。

如图1所示，从学生入学来看，学校不仅招收初中三年级毕业生，也招收高中三年级毕业生。从毕业生去向来看，大致分为4类。一是走

表6 生涯认定科目课程表

		周一	周二	周三	周四	周五	周六
第一学年	第一节	就职支援研讨学习1	实践营养学研讨学习	健康法运动处方	基础烹饪学实习	食品学总论	
	第二节	食品世界研修（实习）	供餐运营管理论	食品卫生学		化学	
	第三节		生物学	食品商业论	商品开发・市场开拓论	信息处理・生物统计演习	
	第四节		解剖生理学	追加讲座（日语）	食品管理论	营养学总论	

		周一	周二	周三	周四	周五	周六
第二学年	第一节	在营养教师指导下的实习	营养化学（包括遗传分子）	临床营养学实习	食品专家论	营养指导论	
	第二节	教育课程（包括总论及道德教育）	食品学各论（包括食品加工学）		公众卫生学	临床营养管理	
	第三节	营养师+事务英语		营养指导实习		营养生理学（包括运动生理学）	
	第四节	不同年龄阶段营养学（基础）	应用烹饪学实习		教育方法及技术/特别活动研究	食品教育论	
	第五节	学生指导论/教育课程	在营养教师指导下的实习			营养病理学	

资料来源：学びのINDEX（短期大学院食物栄養学科）[EB/OL]. [2020-02-01]. http://www.eiyo.ac.jp/daigaku/fhculty/juniorcollege.

向社会,直接就业。二是通过审查和考试等相关手续,编入其他普通四年制大学三年级,进入本科阶段的学习。三是编入本科层次的东京都立大学三年级继续学习。四是通过审查和考试等,直接升入产业技术研究生院大学专攻科学习。在完成本科阶段学习后,毕业生与普通大学的毕业生一样,既可以就业,也可以继续进入普通大学或东京都立大学接受研究生阶段的学习,获得硕士学位。因此,从层次上而言,日本的高等专门学校既提供三年中等职业技术教育的内容,也开设两年属于高等教育层次的短期职业技术课程。此外,学生在结束5年或2年的学习之后,可以有多种选择,既可以就业,也可以升学,继续职业技术课程的学习或追求学术性、专业性课程的学习。总之,高等专门学校虽然属于短期职业技术教育机构,但它不仅与初等教育和高中教育衔接,而且对普通本科院校和研究生教育机构开放,成为日本高等教育制度中极具特色的部分。

表7 营养学院饮食文化营养学科四年制课程表

第一学年						
	周一	周二	周三	周四	周五	周六
第一节	实践营养实习	美学	英语Ⅰ		文化学概论	
第二节	实践营养实习	计划概论	设计论	饮食生态学	饮食文化概论	
第三节	烹饪学	饮食文化营养学总论1	信息处理实习	基础烹饪学实习	终身体育Ⅰ	
第四节	食品学总论	国际理解论	信息处理实习	基础调理学实习		
第五节						
第二学年						
	周一	周二	周三	周四	周五	周六
第一节	健康管理概论	不同年龄阶段饮食生活论	媒体表现论	映像表现法Ⅱ		

（续表）

第二学年	周一	周二	周三	周四	周五	周六
第二节	多文化复合论		英语Ⅲ	映像表现法Ⅱ	食品学诸理论	
第三节	日本料理实习	饮食文化调查实习		日本宪法	食品文化论	
第四节	日本料理实习	饮食文化调查实习		营养生化学		
第三学年	周一	周二	周三	周四	周五	周六
第一节	桌面出版实习	食品加工、保护学			商业圈调查论	饮食文化营养学特论Ⅶ
第二行	桌面出版实习	餐厅设计论		病态营养学		饮食文化营养学特论Ⅶ
第三节	包括厨房设计在内的操作系统论	饮食贸易社会论	商品开发，市场开发论实习	西洋料理实习	创作菜单实习	
第四节	公共卫生学	饮食贸易社会论	商品开发，市场开发论实习	西洋料理实习	创作菜单实习	
第五节						
第四学年	4月—1月　套餐专业科目学习			1月　提交套餐专业科目学习报告书		
	4月—1月　饮食文化营养学实习			10月—1月饮食文化营养学总论Ⅱ		
	6月—12月　饮食文化营养学实习发表会					

资料来源：营养学院饮食文化营养学科四年制毕业生就业情况。详见：カリキュラム（栄養学院・食文化栄養学科）[R/DL]. [2021-01-06]. http://www.eiyo.ac.jp/daigaku/faculty/fbodcultureandnutrition/cumculum.html.

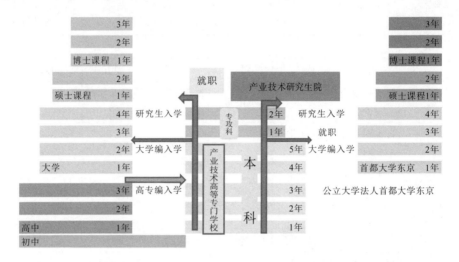

图 1 东京都立产业技术高等专门学校（五年制）

备注：图中的专攻科，特指研究生阶段的专业学习，区别于专科和本科学习阶段。

表 8 是相关学者基于国际比较，对传统和新型高等职业技术教育的特点做出的简要概括。相对于传统型教育而言，新型的高等职业技术教育表现出的最大特点可以理解为多样化和弹性化，以及强调学校教育与校外实践环节更加紧密的结合。此外，特别值得指出的是，培养学生的不同技能，特别是可迁移的能力以及重视学生能力的评估可能是新型高等职业技术教育的最重要部分。

表 8 传统的和新型的高等职业技术教育

传统的高等职业技术教育	新型的高等职业技术教育
具有基本学历的学校毕业生	具备广泛入学技能、面向不同年龄层
指向某一特定工作	多种技能和可迁移技能
长期正式的课程	根据需要设置学习年限
规定的内容和学习顺序	模块化、根据不同需要设置不同学习模块
满足工业发展的方法	基于企业的方法
理论学习和实践学习的分离	理论学习和实践学习的融合
在职训练和脱产训练的分离	在职训练和脱产训练的补充、增加在职训练比重

（续表）

传统的高等职业技术教育	新型的高等职业技术教育
传统的教学方式，如面对面教学等	采用多种教学战略，采用更多新型方式以及通过远距离教学进行更多的实践性教育训练
以校园为主，通过考试进行考核	对不同情景下的技能进行评估
通过时间积累学习	在掌握能力和以往学习和经验基础上取得进步
由合格的学校教育工作者提供教育和训练	增加非学校专职教育者，如学生工作岗位的训练者

资料来源：Jack Foks. Sharing Technical and Vocational Distance Education Resources [R]// City Polytechnic, Hong Kong（ed.）. Technical and Vocational Education and Training by Distance — Report of an International Conference Convened by The Commonwealth of Learning, 1990: 2.

第四节 结 语

在许多国家，特别是在欧洲国家，职业技术教育已从过去主要由中等教育阶段的职业教育机构或短期高等教育机构实施，发展到高等教育的本科阶段甚至研究生教育阶段。在这一过程中，职业技术院校逐渐构成高等教育制度特别是终身教育制度的一个组成部分。具体而言，在理念层面，高等职业技术教育不仅是为职业或工作做准备，而且开始追求为将来拥有丰富生活做准备。在制度层面，欧美日等许多国家一方面逐渐形成比较完整、不同层次和类型相互衔接的职业技术教育体系，另一方面又根据国情形成不同特色的制度。例如，在美国，除了短期专门职业技术类院校外，综合性大学也实施职业技术类教育。在课程层面，其变化表现在三个方面：首先是职业技术教育课程内容与专业教育课程内容之间界限的模糊和融合；其次，强调能力本位和学生学习成果评估等成为国际高等职业技术教育改革和发展的基本趋势；最后，多学科和跨学科发展以及新型职业的出现导致大量新型职业技术课程的开设。

由于各国历史、国情、社会就业体系和高等教育制度不同，职业技术教育在理念、制度和教育内容上也存在不同类型。从相关案例来看，英国比较强调学校教育与企业需求直接联系，看重教育培训的结果，特别是通过考核来鉴定可以确定的、针对具体"职责"的技能和绩效。美国和日本比较侧重系统学科知识和职业技能的结合，在比较宽广的基础上训练学生的就业能力。德国在着重开发具体职业或"职责"所需要的个人能力的同时，重视系统学科知识的传授和一般能力的培养，尽可能将知识、技能、个人能力和价值观相结合。

本章的相关发现对中国高等职业技术院校具有几点启示。首先，今后中国职业技术教育机构如何更好地构建与其他层次和类型的中等教育机构和高等院校的衔接。其次，在促使职业技术教育向高层次发展特别是硕士研究生层次甚至是博士层次职业技术教育的过程中，如何处理学科知识传授、工作岗位所需技能培养以及一般能力等三方面的关系，如何保持职业技术的本色和基本特征。最后，如何从更广泛的终身教育的视角把学校教育、职业训练和学生将来就业单位的需求结合起来。

第七章　能力本位教育课程模式

从20世纪90年代开始，能力本位教育（competence-based education）逐渐成为欧美高教界关注的焦点之一。实际上，能力本位教育既不是一个完全崭新的概念，学术界的相关研究也并非是从20世纪90年代后期才开始的。不过，从以往的研究成果来看，绝大多数都是关注基础教育阶段或中等教育阶段，特别是职业教育或成人教育领域中能力本位教育的变化发展。通过输入能力本位教育等相关关键主题，从中国知网检索结果来看，近年来，包括介绍海外的论文等在内，相关研究明显增加，相关主题高达2000多条。这些研究主题多涉及高职院校中的英语、护理、烹饪、物流、软件和体育等方面。海外研究中，除了Mulder和Winteron两位学者在2017年共同主编出版了《基于能力本位的职业教育和专业教育》一书[①]外，目前，系统和综合地研究高等教育层次，尤其是大学本科人才培养过程中能力本位教育的文献相对较少。本章主要是基于历史和比较的视角，从能力本位教育的理念、制度以及课程三个层面入手，通过对主要国家的案例分析，对能力本位教育做深入和系统的分析。

第一节　能力本位教育的概念和历史考察

中文的"能力"一词，在英文中有不少相对应的表达，如ability、capability、proficiency或competence等。如上所述，本章中探讨的"能力"主要是译自英文的competence和competency。值得指出的是，英文的competence和competency虽然都可以翻译为中文的"能力"一词，

---

① Martin Mulder and Joanthan Winterton. Introduction [M]// Martin Mulder (ed.). Competence-based Vocational and Professional Education: Bridging the Worlds of Work and Education. Springer International Publishing, 2017: 1-43.

但两者之间在用法上还是存在着差异。①② 例如，有学者将 competence 与 competency 做了如下的区别。首先，competence 指能够按照一定的标准完成某一职业中关键的职业任务。所谓关键的职业任务，是指某一职业中最具典型性的工作任务。一般包括 20 至 30 个典型任务。而 competency 指选择和运用知识、技能以及态度的组合，去完成特定环境下某一任务的能力。此外，特别是在职业教育中，常用能力本位教育或训练（competence-based education，CBE 或 competence-based training，CBT）等表达。其次，在不同层次的教育以及不同教育领域，有关能力本位教育的表述也不尽相同。例如，在中等教育阶段的职业教育中，多使用"能力本位教育""能力本位训练"以及"能力本位教育和训练"等表达。③ 近年来，在某些国家，由于强调大学教育与企业间的合作，也出现了"能力本位方法（competence-based approach）教育"的提法。此外，在美国和欧洲大陆教育改革过程中，还新出现了"能力本位学习"（competence-based learning）一词，主要指学习者通过自发和主动地学习掌握一定的能力。

总之，上述表述虽有差异，能力本位教育基本上都是作为与重视学科知识（discipline-based knowledge）传授的"传统教育"相对的概念来使用的，其目的不是培养学者或研究者，而是根据产业或特定职业提出的具体能力以及所要达到的资格或学习成果（learning outcomes）来提供相应的教育或训练。因此，除非特别强调，本章对英文中的 competence 和 competency 不加区别，在同一意义上使用"能力"一词。

---

① Paul Hager and Andrew Conczi. What is Competence?[J]. Medical Teacher, 1996, 18 (1): 15–18.

② Roger Harris, Hugh Guthrie, Barry Hobart, et al. Competence-based Education and Training: Between a Rock and a Whirlpool[M]. Macmillan Publishers Australia, 2001.

③ David R. Moore, Mei‐I Cheng and Andrew R.J. Dainty. Competence, Competency and Competencies: Performance Assessment in Organisations[J]. Work Study, 2002, 51(6): 314–319.

第七章 能力本位教育课程模式

有关能力本位教育的起源说法不一。早在20世纪80年代就开始研究能力本位教育的英国学者博克认为,能力本位教育最初起源于20世纪20年代美国的教育改革。[①]当时,为了强调教育与企业和商业的联系,在中等教育阶段出现了推行能力教育的尝试。但是,直到60年代,在强调教育的绩效(accountability)、教育的经济价值以及教育与社区和地域社会合作的背景下,有关能力本位教育的思潮和实践才真正在美国得到重视。这在教师教育中尤其得到充分的体现。例如,1968年联邦政府在对美国10所大学进行拨款时,要求这些大学开发那些培养初等学校教师的课程模块。这些模块不但包括学习者在成为教师前需要达到的具体能力和要求,而且要说明如何对这些能力进行测量和评估。因此,这些内容又被称为"基于成绩本位的教师教育"(performance-based teacher education)。具体内容包括:如何使用有效的课堂教学法、如何评估学生的成绩以及如何在课堂中激励学生更加主动地学习等。以此为契机,70年代,强调能力本位的教育受到教育行政官员、政治家以及各州有关评估机构的关注。在联邦政府强有力的支持下,这种教育模式在职业教育,特别是大学与企业、商业界以及其他专业团体中的合作教育活动中得到进一步推广。70年代后期,美国的能力本位教育开始传播到加拿大,此后又影响到英国和澳大利亚等国家的职业教育改革。80年代以后,欧洲大陆许多国家以及亚洲的中国和韩国的职业教育改革也在不同程度上受到了这种模式的影响。[②]90年代后期,为了适应全球化的需要,培养学生应对复杂的社会变化,具备生存所需的多种能力,在职业教育或训练之外,普通中等教育阶段也出现了强调能力教育的改革。例如,经济合作与发展组织(OECD)自2001年至2003年提出的相关课题报告中,明确提出培养学生具备人生成功以及形成社会

---

① John W. Burke (ed.). Competency Based Education and Training[M]. The Falmer Press, 1989: 11.

② 赵志群. 职业教育与培训——学习新概念[M]. 科学出版社,2009.

良好秩序的"关键能力"（key competence）等概念。在这些报告中，能力不仅指知识或技能，而且包括能够利用技能或态度在内的各种心理的、社会的资源，去解决特定环境下的复杂问题的能力。此后，关键能力开始逐渐影响许多国家的学校教育改革。

第二节 高等教育阶段中的能力本位教育

20世纪80年代之前，能力本位教育主要体现在中等教育，特别是中等职业教育领域。90年代后期开始，高等职业教育以及专业教育也在不同程度上受到能力本位教育观念的影响，特别是伴随着欧洲高等教育一体化进程，能力本位教育在欧洲大陆许多国家受到更加广泛的重视。在此从国际比较的视角，着眼于理念、制度和课程内容三个层面，对能力本位教育在高等教育阶段的体现及其特征做具体分析。

1. 理念层面

尽管不同国家和地区对能力本位教育的理解存在差异，从理念层面来看，可以大致归纳为两种不同的学派：一种是以美国为代表的行动主义导向，另一种是以德国为代表的综合主义导向。

20世纪60年代至70年代，美国的能力本位教育特征具体表现为以下几方面：第一，对特定职业或具体职务所需要的能力做详细分析，并对构成这些能力的主要方面做具体描述；第二，根据这些描述，将教学或训练内容划分为各个不同的单位（unit），能力的培养主要通过实施不同的单位教学来实现；第三，对能力掌握的测试或检验不是通过检查学生是否掌握了书本知识或通过了课堂考试，而是根据受教育者或接受训练的对象的实际操作情况，特别是完成规定的具体工作任务的结果进行评估。这是一种传统的能力本位教育理念，往往又被称为行为主义导向的教育（behavioristic approach）。例如，1986年，在美国的影响下，英国成立了全国职业资格审议会（National Council for Vocational

Qualifications，NCVQ)[①]，由国家制定有关职业资格标准（National Vocational Qualifications，NVQs）。这些资格又被称作能力本位资格。其主要目的是要求学生通过企业或工厂的实习，获得特定的技能，在毕业后可以更加有效地履行工作职责。不过，值得强调的是，美英两国之间尽管都非常注重培养学生掌握特定的能力，但还是存在某些差别。例如，在美国主要是用于教师培训等专业教育或训练过程中，而在英国，这种能力主要指毕业生在企业或工厂工作时要达到的最低标准。此外，美国的能力本位教育多指与职业或职务有关的能力训练，更加强调出色完成自身工作或职责所需要的能力教育；相比之下，英国则把资格划分为不同水平，制定与此相对应的不同的资格。[②]

从20世纪90年代开始，上述能力本位教育的理念也遭到了一些学者的质疑。例如，英国的罗纳德·巴尼特（Ronald Barnett）就指出，按照不同的职种或职务将教育内容设计为相应的单位，不仅很难开发出系统的课程，而且过分强调具备完成特定职业或职务所需要的基本能力可能会导致忽视学生思考能力或理解能力的培养。[③]

20世纪80年代，在美国还出现了强调完成工作任务时所需要的最基本的技能或要素为核心的能力导向，这些最基本的能力往往又被称为软技能（soft skills）。与以往将完成工作任务所需要的能力划分为各种要素或单位，然后根据这些要素或单位编制相应的教育内容或实施训练不同，这种方法首先确定预测可以带来工作效果的所需能力或技能，然

---

① 该审议会于1997年与学校课程和评估机构（School Curriculum and Assessment Authority）合并，成立了新的资格与课程机构（Qualifications and Curriculum Authority）。其主要活动在于加强通识教育（general education）与职业教育（vocational education）之间的合作与联系。

② Nick Boreham. Work Process Knowledge, Curriculum Control and the Work-based Route to Vocational Qualifications[J]. British Journal of Educational Studies, 2002, 50(2): 225-237.

③ Ronald Barnett. The Limits of Competence: Knowledge, Higher Education, and Society[M]. Society for Research into Higher Education & Open University Press, 1994.

后根据这些能力提供高水平的教育或训练。最初，这种能力导向只运用于管理学教育活动中，80年代后期逐渐扩大到其他领域。例如，英国在1991年实施国家职业资格制度（NVQs）时也实行了这种方法。与行动主义导向一样，它能提供完成工作任务所需要的职业训练；与此同时，它还重视提高学生的批判思考力以及解决问题的能力。换言之，学生在掌握某种职业需要的基础技能之外，在获得超出特定职业所需要的核心技能（core skill）后还可以获得一般职业资格（General National Vocational Qualifications，GNVQs）。①这种资格特点包括以下几方面：职业基础（occupational base），一般技能（generic skills），学生主动学习的能力（student responsibility of learning），掌握特定技能的资格（unit certification），提供某种成功教育实践的基础（a basis in successful educational practice），确立全国统一的标准（establishing national standards），与其他资格制度的合作（alignment with other qualifications）以及综合评估（comprehensive assessment）。

与国家职业资格制度（NVQs）相比较，一般职业资格制度（GNVQs）的最大特征在于，它更加强调一般的、可以广泛运用的能力。此外，通过将职业能力与核心技能相结合，这种制度还可以为学生继续升学或进入劳动力市场等提供多种选择的机会。在某种意义上，它带有将学术制度和职业制度进一步结合的目的。

然而，这种注重一般技能的导向也招致了激烈的批判。其中，特别是对一般技能的概念以及内涵的疑问最多。例如，澳大利亚的安德鲁·冈茨（Andrew Gonczi）指出，能够证明一般技能存在的数据或实证研究成果几乎不仅没有，一般技能或能力本身是否存在也是个疑问。②此外，他还指出，在提供职业教育或训练的时候，不事先设想学

---

① John Burke. Outcomes, Learning and the Curriculum: Implications for NVQs, GNVQs and Other Qualifications [M]. Routledge Falmer, 1995: 41-44.

② Andrew Gonczi. Developing a Competent Workforce[M]. National Centre for Vocational Education Research, 1994: 24-41.

生将来准备从事的职业或工作的环境，仅仅要求学生掌握抽象的或一般的能力也有问题。即使学生获得了这些能力，在从事特定工作或解决具体问题时如何运用这些能力也是个疑问。

20世纪90年代开始，在德国和荷兰等欧洲大陆部分国家出现了综合能力导向（holistic or integrated approach）的学说。这种学说是建立在社会建构主义导向（social constructionism approach）之上的能力教育。它在单纯的刺激－反应学习或教育和训练过程之外，还强调培养个人思考力、社会交际能力、适应复杂环境的能力，特别是知识的创造能力的重要性。这种学说具体包括两个方面：首先是知识和个人理解力、价值观和技能的结合；其次与教育和训练的过程有关，与仅仅重视学生训练结果的行动注意导向不同，它更强调学生自发和主动的学习和参与训练活动，特别是关注开发学生在从事实际工作中所需要的各种能力（capabilities），通过学习或训练过程中开展的形成性评估，对学生的能力发展给予支援。[①]

由此可见，这一时期，在有关能力的理解、能力教育或训练活动等方面，在某些国家和地区，传统的行动主义导向开始逐渐向强调综合能力的建构主义导向变化。这些变化具体表现在以下几方面：首先，在培养学生主动学习和进取精神的基础上开展教育或训练活动，更加强调培养学生获得发现问题和解决问题等认知能力；其次，与传统的主要以个人为单位完成某种工作相比较，更注重培养学生的团队精神以及共同参与集体工作的意识和能力；最后，对培养学生掌握可持续性学习、主动学习以及终身学习的能力也提出了一定的要求。[②]

总而言之，自20世纪60年代开始，有关能力本位教育的理念经历了不同阶段的变化。最初，它首先确定从事某种特定行业或工种需要何种能力，然后将这些能力分解为不同的"单位"或"模型"，在此基础

[①] Hodkinson P. and Issitt M. The Challenge of Competence[M]. Cassell, 1995.

[②] Andy Green, Alison Wolf and Tom Leney. Convergence and Divergence in European Education and Training Systems[R]. Institute of Education, University of London, 1999: 128.

上编制各种课程和训练项目。同时，对学生是否达到预先设定的教育或训练效果，要求提供实际的证据或材料。80年代之后，能力主义教育开始重视并不完全与将来所从事的职业或工种直接对应的一般或广泛技能的培养。近年来，能力本位教育的概念不仅要求学生获得能够从事某种具体工作的能力，同时也注重培养学生掌握能够应对复杂多变的环境，在不同工作环境中完成工作或任务的一般基本能力。不过，值得指出的是，能力本位教育的理念虽然不断发生变化，但并不意味着传统的行动主义导向的教育价值观完全从教育和训练活动中消失，也无充分的材料表明建构主义导向的能力本位教育已成为影响所有国家和地区职业教育改革的唯一模式。

2. 制度层面

如前所述，能力本位教育理念在实施过程中，因地区和国别而表现为不同形式。从国际比较视角来看，能力本位教育大致可以分为两大制度模式，即盎格鲁-撒克逊型和欧洲大陆型。

盎格鲁-撒克逊型

该模式以美国和英国等国为代表。虽然说在理念层面美国和英国之间存在很多共性，但在制度层面，两国之间的差异还是相当明显的。因此，这个模式又可以再划分为美国型和英国型。

美国型的特点在于，美国大部分四年制大学教育一般由两部分内容组成，大学的第一、二学年主要提供与学生将来职业不直接对应的自由教育或通识教育，其目的在于培养全人（whole man）；在此基础之上，学生学习专业教育（professional education）和职业技术教育（vocational and technical education）方面的内容。值得强调的是，诸如农业、秘书、会计、经营等与学生毕业后从事的职业直接对应的职业教育多在职业教育机构中开设。这些机构大多是私立短期院校，如社区学院、地方职业教育学院、技术学校以及公立成人教育机构等。与许多国家相似，这些机构基本上是非大学的学院，提供的课程多为市场或地方经济发展服务，特别重视教学内容的实用性。值得指出的是，在美国，这些机构里的毕业生不仅可以在同类型机构中转学，在满足一定条件下，还可以升入四年制大学继续学习。

相比之下，直到1992年，英国的高等教育制度主要由大学（university）和高等继续教育机构（advanced further education institution）构成，职业教育基本上在后者中实施。1992年之后，英国改变"双元制"机构，将高等继续教育机构升格为大学。从形式上，原先的高等继续教育机构与大学同样获得了颁发学位的资格，但是与强调理论和提供综合性教育的传统大学机构相比，升格后的高等继续教育机构依然保持重视教育实用性的特点。此外，由于两种机构之间学生的流动或转学等几乎不可能，与美国型存在极大的差别。目前，英国的高等教育机构主要包括三种不同的类型：大学、高等教育学院（Higher Education College）和继续教育学院（Further Education College）。其中，只有大学具有颁发学位的资格，学生在高等教育学院和继续教育学院获得高等教育文凭（Higher National Diploma）后，可以转入大学二年级或三年级继续攻读学位课程。与其他两类机构相比，继续教育学院开设更为广泛的职业教育课程，这些课程多以获得职业资格证书为目的，如美容师、汽车修理、秘书等职业资格证书。这类机构提供的教育或训练在英国职业教育中发挥了重要作用。此外，进入高等院校的大多数成人学生通常以在职的形式学习，他们会尽可能将大学学习内容与自己所从事的工作或职业相结合。近年来，由于信息技术的发达，通过网络等方式接受继续教育的人数不断增加。不仅如此，还出现了一些企业大学（University for Industry），主要通过网络技术，为在职人员提供多种多样的课程。

欧洲大陆型

主要以德国和荷兰等部分国家为代表。从历史上来看，这些国家的高等教育制度与1992年之前的英国一样，基本上都采取双元制。大学机构主要提供综合性的教育，大学教师多从事学术研究；非大学机构主要面向劳动力市场，以培养高度实用性的人才为目的，开设职业教育内容。近年来，两者之间的界限趋于模糊，但非大学机构强调实践性和职业性的特点仍然十分明显。与美国型和英国型相比较，大学机构学习年限较长，而且两者颁发的学位价值也有较大的差异；此外，两种机构之间几乎不存在学生的流动或转学。例如，德国的高等教育制度主要由综合性大学、高等专门学院（Fachhochschule）和教育、艺术或宗教等单科学院组成。与综合性大学相比，高等专门学院主要满足企业或学生就业单位的需要，提供职业教育。

3. 课程层面

在不同时代和不同国家，能力本位教育的课程开发的模式同样不尽相同，以下主要参照英国的案例，主要概括行动主义导向课程开发的特点。[1][2]

首先，根据不同职业或工种确定完成具体职业或任务所需要的能力，然后根据这些能力制定评估教育或训练活动成果（outcome）的指标。即在编制或提供详细的学习或训练内容之前，设定期望学习者应达到的学习目标或训练目标，以及测定达到目标程度的判断标准。

其次，与传统的按照知识体系或学科内容编制课程方式不同，行动主义导向的课程开发根据学生在特定工作中所需的能力和职业要求，多以模块的形式提供教学内容。

再次，在学习过程方面，学生在教育机构中获取知识固然非常重

---

[1] 日本労働研究機構. 諸外国の若年就業支援政策の展開—イギリスとスウェーデンを中心に—[Z]. 資料シリーズ，2003a：131. 日本労働研究機構. 教育訓練制度の国際比較調査、研究-ドイツ、フランス、アメリカ、イギリス、日本—[Z]. 資料シリーズ，2003b：136. 労働政策研究. 研修機構. イギリスにおける職業教育訓練と指導者等の資格要件[R]. 労働政策研究報告書，2004：16.

[2] Terry Hyland. National Vocational Qualifications, Skills Training and Employers' Needs: Beyond Beaumont and Dearing[J]. Journal of Vocational Education &Training, 1996, 48（4）：349-365.

要,但是更应重视学生通过企业或工作现场的实习等相关实践活动掌握和提高有关能力。

最后,在评估教育或训练成果方面,不是采取传统的课堂试卷测验等方式,而是主要根据实际操作或可以证明学习成果的相关证据,来测定学生是否达到预先设定的学习和训练目标。

例如,从课程开发的视角来看,英国全国职业资格制度首先确定企业追求的职业能力,在此基础上,制定课程模块或模块测定方案。在参考这些课程模块的前提下,根据不同职业编制相应的课程体系。其次,由得到政府认证的全国训练专业机构(National Training Organization,NTO)制定完成具体职务所需要的标准,再根据这些标准,由政府认可的民间团体(Awarding Body,AB)开发相应的评估指标。这些指标得到政府有关机构以及资格和课程权威机构(Qualification and curriculum Authority,QCA)认可后,成为全国职业资格(NVQ),由教育机构或者教育机构与企业合作在具体的教育或训练过程中参照实施。

英国的全国职业资格根据不同职业种类大致分为5个等级,其中第4级和第5级属于高等教育层次的资格。达到不同等级规定的标准,意味着具备从事相应职业或职种的能力或资格。例如,英国的奇切斯特学院面向16岁至65岁的学习者,开设了包括会计、信息技术、护理等在内的30种不同领域的课程。[①] 其中,培养商业管理人才的课程为第5级,提供全日制2年的学习课程。它具体包括8个核心单位课程(core unit),均为必修课程。此外,还为学习者提供了8类不同的选修单位课程。学生在完成这些课程的学习后,既可以进入大学继续学习以获得商业学位,也可以在商业或产业部门以实习经理的身份就职。

从保证能力本位教育的有效性角度,近年来,部分学者总结了有关高等职业和专业教育实践环节中能力本位教育相关课程开发的模式和原

---

① Chichester College. Full-time Prospectus 2010−2011[Z]. 2010:33.

则。[①]这些学者不仅认为高等职业教育的核心问题在于解决如何培养学生掌握相关能力以及能力本位教育在职业资格认证中发挥的作用，而且还设计了能力本位教育的课程教学以及学生学习活动等步骤。例如，上述学者强调，实施能力本位教育是一个复杂的过程，包括在教学、学习和评估活动中对这一教育模式相关原则的连贯应用，以及不断对这些活动进行调整。在课堂教学层面，必须考虑到课程、教学、学习和评估四大方面的因素。具体来说，设计有效的基于能力本位教育的教学和学习活动需要考虑以下四个步骤：（1）明确能力本位教育教学和学习活动的评估方案；（2）确定学生实际的学习情况和学习成果（例如有关知识和技能的支撑性材料或证据）；（3）制定学生在学习过程中可能涉及个人层面的相关问题；（4）组织相应的学习活动和提供相应的学习材料，并把两者结合在一起，为学生提供一个个性化的学习环境。

第三节　结　语

基于以上的分析，能力本位教育的特点大致可以归纳如下。

第一，由于能力本位教育在不同时期和不同国家表现为不同的形态和特点，目前，对能力本位教育的理解并没有取得完全一致的看法。

第二，20世纪60年代发端于美国，旨在培养初等和中等学校教师的能力本位教育到70年代中期之后成为中等职业教育的主要导向；80年代之后，这种教育价值观逐渐影响到高等教育层面的职业教育活动；从90年代后期开始，还影响了高等教育层次的职业教育和专业教育教学及学生培养。从地区变化来看，它最初产生于美国，20世纪70年代传播到英国，后逐渐影响了澳大利亚等英联邦国家的职业教育和高等教育的变革。

[①] Renate Wesselink, Harm Biemans, Judith Gulikers, et al. Models and Principles for Designing Competence-based Curricula, Teaching, Learning and Assessment [M]// Martin Mulder (ed.). Competence-based Vocational and Professional Education. Springer, 2017: 533-553.

第三，在有关能力本位教育的论说中，行动主义导向的能力本位教育和建构主义导向的能力本位教育可以看作是两大具有代表性的模式。前者产生于20世纪60年代，主要在美国和英国的职业教育领域影响较大；后者真正出现于20世纪90年代，尤其在德国和荷兰等欧洲大陆国家职业教育以及本科教育层次的教育活动中逐渐占据了主导的地位。近年来，两种模式之间有相互交融的倾向，但仍然存在比较明显的特点。例如，前者更关注直接培养学生获取从事具体或特定职业或岗位的能力，后者则更强调在掌握不同学科知识和专业能力的基础上，培养学生的职业能力。

第四，尽管能力本位教育不仅在中等教育层次及职业教育领域影响不断加强，而且从美国传播到英国等其他国家和地区，特别是在欧洲大陆许多国家的本科层次教育改革中发挥了越来越重要的影响，但在许多国家和地区的高等教育层次的人才培养活动中尚未取得主导性的地位。特别是在课程层面，除了在医学、工科、建筑学和法律等一些专业性或职业性比较明显的学科中影响较大外，还没有任何国家在整个高等教育人才培养活动中完全采用能力本位教育模式。

第五，由于能力本位教育，特别是建构主义导向的能力本位教育，正试图将传统的专业教育和职业教育与美国通识教育中所强调的部分内容结合在一起，在本科阶段培养集专业知识、专业技能、特定职业技能以及一般技能于一身的人才，对包括中国在内的许多国家和地区的本科教育改革具有一定的借鉴意义。

第八章　美国本科课程改革

　　高等学校的主要职能在于培养学生，高校人才培养的方式和途径多种多样，既包括课堂教学，也涵盖来自校园文化的影响以及学生海外留学和参加校外相关活动等。一般认为，按照特定教育目的，编制和开发相应的课程体系和内容，通过有效的教学手段，实施系统的课堂教学是影响高校人才培养规格和质量的最重要的手段。例如，美国大学课程史专家弗雷德里克·鲁道夫（Frederick Rudolph）在其经典著作《课程：1636年以来美国本科课程研究史》（*Curriculum: A History of the American Undergraduate Course of Study Since 1636*）中就指出，课程史就是美国历史，"反映了美国社会的中心目的，推动了美国社会发展的方向"[1]。11世纪大学在欧洲大陆出现以后，便形成了不同的人才培养模式和课程教学内容。一种是以巴黎大学为代表的教师型大学，另一种是以意大利南部波隆纳大学为代表的学生型大学。18世纪末开始，伴随高等教育近代化的过程，尤其是在法国、德国、英国等西方主要国家更是形成了多种多样的高校课程和人才培养模式。[2]这些西方的模式进而又影响了亚洲、非洲和拉丁美洲等国家的近代高等教育的形成。[3]根据本－戴维的研究，20世纪70年代，在西方主要国家至少形成了以法国、英国、德国、美国和苏联为代表的不同人才培养体系及相应的课程

---

[1] Frederick Rudolph. Curriculum: A History of the American Undergraduate Course of Study since 1636 [M]. Jossey-Bass, 1977: 24.

[2] 黄福涛. 外国高等教育史 [M]. 北京大学出版社，2021: 82—122.

[3] Philip G. Altbach and Viswanathan Selvaratnam (eds.). From Dependence to Autonomy: The Development of Asian Universities [M]. Kluwer Academic Publishers, 1989: xii.

教学内容。①②

不言而喻，与上述其他国家相比，尤其是20世纪90年代之后，美国高等教育模式影响了更多国家在办学理念、课程设置等与人才培养实践活动相关的改革。这不仅体现在日本和韩国相关课程和教学改革活动中，荷兰等欧洲国家出现的文理学院③、2001年北大成立的元培计划实验班以及其后在全校范围内开设的通识教育课程④都是在极大程度上参照了美国模式。目前，中国有关美国高校课程的研究虽然很多，除了《外国高等教育史》一书中有关研究殖民地时期至20世纪80年代美国高校课程发展变化内容外，大多数的研究或集中于美国通识教育课程的形成、特征以及对中国课程改革的启示等⑤⑥，或介绍美国型大学本科教育的变化⑦。然而，从相关改革报告以及院校层面本科课程改革实践的两方面，深入和系统考察20世纪90年代之后进入普及化阶段后期美国本科课程变化和最新动向的文章并不多见。根据马丁·特罗在1974年提出的"高等教育三段论"或"大众化理论"，高等教育从精英向普及阶段数量扩展过程中会带来质的变化。从课程的视角来看，从精英到普及阶段基本是从高度的结构化，经过结构化加弹性化，过渡到非结构化

---

① Joseph Ben-David. Universities and Academic Systems in Modern Societies [J]. European Journal of Sociology, 1962, 2 (1) : 45-85.

② Joseph Ben-David. Centers of learning: Britain, France, Germany, United States [M]. Transaction Publishers, 1992: 15-28.

③ Marijk van der Wende. The Emergence of Liberal Arts and Sciences Education in Europe: A Comparative Perspective [J]. Higher Education Policy, 2011, 24(2): 233-253.

④ 北京大学. 关于修订北京大学本科生教学计划的意见 [Z]. 北京大学档案馆藏，2002：档号：1GL6122002-4128.

⑤ 李曼丽. 通识教育——一种大学教育观 [M]. 清华大学出版社，1999.

⑥ 黄坤锦. 美国大学的通识教育——美国心灵的攀登 [M]. 北京大学出版社，2006：12.

⑦ 贺国庆. 美国研究型大学本科教育的百年变迁与省思 [J]. 教育研究，2016，37（9）：106—115.

（不再严格按照一定阶段安排学习）的过程。① 当然，马丁·特罗学说中虽然提到大众化带来教育质量的下降，但并没有具体分析美国高等教育入学率达到适龄人口 70% 以上阶段之后本科课程究竟会发生哪些变化，普及化阶段后期的本科课程及其本科教育存在哪些问题，以及如何解决这些问题，等等。更重要的是，近年来的相关研究表明，高等教育的量变并不一定引起相应的质变。② 基于此，本章重点探讨以下几方面的问题：首先，90 年代以来美国本科课程到底发生了哪些变化？其次，这些变化表现为哪些主要特征和基本趋势？最后，先期进入普及化阶段后期的美国本科课程变化对今后中国本科课程改革可能提供哪些启示？

中美之间虽然在政治和经济制度等多方面存在差异，但是近年来两国在本科课程改革发展过程中也呈现出不少共性，例如，两国都强调通识教育在本科人才培养和课程设置中的作用，都积极鼓励学生的主动性学习，加强学生多方面能力培养，提高本科教学质量，等等。此外，中国高等教育虽然刚步入普及化阶段门槛，但是已出现本科课程设置和教学无法满足社会人才需求、如何更好建构以学生成长为中心的人才培养体系，以及如何进一步建立学科专业交叉融合办学长效机制等问题。③ 无疑，考察美国的发展经验对于今后中国本科课程改革有重要的意义。本章主要在整理和分析 20 世纪 90 年代以来相关学术团体和机构等提出的有关高校本科课程、教学以及本科教育改革报告、相关问卷调查结果等问题的基础上，重点讨论美国高等教育进入普及化阶段之后主要在本

---

① Martin Trow. Problems in the Transition from Elite to Mass Higher Education [R]// OECD. Policies for Higher Education. OECD, 1974: 1-57.

② Akira Arimoto. Cross-national Study on Academic Organizational Reforms in Post-massification Stage [M]. Research Institute for Higher Education, Hiroshima University, 1996: 2-22.

③ 教育部. 教育部发布全国普通高校本科教育教学质量报告（2020 年度）[EB/OL]. （2021-12-17）[2022-05-17]. http://www.moe.gov.cn/jyb_xwfb/gzdt_gzdt/s5987/202112/t20211217_588017.html.

科课程设置与教学方面发生了哪些变革,美国高校本科课程与教学,以及本科教育具有哪些基本特征。本章内容主要包括以下部分:首先,根据先行研究简要整理美国高校本科课程的历史变化;其次,考察有关美国高校本科课程与教学以及本科教育改革报告的主要内容;再次,从总体变化趋势和具体院校案例等两大方面,分析20世纪90年代以来包括通识教育课程在内的美国本科课程变革的特点;最后,总结本研究的基本发现并提出相关启示。

值得注意的是,本章是在广义上使用本科课程,它不仅包括为学生获得学士学位而提供的具体课堂教学内容,还涵盖有关本科教育人才培养目标、教学方法、师生关系、课堂和校园之外的相关教学和学习活动,以及与此相关的学生学习成果评估和质量保证等活动。另外,普及化阶段后期一般指高等教育入学率达到适龄人口70%以上的发展时期。

第一节 美国本科课程的历史变化

自从1636年哈佛学院创办后,美国高等学校的课程一直处于不断变革的状态。根据美国学者的归纳,从17世纪中期开始,高等学校课程基本上是在两大教育理念或模式的影响下发生变化,即通识教育(general education)和专业教育(practical or specialized education)。如图1所示,从17世纪到21世纪,这两种教育理念几乎是此消彼长,交替变换地左右美国高等学校的课程演变。

不过,从历史的视角来看,尽管本科课程主要围绕这两大不同理念发生此起彼伏或交替式的变化,但是,19世纪末美国已出现了三种截然不同的大学办学使命以及基于此使命的人才培养和课程开发模式。[①] 它们包括:(1)实用主义办学模式,该模式主要基于大学培养公民参与

---

① 丽莎·拉图卡,琼恩·史塔克. 美国大学课程历史变迁的外部影响因素[J]. 黄福涛,译. 通识教育评论,2019,(6):18—42.

国家的经济和商业生活的教育理念。例如，1862年《莫里尔法令》之后建立的强调农业和工程教育，20世纪20年代的教师教育、社会工作、护理、商业和理科（science）领域职业导向的课程。此外，20世纪之后研究型大学，特别是研究生院开始的医学、牙科和法律等专业课程等。（2）强调研究的办学使命，即主要致力于发现新知识的理念。这种模式来自德国大学，在美国主要体现在研究生阶段，特别是博士生阶段的教育。（3）自由教育（Liberal Arts）办学模式，该模式是从早期强调学习古典语言和文学的古典教育演变而来。在19世纪和20世纪之交，它强调学习人类伟大的艺术、文学和科学作品。这种理念和由此开发的课程，强调知识的保存和提高学生领悟知识和有效思考的能力，保证毕业生成为有生产力的公民服务于社会。到20世纪中期，美国大多数大学努力同时建立上述三种理念，尽可能将三种不同的办学理念有效地融合在本科和研究生课程开设和人才培养活动之中。

从第二次世界大战结束至20世纪70年代，尽管美国本科和研究生教育主要在上述三种不同的理念影响下开展各种人才培养活动，但是在课堂教学层面，教学内容基本上每隔10年就发生一次比较大的变化。例如，20世纪60年代由于受到民权运动和学生运动的影响，美国高校中有关少数民族问题，特别是有关黑人和学生的相关教学内容显著增加。20世纪60年代中期掀起的第二次美国妇女运动在目标和范围等多方面涉及妇女权利和权益，对当时包括高等教育在内的美国政治、社会和文化价值观产生了极大影响。[1]从60年代末和70年代初开始，除了耶鲁大学和普林斯顿大学等常春藤高校对招收女性大学生仍然持消极态度外，有关男女性别平等、女性问题的相关课程开始大量在高校中开设。根据联合国教科文组织的统计，1975年美国高等教育毛入学率达到适龄人口的51%，跨入普及化门槛，1990年毛入学率超过70%，

---

[1] Michelle A. Saint-Germain. From Margin to Mainstream: American Women and Politics since 1960 [J]. American Political Science Review, 1989, 84(3): 1000−1001.

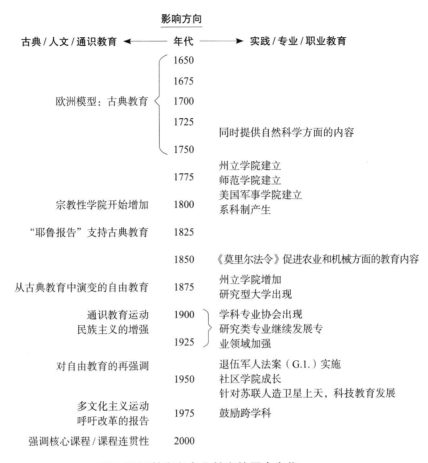

图 1　通识教育和专业教育的历史变化

资料来源：Lisa R. Lattuca and John S. Stark. Shaping the College Curriculum: Academic Plans in Context [M]. John Wiley and Sons, Inc. 2009: 31；丽莎·拉图卡，琼·斯塔克. 构建大学课程——情境中的学术计划 [M]. 黄福涛，吴玫，译. 大连：大连理工大学出版社，2020：37—38.

进入普及化中期阶段。[①] 伴随美国高等教育步入普及化阶段，尤其是从 90 年代开始，在国际和美国国内多种因素推动之下，美国高校本科教

---

① UNESCO Institute for Statistics. Gross Enrollment Ratio in Tertiary Education, 1970 to 2022 [R/OL]. [2023-05-04]. https://ourworldindata.org/grapher/gross-enrollment-ratio-in-tertiary-education.

育，特别是课程开发和教学的诸多方面经历了多次变革，以下做详细考察。

第二节 有关本科课程的改革报告和建议

1. 改革的背景

来自国际和国内的各种因素影响了20世纪90年代以来美国高校本科课程和本科教育改革。从国际层面来看，伴随冷战的结束，经济全球化要求各国高校对人才培养目标和课程开发等进行相应的调整和改革，美国也不例外。与以往相比，如何提高本科教育国际化水平，培养更具有全球视野以及在全球舞台活跃的人才对美国高校本科教育提出了新的挑战。知识经济社会的发展、急剧变化的国际局势和社会变化等，也促使美国高校的本科教育不仅要给学生传授特定的专业知识和技能，即就业能力（employability），满足劳动力市场的需求，同时还要培养学生能够运用知识发现问题和解决问题的各种能力。

从国内背景来看，以下几方面的因素推动了90年代美国高校本科课程和本科教育改革。（1）正如在《美国处在危机之中》（A Nation at Risk，1983）和《高等院校课程的诚信问题》（Integrity in the College Curriculum，1985）等报告中所揭示的那样，20世纪80年代的美国本科教育遭到来自企业和其他多种社会团体的批评和指责。这些批评主要针对本科教育质量和课程整合、毕业生缺乏解决实际问题的能力以及积极参与公民生活和社会生活等问题。（2）包括政府机构、地区和专业认证机构以及专业协会等在内的各种利益相关者要求大学进一步履行问责制，并要求美国本科教育更加关注学生的学习成果以及外部对高校教学等相关活动的评估。（3）20世纪90年代之后，伴随高等教育进入普及化后期阶段，本科生人口结构发生了极大变化，例如本科生生源的多样化，特别是生源质量的差异导致在校生退学率的上升。此外，学习理工科的学生人数的减少以及文科类学生的科学素养的下滑，都对美国未来经济以及科学和技术的发展构成威胁。(4)一大批跨学科新领域的兴起,例如,妇女研究、民族研究、地域研究等,也要求本科课程更多开设相关内容。① 此外,信息技术的发达及其在教学和研究中的应用自然也推动了本科课程教学和本科教育的改革。

2. 改革报告和建议

20世纪90年代以来,卡内基教学促进基金会和其他全国性学术专业团体等发布了不少包括高校课程在内的本科教育方面的改革报告和建议,以下简要概括对90年代之后美国高校本科课程改革产生较大影响的报告和建议内容。

第一,是卡内基教学促进基金会于1990年提出的《学术再思考——大学教师的优先活动》报告。② 该报告在阐述教学和研究关系的基础上,强调在高校中研究教学与学生学习活动的重要性。

第二,是美国高等院校学会于1991年提出的《连接学习的挑战》的报告。③ 这是该学会有关自由教育、深度学习和文理主修课题项目的报告。这份报告讨论了有关文理科主修的问题,包括主修重组、三者"结合在一起学习"的重要性以及跨学科学习的问题。此外,报告还强调了主修在发展学生智力方面的重要性,并主张对全国各高校提供主修课程的方式进行重大改革。报告讨论了开发和提供主修课程的原则,构成主修课程的基本要素等,如课程连贯性、批判性视角、衔接性学习以及包容性。

---

① Deborah Dezure. Innovations in the Undergraduate Curriculum [R/OL]. [2022-04-23]. https://education.stateuniversity.com/pages/1896/Curriculum-Higher-Education.html.

② Ernest L. Boyer. Scholarship Reconsidered: Priorities of the Professoriate [R/OL]. [2022-05-03]. https://www.umces.edu/sites/default/files/al/pdfs/BoyerScholarshipReconsidered.pdf.

③ The Challenge of Connecting Learning. Project on Liberal Learning,Study-in-Depth,and the Arts and Sciences Major [R/OL]. [2022-05-04]. https://files.eric.ed.gov/fulltext/ED328137.pdf.

第三是1992年美国高等院校学会基于上述同一课题研究成果出版发行的《教学项目评审和主修的教育质量》手册。①该手册将上述研究报告中的一些发现和建议转化为可用于评估教学项目和主修课程有效性的实用框架。在此基础上，该手册提出了构成优秀教学项目的关键因素和13个特点。它们包括：（1）清晰明确的目标；（2）注重探究和分析；（3）发展批判性视角；（4）与学生的需求相联系；（5）与学术探究相联系；（6）在主要教学项目内相互联系；（7）与其他学科和领域相联系；（8）与自由学习内容相联系；（9）能够获得支持的学术共同体；（10）包容性；（11）咨询；（12）评价和评估；以及（13）行政支持、奖励和认可。此外，该手册还具体讨论了评估的作用、组织评估的步骤以及值得注意的相关问题等。

第四，1993年出版的《美国的当务之急：对高等教育的更高期待》一书从宏观层面指出了美国高等教育没有满足社会的需求。该书指出，高校价值观的危机、"淘汰"学生的高等教育系统、高校对本科教育的轻视，以及公众对高校日益增长的关注等问题，都预示着高等教育已经出现危机。该书认为，美国必须教育更多的人，而且必须把他们教育得更好。做到这一点需要新的思维方式，包括对三个基本问题的考虑：（1）高等教育必须认真对待美国的民主价值观，因为民主社会必须有一个共同的基础；（2）通识教育的严格要求可以维持这些价值观，各高校必须更加关注学生的学习成果，把学生放在核心位置；（3）高等教育必须通过更彻底地参与所有的教育事业来帮助创建一个学习者的社会。②

第五，1998年美国研究型大学本科教育博耶委员会在《重建本科教育——美国研究型大学发展蓝图》报告（简称"博耶报告"）中提出

---

① Association of American Colleges. Program Review and Educational Quality in the Major: Project on Liberal Learning, Study-in-depth, and the Arts and Sciences Major [R/OL]. (1992-12-20) [2022-05-04]. https://files.eric.ed.gov/fulltext/ED342295.pdf.

② Wingspread Group on Higher Education. An American Imperative: Higher Expectations for Higher Education [M]. Johnson Foundation, 1993: 1−167.

了改革美国研究型大学中本科教育的十项建议，提倡建立全新的本科生教育模式。报告指出，在研究型大学中，教师和学生既是学习者又是研究者，学生享有参与多种学术活动的权利。报告的主体部分提出并解释了研究型大学中本科教育改革的十项建议，即：（1）将基于研究的学习作为标准；（2）构建基于探究性学习的大一课程；（3）开发建立在大一新生基础课程之上的本科教育；（4）消除跨学科教育的障碍；（5）将发展学生交流技能和开设系统课程联系起来；（6）创造性地使用信息技术；（7）大四学生获得顶点体验[1]；（8）培养研究生成为实习教师；（9）改变教师的奖励制度；以及（10）培养学生形成学术团体意识。[2]

第六，2000年美国教育审议会（American Council of Education）提出的有关《美国高等教育的国际化》报告在对美国高校的国际教育进行概述的基础上，回顾了近年来面向本科生开设的国际化课程和相关辅助课程的基本特征。报告指出，美国高校课程非常需要进一步国际化，此外联邦政府需要为高校中实施国际教育加强财政资助。[3]

最后，2017年由美国艺术与科学院（American Academy of Arts and Sciences）提出的《本科教育的未来，美国的未来》则比较全面地阐述了未来几十年改革美国本科教育的问题。[4]该报告由美国艺术与科学院成立的本科教育未来委员会历时两年完成。委员会成员包括大学和基金会主席、学术界人士以及金融和其他专家。在准备报告的两年内，该委

---

[1] 顶点体验（capstone experience），又称高级顶点体验，指本科教育和研究生教育中最后、最巅峰的学习经验。顶点体验主要是支持学生的深层次学习以及帮助学生更好地从课堂学习向职场过渡。

[2] The Boyer Commission on Educating Undergraduates in the Research University. Reinventing Undergraduate Education: A Blueprint for America's Research Universities [R/OL].[2022-04-26]. https://files.eric.ed.gov/fulltext/ED424840.pdf.

[3] Fred Hayward. Internationalization of U.S. Higher Education: Preliminary Status Report [R]. American Council on Education, 2000: 1–46.

[4] Celeste Ford. The Future of Undergraduate Education, The Future of America: New Report from the American Academy of Arts and Sciences [R/OL]. (2017-11-30) [2022-04-27]. https://www.carnegie.org/our-work/article/future-undergraduate-education-future-america/.

员会采访了两百多名学生和教职员工,咨询了数十名专家,并访问了二十多个国会办公室。该报告指出,在美国高等教育已经进入普及化阶段的今天,本科教育所面临的最大挑战是质量问题,即确保所有学生都能够接受到令他们成功所需的严格教育,并确保他们能够负担得起这种教育。

此外,这份报告还强调,如果学生无法在本科教育阶段学到他们所需要的东西,特别是无法完成学业,高等教育数量和规模的扩大就没有任何意义。对于如何保证教育质量,该报告提出了一个由三部分组成的"国家战略":确保学生拥有高质量的学习经历,确保各高校提高在校生总体毕业率并减少学生群体之间的不平等,以及确保大学成本得到控制。

该报告提出的具体改革建议包括以下五大方面:(1)通过使用数据来判别需要帮助的学生,并通过有意义的、个性化的支持进行干预,使在校学生顺利毕业和获得学位成为院校的首要任务;(2)通过为非终身制教师提供全职职位和更长期的合同,来提高本科生的教学质量;(3)建立一个能够考虑到受助人收入的贷款偿还计划,以帮助防止借款人违约;(4)对各院校的学生进行跟踪,并以学生是否取得令人满意的学业进展为条件提供相关财政援助;(5)重组联邦资助的低收入学生助学金(Pell Grants),根据学生需求,提供更具灵活性的支持。①

不同于中国等国家,美国联邦政府教育部并不通过颁布官方文件或制定国家政策来直接领导或影响院校层面的本科课程改革。在院校和本科课程改革过程中发挥积极和显著作用的是上述各种全国学术团体以及基金会。由于这些团体和基金会设立的目的和代表的利益团体各异,因此,上述各项改革报告和建议关注的焦点也不同,相互之间的逻辑关联性并不是十分明显。

不过,从这些报告和建议所强调的内容来看,其核心主旨和共同取

---

① Celeste Ford. The Future of Undergraduate Education, The Future of America: New Report from the American Academy of Arts and Sciences [R/OL]. (2017-11-30)[2022-04-27]. https://www.carnegie.org/our-work/article/future-undergraduate-education-future-america/.

向大致可以归纳为以下几方面。第一，强调本科教育为学生制定共同的学习目标和需要达到的学习成果要求。第二，强调尽可能在人才培养目标指导之下，加强四年本科教育中不同学科和主修课程的相互衔接与整合以及研究型大学中本科生教学与本科生研究的相互结合。第三，突出学生在课程教学和学习活动中的积极和主动作用，并提出为学生提供个性化学习支持的重要性。第四，强调根据社会和国际局势变化来更新和改革课程内容，如增加全球化和国际化方面的内容，特别是培养能力的重要性。第五，强调提高课程开发和教学质量，特别是学生学习成果评估的重要性。从以下考察部分来看，这些改革报告和建议在很大程度上都反映在院校层面的课程改革实践过程中。

第三节　本科课程的改革和变化

在上述相关改革报告和建议等的影响下，从 20 世纪 90 年代开始，美国高校的本科课程逐步发生了新的变化。以下从两大方面梳理 90 年代以来美国高校变化的主要特点和趋势：首先是根据相关文献资料概括 90 年代以来本科课程变化的总体趋势；其次是根据美国学术团体针对会员院校所实施的问卷调查的结果，重点分析相关院校的具体变化。

1. 总体变化趋势

20 世纪 90 年代以来，美国本科教育课程主要呈现以下几方面的变化趋势：(1) 学生的学习目标从注重掌握内容和内容覆盖面转变到提高广泛的能力 (competencies)；(2) 从不同学科的学习到整个课程的综合学习经验；(3) 从以往关注不同学科的学习转变到强调整合所有课程，使学生获得综合性学习检验；(4) 更加强调课程的多样性、培养学生的全球胜任力等也成为改革的主要内容。①

第一，从注重内容传授到强调广泛能力的培养。进入 21 世纪以来，

---

① Deborah Dezure. Innovations in the Undergraduate Curriculum [R/OL]. [2022-05-05]. https://education.stateuniversity.com/pages/1896/Curriculum-Higher-Education.html.

美国高校本科课程结构基本没有发生显著变化,绝大多数院校仍然由自由教育或通识教育(平均占获得学士学位所要求之总学分的37.6%)、主修和辅修、选修课三大模块构成。但是,为了确保毕业生拥有21世纪公民所需的相关技能,多数院校的本科教育目的以及学生学习目标逐渐从以往注重学科事实和概念知识(学生知道什么)转变到强调培养学生具备广泛的能力(学生能够运用其所学知识去做什么)。所谓广泛的能力并不是固定不变的,其内涵一直在不断扩大,一般包括:批判性思维和解决问题的能力;自然科学和数学、社会科学、人文和艺术的多种探究模式;沟通技巧,包括写作、演讲和倾听;技术和信息素养;对多样性的敏感性,包括参与多元民主的多元文化和跨文化能力;公民、全球参与和环境责任;人际交往技能,包括团队工作和协作;自我意识;道德和伦理推理,以及对不同来源知识的整合等。

第二,注重整合四年本科教育的相关课程。越来越多的高校在改革通识教育内容的同时,不再像以往那样强调通识教育与主修等专业教育之间的明确区别,而是通过开设高年级的写作课和专业教学中的写作密集型课程、需要团队合作的综合顶点课程(comprehensive capstone programs)、强调道德和公民参与的专业课程,以及整个课程中的技术、信息素养和多元文化的内容整合等,来加强通、专之间的联系和整合。

第三,提倡多样性学习。多样性学习包括多文化和跨文化理解。虽然各个高校定义不同,但多样性学习通常指的是对包括种族、性别、社会经济阶层、民族、宗教、性取向和残疾等在内的差异的敏感。根据德布拉·汉弗莱斯(Debra Humphreys)2000年的全国调查报告,62%的高校开设有多样性课程或正在开发该类课程。①

第四,提高课程的国际化水平。培养本科生的全球胜任力和跨文化

---

① Jacqueline Conciatore. Study Shows More Than Half of American Colleges Now Have Diversity Requirements[R/OL]. (2000-11-22) [2023-05-04]. https://www.diverseeducation.com/home/article/15077301/study-shows-more-than-half-of-american-colleges-now-have-diversity-requirements.

能力成为90年代以来高校通识教育改革的重点之一。与80年代相比，开设包括外语学习、海外学习、全球化相关研究等内容在内的美国高校有所增加。此外，90年代以来赴美留学生的不断扩大也有益于美国高校提高课程的国际化水平。其中，增加最为明显的课程包括：外语、地域研究（area studies）、跨文化、异文化、核心课程、跨学科、多学科以及国际通用资格或学位课程等。

第五，美国高校本科课程结构没有发生较大变化，基本上仍然由通识教育、专业教育（主修和辅修）、自由选修，以及课外活动（非课堂活动）构成。[1]不过，如果从20世纪60年代以来的通识教育在获取学士学位所需要的总学分中所占的比例变化来看，在1967年通识教育占学士学位总学分的43%，在1987年它占学士学位总学分的比例减少到38%[2]，在2000年它在获取学士学位所需的120个学分中的占比平均约为45%。尽管历年的统计口径可能不完全一致，但总体来看，虽然20世纪60年代至80年代通识教育所占学分明显减少，但90年代之后基本上表现出增加的趋势。

第六，加强本科课程的连贯性和整合。越来越多的高校开发和提供帮助学生在大学不同阶段的发展性学习所需的相关课程。例如，开设与高中和大学衔接相关的新生课程或一年级课程，帮助新生尽快适应大学生活和学习；开设有助于大二学生顺利从基础教育或通识教育学习过渡到专业阶段学习的相关课程。此外，为了帮助高年级学生更好地从大学过渡到职场，许多高校为四年级学生提供相关研讨会和顶点体验。这些活动旨在帮助学生有意识地整合他们在专业领域所学的知识，并将这些知识与其他学科的知识、学术共同体的工作或学生将来可能从事的职业或工作联系起来。

---

[1] Ernest L. Boyer and Arthur Levine. A Quest for Common Learning: The Aims of General Education [M]. The Carnegie Foundation for the Advancement of Teaching, 1981: 32.

[2] Lisa R. Lattuca. Curricula in International Perspective [M]// James J. Forest and Philip G. Altbach (eds.). International Handbook of Higher Education. Springer, 2007: 59–60.

第七，构建学习共同体。学习共同体由课程模式组成，它将不同教学科目或系列教学科目相互联系起来，以加强它们之间的联系，最大限度地增加学生之间以及师生之间的合作机会，并由教师为学生提供个性化的支持。这些课程尽管通常是为新生设计的，但学习共同体存在于整个本科课程中。其目的是在学生之间建立一个学习共同体，为来自不同领域或学科的学生提供一个可以促进跨学科学习和整合的平台。

第八，推动课程开发和教学的跨学科性。跨学科研究和教学也是90年代以来本科课程和本科教育的主要趋势，且在1990年以来呈现出指数级增长。其具体表现为以下几个方面：（1）在新生或一年级课程中开设跨学科研讨会和基于主题或问题的课程，这类课程大多由不同学科的教师团队进行授课；（2）高校大量开设新的跨学科课程，例如神经科学、生物工程等；（3）在本领域或学科教学过程中加入其他学科的内容、方法论及视角等，例如，将伦理学和环境环保应用于护理或工程等专业领域的课程之中；（4）各学科的教师使用创新的教学法和课程结构，如学术服务学习、多学科小组工作、实习、实地工作和海外学习等来促进整合和跨学科的观点。

第九，创新教学方法，主要表现在强调学生的主动学习和体验式学习（即在实践中学习），探究、发现和基于问题的学习，小组协作和合作学习，写作学习，本科生研究，学术服务学习以及使用教学技术。值得一提的是，科学、技术、工程和数学（Science, Technology, Engineering, and Mathematics，简称STEM）领域的教学改革尤为明显，例如，美国国家科学基金会1998年发表的一项研究表明，自1990年以来，美国高校中SEMT领域课程教学最重要的教学创新包括：（1）微积分改革；（2）本科生研究，学生与教师一起进行研究项目；（3）加强高校、商业、工业和研究实验室之间的合作，促进学生学习。

第十，改革学生学习成果的评估。90年代以来，不少美国高校引入和开发了许多新的方法，力求更加准确地评估学生在批判性思维能力、通识教育学习成果、其他各种抽象能力的发展以及本科四年的整体学习成果。例如学生的自我评估、学生作品集、学生日志、案例研究、学生的口头和书面发表、小组项目和其他创新项目等。与以往不同的是，这些评估手段和方法都反映了本科教育从注重内容到强调能力的转变，从开设零散的科目到整合相关内容的转变，从被动学习模式到主动学习模式的转变。此外，越来越多的评估结果被用来推动本科课程进程和提高本科课程教学质量。

2. 院校改革案例

为了进一步具体说明本科课程改革和变化的实践过程，以下根据美国高等院校学会（The Association of American Colleges and Universities，简称 AACU）近年来实施的问卷调查数据，考察美国部分院校本科课程的变化。

首先，根据美国高等院校学会 2000 年针对 567 所可以颁发学士学位的会员校实施的问卷调查结果，20 世纪 90 年代，被调查高校主要在以下方面对通识教育课程（general education curriculum）进行了改革：[①]（1）通识教育与专业教育间联系的加强；（2）重视以作文或会话、批判性思考、外语、数学和计算机等能力为中心的基本技能的培养；（3）制定更为严格的招生以及学生毕业标准；（4）减少指定选修科目数，增加全校必修科目，努力实现课程的结构化，保证学生达到最低的学术标准；（5）改善大一教育，通过开设不同主题的研讨班或入门课等，为学生顺利进入高年级课程打下良好基础；（6）改进高年级教育，通过研究项目、作品创作、校外企业等实习，促使学生将所学知识应用于实践中，为学生充分发挥自己的能力提供一定的条件；（7）充实全球化学习内容；（8）通过核心课程提出有关美国与西方传统中的人种、社会阶层、性别等问题；（9）开发不同主题或交叉学科课程；（10）通过开设有关职业道德、社会问题、科技进步的社会影响等的课程，加强学生价

---

① D. Kent Johnson, James L. Ratcliff and Jerry G. Gaff. A Decade of Change in General Education [M]. Jossey-Bass, 2004: 9-28.

值观教育；（11）实施四年一贯制的通识教育；（12）强调学生主动学习；（13）通过实施学生效果评价，不断改善教育质量。

其次，根据美国高等院校学会委托哈特研究公司（Hart Research Associates）于2009年针对906所加盟会员校中433名主要学术负责人或代表所作的网上问卷调查结果来看，进入21世纪之后，被调查院校的本科课程开发等有以下几个方面的特点。①

（1）在共同学习成果的实施（common learning outcomes）方面，78%的院校已经制定了面向所有学生的共同学习成果，其中26%的院校负责人指出，他们已经将共同学习成果推行到学生本科四年学习过程之中，其中包括主修学习过程。18%的负责人仅在通识教育课程中对学生进行了学习成果评估。34%的院校回答说，某些学习成果评估引入了学生大学四年学习过程中，某些学习成果评估在通识教育过程中得到了实施。

（2）有关学生成果的目标内容大致包括两大方面：知识掌握和能力培养。根据问卷调查结果，被调查院校要求学生掌握的知识内容中不同领域知识所占的比例如下：人文（72%）、理科（71%）、社会科学（70%）、全球化或世界文化（68%）、数学（68%）、美国的多样化（57%）、技术（48%）、美国历史（39%）、各类语言（33%）、可持续性发展内容（18%）。要求学生掌握的不同能力所占比例为：写作能力（77%）、批判思考力（74%）、数量推理能力（71%）、口头交际能力（69%）、异文化交流能力（62%）、信息获取能力（59%）、道德推理能力（59%）、市民参与能力（53%）、学术运用能力（52%）、研究技能（51%）、学术整合能力（49%）。

---

① Hart Research Associates. Learning and Assessment: Trends in Undergraduate Education—A Survey among Members of The Association of American Colleges And Universities [R/OL]. (2009-04-12) [2022-05-07]. https://www.fredonia.edu/sites/default/files/section/about/offices/president/baccgoals/_files/Learning and Assessment-Trends in Undergraduate Education.pdf.

（3）在本科课程开发和教学实践中，与以往相比，被调查院校更加强调的课程和教学内容分别占比如下：本科生参与研究（78%）、开设帮助新生过渡到大学阶段学习的一年级教育（73%）、海外学习（71%）、社区服务（68%）、校外实习（62%）、第一学年学术研讨课（54%）、多样化的学习和经验（54%）、建构学生学习共同体（围绕一个主题开设两个以上的科目）（52%）、实践性学习和教师指导下的田野调查（47%）、有关通识教育目的和价值的导论（38%）。

（4）通识教育课程具体包含相关内容的占比如下：全球化的内容（60%）、一年级研讨班（58%）、多样化课程（56%）、交叉学科内容（51%）、与公民教育等相关的活动（38%）、社会服务方面的学习机会（38%）、体验式学习机会（36%）。

（5）有关通识教育课程与学生的主修课程结合程度的回答为：选择结合得非常好的比例为11%，相当好的比例为37%，选择某种程度上结合的比例为37%，而结合得不好的比例为15%。

最后，根据该学会委托哈特研究公司于2015年7月15日至10月13日针对会员校中325名负责学术的院校管理人员进行的在线问卷调查结果，自2008年以来，被调查院校的通识教育课程等大致发生了以下几方面的变化。[①]（1）几乎所有的被调查院校都为本校所有本科生制定了一套共同的学习成果方案。调查数据显示：85%的院校为所有本科生制定了一套共同的预期所要达到的学习成果计划；70%的院校正在跟踪学生实现这些学习成果的情况。（2）大多数院校在实践环节使用基于证据的教学和学习策略，帮助学生取得学业上的成功，这些策略包括开设相关课程或组织相关学习活动，以帮助新生更好地从高中阶段过渡到大学阶段的学习。调查表明，其中超过九成的院校为学生提供了实习

---

① Hart Research Associates. Recent Trends in General Education Design, Learning Outcomes, and Teaching Approaches: Key Findings from a Survey among Administrators at AAC&U Member Institutions Conducted on Behalf of the Association of American Colleges & Universities [R/OL]. (2016-03-09) [2022-05-07]. https://files.eric.ed.gov/fulltext/ED582012.pdf.

（98%）、本科生研究（96%）、实习和在教师指导下的实地工作（97%）、海外学习（96%）、全球或世界文化研究（93%）等机会。此外，大多数院校的回答表明，这些院校中的教师正在有效地使用现有的数字学习工具。（3）从通识教育课程开发和改革的趋势来看，与2008年相比，被调查院校的管理人员更加强调通识教育的重要性以及需要重新开发新的通识教育课程；更重要的是，有67%的回答者认为，他们所在的大学在通识教育课程中更加强调知识、技能和应用的整合。绝大多数被调查者（61%）表示，他们的校园更加强调实用性的学习经验。此外，尽管认为在进一步将通识教育课程与专业更好地联系起来方面仍有改善空间，与2008年相比，大多数被调查院校（58%）认为，所在大学的通识教育课程与学生的专业要求结合得非常好或相当好，这比2008年上升了9个百分点。

第四节 结 语

通过对以上改革报告和建议以及本科课程改革实践和变化的梳理和考察，20世纪90年代以来美国本科课程改革的特点及其变化大致可以归纳为以下几方面。

第一，与以往不同，推动美国90年代以来本科教育改革的动力来自国际和国内两方面。前者主要来自全球化的影响，后者主要来自高等教育进入普及化阶段中后期之后给本科教育带来的各种问题、美国社会变化以及各种利益相关者对高校课程和本科教育改革的批评和对大学的问责要求等。在这两种合力的推动下，90年代以来的美国本科教育，尤其是在课程开发和教学以及师生关系等方面发生了前所未有的重大变化。

第二，推动和呼吁本科课程改革的主体既不是联邦政府或其他官方机构，也不是来自大学内部本身，而是属于第三方的基金会或专业学术团体或学会等。由于负责提出和完成相关改革报告或建议的委员会成员不仅来自学术界,如大学校长和学术人员,还来自企业等,改革能在较大程度上反映和代表社会多方的意见,反映较多利益相关者对大学课程和本科教育改革的诉求。

第三,不难看出,上述改革法案或建议并不具有强制性,更不与任何来自外部的评估或公共拨款直接挂钩,而是由这些机构、团体或委员会提出建议,各个高校根据自身情况进行相应的调整或改革。

第四,上述绝大多数改革报告都是在调查研究的基础上提出的,这些调查范围和对象涵盖范围广,而且多数场合中的相关调查数据都公开,很大程度上是基于证据(evidence-based)而提出的。值得强调的是,不少改革报告或建议在公开发布之后,相关团体和机构还对其实施情况进行追踪调查,并公开那些参与调查的院校在多大程度上实施了相应的调整或改革。①

第五,从上述多数报告和改革建议内容来看,20世纪90年代以来,美国本科课程相关改革更加强调质量的提高,包括提高本科在校生的毕业率,以学生为中心的学习活动,本科四年学习期间建构学生学习共同体,为学生提供个性化的学术支持,强调学生学习成果的获得,等等。

第六,从大多数改革实践活动来看,有关本科课程开发与教学的改革不再拘泥于是否侧重自由教育/通识教育,或强调专业教育,不再像历史上那样从一个极端走向另一个极端,院校层面的课程改革更多关注如何将两者进行融合或整合,更加强调训练学生掌握基础知识、技能和能力(competence),强调回归基础教学,强调本科课程开发的整合以及鼓励学生积极参与跨学科(interdisciplinary)的学习活动。此外,改革更加关注不同类型院校的课程开发和本科教育改革,如研究型大学本

---

① The Boyer Commission on Educating Undergraduates in the Research University. Reinventing Undergraduate Education: Three Years after the Boyer Report [R/OL]. (2001-02-03) [2022-05-07]. https://dspace.sunyconnect.suny.edu/bitstream/handle/1951/26013/Reinventing Undergraduate Education Boyer Report II.pdf?sequence=1&isAllowed=y.

科教育活动，也是 90 年代之后出现的新趋势。

第七，如果考察改革报告和建议在多大程度上在具体本科课程改革实践活动中得到实施和贯穿，那么我们将发现，在许多方面，本科课程改革基本上是按照相关改革报告和建议贯彻实施的。从这个意义上而言，相关报告和建议在一定程度上指导了院校层面的课程改革，同样，院校层面的改革也大致反映了相关改革建议。

从本研究中我们大致可以得到以下几方面的启示。

首先，从高等教育研究的角度来看，90 年代之后美国高校本科课程的变化表明，伴随高等教育进入普及化阶段中后期，包括高校人才培养目的、课程结构和内容、教学方法以及师生关系等的确发生了较大的变化。这也在一定程度上验证了马丁·特罗高等教育发展阶段理论至少可以适用于解释和预测美国高等教育的变化发展。目前中国高等教育已步入普及化初级阶段，基于国家制定的相关政策和发展战略，到本世纪中期，中国高等教育将进入普及化阶段中期，甚至后期阶段，因此，研究人员有必要系统地研究今后高等教育规模和数量进一步扩大过程中中国本科课程开发和本科教育将面临哪些问题。例如，哪些问题是大多数国家在进入普及化阶段无法回避的共同问题？哪些问题是中国高等教育发展过程中面临的独特问题？如何借鉴先期进入普及化阶段中后期的国家的成功经验并吸取其失败的教训？更重要的是，我们不仅需要研究美国研究型大学或一流大学的本科课程和本科教育，还需要关注在美国高等教育大众化和普及化过程中扮演主要角色的州立大学及其机构中的课程开发与教学以及整体的本科教育改革。值得强调的是，较之于美国，由于目前中国相关研究还较少，高等教育研究人员需要加强对不同类型院校层面，特别是课堂层面的课程开发，尤其是面向新生的"大一教育课程"和相关活动以及大四学生顶点体验方面的研究。此外，作为本科课程重要组成部分的教学方法，大学生心理发展以及学生学习成果等方面的研究也需要进一步加强。

其次，从政策制定的角度来看，毋庸置疑，本科课程开发与教学的主要目的是服务于国家经济建设和本国社会发展，特别是满足中国劳动力市场发展的需求。虽然疫情和地缘政治对经济全球化的发展产生了一定的影响，但从未来发展趋势来看，培养具有全球胜任力的本科毕业生、推动本科教育的国际化发展有助于进一步建设具有中国特色的高等教育体系，提高中国高等教育质量、国际竞争力以及整体国力。因此，在宏观层面有必要制定相关政策进一步推动院校本科课程的国际化。此外，本科课程改革也需要进一步反映企业和其他利益相关者的诉求和期待。

最后，从院校实践角度来看，需要进一步提高教师教学水平，发挥教师在开发本科课程和提高本科教育质量中的作用。在院校课程改革过程中，大学教师在人才培养和课程开发以及教学过程中发挥着重要的作用，尽管不同领域和学科、专业之间存在差异，针对教师开展培训和开设各种研讨班等，提高教师的教学水平，主动积极参与院校、学科、专业和课堂层面的课程开发，根据具体教学内容、学生对象，以及不断发展的信息技术等不断改革教学方法，也有助于提高本科教育质量和帮助学生取得良好的学习成果。此外，特别是研究型大学如何平衡本科教学和科研两者之间的关系，如何培养本科生的就业能力和进入研究生教育层面从事科研活动的能力也是相关高校需要解决的课题。

第九章　欧盟主要国家本科课程改革

自20世纪90年代初期开始，伴随计划经济向市场经济的转变，高等教育对外开放与交流的进一步扩大，西方国家尤其是美国的大学教育理念和办学方式等更多地被介绍到中国高教界。例如，20世纪90年代中期以后，中国越来越多的高校借鉴和参考美国自由教育和通识教育理念，改革本科课程内容。北京大学和复旦大学还分别成立了元培班（后发展成为元培学院）和复旦学院等。此外，美国顶尖研究型大学也成为许多"985"高校对标和学习的主要模式。例如，北京大学和清华大学分别对标哈佛大学和麻省理工学院等，制定了建设世界一流大学的战略措施。过去几十年，由于国家政策引导、地方政府支持和高校自身努力等，中国大学整体研究水平不断提高，特别是北大、清华、浙大、上海交大等，在几个主要国际大学排行榜中的名次持续上升。不仅如此，美国一些研究型大学的办学理念和模式、中国研究型大学的示范性作用还在很大程度影响了中国地方政府和地方院校努力建设地方高水平大学，如北京工业大学和南方科技大学等制定了建设地方高水平大学规划。但是，在这一过程中，不少高校也出现了教师重研究轻教学、本科教育质量整体下降等现象。为了解决这些问题，教育部出台了多项措施，加强本科教育尤其是研究型大学的本科教育。例如，教育部部长陈宝生在2016年12月明确提出，"没有高质量的本科，就建不成世界一流大学"[①]。2019年教育部发布《关于一流本科课程建设的实施意见》，要求高校建设适应新时代要求的一流本科课程，全面开展一流本科

---

① 陈宝生. 培养什么样的人，办什么样的大学[EB/OL].（2006-12-29）[2022-05-03]. http://edu.people.com.cn/nl/2016/1229/cl053-28985766.html.

课程建设。①

鉴于基本国情,建设具有中国特色的社会主义高等教育体系固然是基本国策,研究和借鉴不同国家和地区高校有关本科课程改革的经验,对于提高中国高校本科教育质量、建设世界一流大学和学科,也有着十分重要的理论和现实意义。然而,笔者通过中国知网检索发现,自20世纪90年代后期开始,有关美国本科教育课程、研究型大学本科教育课程改革、通识教育、文理学院等的相关文献数以千计,而涉及欧洲大陆本科、本科课程或高等教育中第一级课程等的相关研究很少,涉及博洛尼亚进程后欧盟主要国家本科课程改革的文献不足20篇。其中,窦现金在2013年介绍了欧盟调优项目的基本特点和相关举措。②袁本涛等从比较的视角,介绍了博洛尼亚进程后欧洲工程教育专业认证的发展研究。③如果基于中国知网上公开的文献数量,那么我们不难看出,中国高教界和学术界更加重视研究英美尤其是美国大学本科教育课程的有关问题,不太关注欧洲大陆近年来本科或学士课程的改革和变化。从学术的角度,系统分析调优项目,特别是近年来欧洲大陆本科课程变化趋势和特点的研究更是有限。究其原因,大概包括以下几方面:首先,美国的政治、经济和文化等方面在全球的影响远强于欧盟成员国或欧洲大陆主要国家;其次,即使是欧洲大陆最有名的大学,在全球的影响力或在国际大学排行榜上的位置也低于美国顶尖大学;最后,尽管英语是欧洲大陆绝大多数国家通用的学术语言,大多数欧洲大陆国家高校中有关本科课程改革的资料等,基本都是以本国语言为主,这无疑增加了中国学者

---

① 教育部. 教育部关于一流本科课程建设的实施意见 [EB/OL].(2019-10-31)[2022-05-04]. http://www.moe.gov.cn/srcsite/A08/s7056/ 2019107t20191031_406269.html, 2019-10-31.

② 窦现金. 欧盟调整和优化高等教育质量的政策举措 [J]. 中国高等教育, 2013, (18): 60—63.

③ 袁本涛, 郑娟. 博洛尼亚进程后欧洲工程教育专业认证的发展研究——以欧洲工程教育认证网络为例 [J]. 清华大学教育研究, 2015, (1): 28—33.

从事相关研究的难度。

尽管对大学（university）出现的具体年代尚有争论，学术界基本认为，今天的大学机构起源于12世纪中期欧洲大陆的中世纪大学。尤其是从19世纪开始，法国和德国的高校课程和办学模式不仅影响了欧洲其他国家和地区的高等教育近代化，也在极大程度上影响了美国、日本和中国大学和高等教育的近代化过程。此外，不仅苏联如此，欧洲大陆绝大多数国家的本科课程和高等教育直到20世纪90年代仍然在许多方面区别于英美，而保持着鲜明的特色。更重要的是，这些国家的高等教育机构不仅为本国培养了大批高水平的专业人才，满足了各自国家和欧盟劳动力市场的需求、社会经济的发展，而且国际主要大学排行榜前100名高校中来自欧洲大陆的大学数量也在增加。

鉴于以上理由，本章主要通过分析相关文献和案例以及部分访谈结果，来揭示欧洲大陆主要国家的本科课程结构和内容的变化过程。在此基础上，分析其本科课程的主要特征。本章主要探讨以下三方面的问题：

第一，影响欧洲大陆主要本科课程改革和变化的背景是什么？

第二，目前这些改革的结果与面临的挑战有哪些？

第三，欧洲大陆是否形成了具有特色的本科课程体系？

本章中使用的本科课程，在欧盟很多国家一般称为本科课程或高等教育中第一阶段的课程。在使用上，文中没有进行严格区分。此外，本章将欧盟主要国家使用的 degree or education program 译为学位或教育项目，类似于中国的专业课程，有关文献中的 course 则翻译为教学科目。

第一节　欧洲大陆高等教育的传统与本科课程改革的背景

1. 法德近代高等教育模式的形成

19世纪初，法国开始出现以传授近代科学技术内容为主的新型高等教育机构。这些机构的基本特点是"传授一门科学（une science）、一门技术（une art）或一门专业（une profession）"①。根据史料记载，1789 年之后新政权下的国民会议废除当时所有的大学，曾在法国各地倡议设立了十几所专门学院，这些专门学院后来统称为"大学院"（les grandes Coles）②。相比这些学院，1794 年创立的综合理工学院（Ecole Polytechnique）更是首次在高等教育机构中开设系统的、以近代科学与技术为基础的课程，培养近代科学人才和服务于新政权的官僚。在拿破仑时代，以此为基础建立了"帝国大学制"。其中，综合理工学院被改造成为带有浓厚军事色彩的高等教育机构，其课程设置也随之以培养法国军事人才为目标。实际上，不仅综合理工学院，在此后几十年中陆续设置的其他各类学院，如物理学院和工业化学学院、高等商业学院等，都极其重视课程内容的实用性，并且同国家利益紧密相连。这些特点到了拿破仑时代得到进一步强化。两次世界大战期间，法国高等教育虽然发生了某些变化，但其基本结构，特别是重视培养专业人才的价值观并没有发生实质性变化，这些特点对法国高等教育的影响几乎一直延续到 20 世纪上半叶。③

不同于法国，1810 年成立的柏林大学致力于培养以探求真理和从事学术研究为职业的学者和研究人员，它通过教学和科研相结合，而成为近代大学的先驱。柏林大学同样重视传授近代科学方面的教育内容，但是洪堡在论述大学使命时强调，柏林大学的本质是"科学（Wissenschaft）与主观的教养（Bildung）相结合"。也就是说，新型大学应该是保证学

---

① Louis Liard. L'enseignement Supérieur en France 1789-1889: Tome Premier [M]. Armand Colin et Cie, Editeurs, 1908: 419.

② Ibid.: 452-463.

③ Jacques Verger. Histoire des Universites en France. Bibliothèque histoirque Privat, 1986: 263.

生通过探索纯粹的客观学问以获得主观教养的机构。[①]"孤独和自由"是实现这一理念的前提条件,"教学和研究相结合"是基本办学原则,通过哲学统合具体的和个别的学科是实现其办学目标的有效途径。洪堡心目中的高等教育机构是追求完美的纯粹知识,并在这一过程中训练和发展教师和学生心智的新型大学。

洪堡的办学思想和柏林大学的改革很快成为欧洲近代大学的又一典范,它和法国近代高等教育模式共同构成欧洲大陆近代高等教育的两大模式,不仅影响了欧洲高等教育的近代化,还影响到许多其他国家近代大学的创立。

2. 欧洲大陆本科课程改革的背景

20世纪60年代后期开始,虽然法国和德国等欧洲大陆国家对包括本科课程在内的高等教育进行了多次改革,但欧洲大陆主要国家的高等教育,尤其是本科课程,发生结构性变化的时间是在进入21世纪之后。根据博洛尼亚进程网站发布的信息[②]和相关文献[③],欧洲大陆本科课程改革主要是在以下背景中展开的。

首先,20世纪90年代之后,欧洲一体化进程加速,特别是欧洲统一的劳动力市场形成,要求欧盟成员国改革各自国家的高等教育制度,在结构、教育内容、学分和学历证书以及学位等方面,建立成员国之间可以相互比较、交流、认可、兼容,超越国别差异的和相对统一的欧洲

---

① Friedrich Paulsen. The German Universities and University Study[M]. Charles Scribner's Sons, 1906: 49; Herwig Blankertz. Bildung im Zeitalter der groBen Industrie[M]. Das Bildungsproblem in der Geschichte des europäischen Erziehungsdenkens, 1969: 77-79.

② European Higher Education Area and Bologna Process [EB/OL]. [2020-10-12]. https://www.ehea.info/page-Bologna-Implementation-Coordination-Group.

③ G. Neave. The Bologna Declaration: Some of the Historic Dilemmas Posed by the Reconstruction of the Community in Europe's Systems of Higher Education [J]. Educational Policy, 2003, 17(1): 141-164; Alberto Amaral et al (eds.). European Integration and the Governance of Higher Education and Research[M]. Springer, 2009: 3-16.

层面的高等教育系统。其次，新自由主义理念对高等教育和研究的影响，加剧了各国间和不同区域间的高等教育竞争。尽管绝大多数欧盟成员国没有像英美和澳大利亚等国那样，在高等教育领域引入市场竞争机制，但至少国际大学排行榜的出现促使欧盟成员国认识到，不仅在经济方面，而且在高等教育和学术研究等方面，欧盟成员国也有必要进一步提高质量，建立具有全球竞争力的高等教育体制，迎接来自英美和亚洲等区域的挑战。再次，美国大学自由教育和通识教育理念在全球影响力的增强自然对欧洲大陆主要国家本科阶段的办学理念和课程内容产生了一定的影响。例如，尽管规模很小且多为私立，荷兰等欧洲少数国家出现的文理学院（college of liberal arts）等直接反映了这种影响。① 最后，建立高度透明的、可以与国际上绝大多数国家和地区的高等教育系统相互对比和交流的欧洲层面的高等教育制度，也有利于欧盟成员国吸引欧洲以外更多优秀的留学生和学者到欧洲大陆学习和从事研究，提高欧盟整体和成员国的高等教育国际化水平，进而增强其在全球的影响力。

1999年，欧盟29个国家的教育部部长在意大利博洛尼亚就今后建立统一的欧洲高等教育区（European Higher Education Area）达成了共识，签署了《博洛尼亚宣言》，确定到2010年建立包括具有共同框架的本硕两级"欧洲高等教育区"，正式推进欧洲高等教育学制改革，这就是所谓的"博洛尼亚进程"。此后，《柏林公报》于2003年提出了如下的新建议：构建欧洲统一的高等教育质量保障体系；在欧洲统一的学位框架中增加博士课程，建立由三年制学士学位、二年制硕士学位和三年制博士学位构成的三级高等教育系统；各国建立高校毕业生的学历补充文件制度（diploma supplement），便于成员国之间相互交流、比较和承认。

到2019年为止，48个具有不同政治、文化和学术传统的欧洲大陆国家基于共同的价值观（例如言论自由、机构自治、独立的学生会、学术自由、学生和教职员工的自由流动），通过自愿原则和政府间相互合

---

① Marijk van der Wende. The Emergence of Liberal Arts and Sciences Education in Europe: A Comparative Perspective [J]. Higher Education Policy, 2011, 24(2): 233-253.

作的方式，制定了一系列欧洲层面的高等教育框架制度，例如欧洲高等教育区的总体框架、欧洲学分互换和积累制度（European Credit Transfer and Accumulation System，ECTS）、提倡以学生为中心的教学原则、欧洲质量保障标准和指南等。① 在这一过程中，欧洲大陆有关国家、机构和利益相关者等不断调整其高等教育系统，使其更加透明、具有兼容性，并加强质量保证机制。而在本科课程改革过程中，博洛尼亚进程的核心思想则是重视以学习者为中心，培养学生的多种能力，强调学习成果。

第二节　本科课程改革的进程、影响与问题

1. 调优项目的特点与实施

作为博洛尼亚进程的重要一环，调优项目始于 2000 年，正式名称为"优化欧洲教育结构"（Tuning Education Structures in Europe）②。该项目旨在将博洛尼亚进程中的政治目标与高等教育改革目标紧密结合。目前，调优项目不仅是一种（重新）设计、开发、实施、评估和提高第一、第二和第三阶段学位课程质量的方法，更重要的是，它基本已经发展成为一个调整欧洲大陆高等教育的结构、内容及方法的过程。调优项目虽然旨在具体落实博洛尼亚进程中有关高等教育改革的目标，但是它同时强调欧洲各国的高校不会也不应该按照统一标准开设学位课程或寻求建立单一或统一的课程模式，该项目的实施也不意味着形成最终统一的欧洲大学课程模式。调优项目只是寻求各成员国之间存在的衔接点，为各国高等教育课程改革提供参考。通过该项目，各成员国之间获得更多的共识和互相理解，因此它实际上是一种高等教育机构层面的结构调

---

① European Higher Education Area. The Bologna Process Revisited: The Future of the European Higher Education Area [R/OL]. (2023-04-07) [2023-04-10]. http：//www. ehea. info/media. ehea. tnfo/file/ 2015_Yerevan/71/1/Bologna_Process_Revisited_Future_of_the_EHEA_Fmal_613711.pdf.

② Robert Wagenaar. Reform! Tuning the Modernization Process of Higher Education in Europe. International Tuning Academy: 2019.

整。其主导思想具体表现在以下两个方面。①

第一，调优项目强调，保护欧洲教育的丰富多样性极为重要，绝不应限制学术和学科专家的独立性，或破坏地方和国家权威。在尊重成员国多样性和自主性的基础上，建立统一的教育结构和教育项目。

第二，调优项目实施的重点不是整个教育系统的所有方面，而是侧重于学科领域（即学习的内容）或教育结构与内容的调整与优化。调优项目强调，调整整个教育系统主要是政府的责任，而调整教育结构和内容则是高等教育机构以及学术人员的责任。它着重于促进有关成员国在课程结构、学科领域或教育项目（类似于中国的专业课程）和课堂教学等方面的可比性。在这一过程中，基于这一项目，通过各国合作，提供各成员国可以共享的，有关不同学科领域、教育项目或课程的学术（academic）和专业（professional）方面的信息和标准，以及社会对这些领域或教育项目的需求等，非常重要。

调优项目在实施过程中，主要从以下五个方面设计、开发了某一特定学科领域或教育项目的模型，帮助各国在教育结构、学科领域或教育项目以及实际教学等方面实现可比性。具体包括：通用能力，特定学科的能力，欧洲学分互换和累计制度的作用，学习、教学和评估的方法，在尊重院校内部质量保障文化的基础上提高教育质量。基于上述五个方面的考虑，在具体设计和开发某一学位课程或教育项目的过程中，调优项目确定了以下八个主要步骤。

（1）满足基本条件：是否已确定某一学位课程或教育以及学习项目能够满足来自地区/国家/欧洲范围内的社会需求？这些内容是否是在咨询利益相关者（雇主、专业人员和专业机构）的基础上完成的？从学术角度来看，该课程或教育以及学习项目能否引起利益相关者的兴趣？是否确定了共同的质量保障标准？必要资源配备是否存在问题？此外，

---

① Tuning Educational Structures in Europe [EB/OL]. (2023-04-07) [2023-04-07]. https://www.ehea.info/media.ehea.info/file/Tuning_project/89/3/Tuning-Educational-Structures-Europe-executive-summary_575893.pdf.

对于由多家机构提供的国际学位课程,以下问题需要考虑和确认:得到了有关机构的承诺吗?在什么基础上可以建立(官方)协议或战略联盟?能否保证申请相关课程的手续在不同国家都可以得到批准或合法认可?各国间学分互换和认可有无问题?等等。

(2)有关学位课程的简介。

(3)有关计划目标以及必须达到的学习成果(在知识、理解、技能和能力方面)的描述。

(4)确定学习者应该获得的与学科相关的通用能力。调优项目中区分三种通用能力,即工具能力:认知能力、方法论能力、技术能力和语言能力;人际交往能力:个人能力,例如社交技能(社交互动和合作);综合能力:综合理解能力、运用知识的能力等。

(5)将这些能力转换为具体课程:内容(要涵盖的主题)和结构(模块和学分)。

(6)进一步转换为具体的教学单位和活动以获得事先确定的学习成果。

(7)确定教学方法(方法的类型和技术手段等)以及评估方法。

(8)开发旨在不断提高质量的评估系统。

根据上述步骤,某一学位课程或教育项目的编制开发与质量保障过程可以用图1表示。

此外,调优项目在实施过程中还设计开发了主要学科在本科课程与硕士学位课程阶段的学习成果、学习者应该掌握的各种能力、建议开设的教学内容、不同教学内容的学分分配、具体的教学方法、测评学习成果的标准和方法等建议与指南。例如,工科指南内容大致包括以下几方面:工科及其教学、工科颁发的典型学位类型、取得学士或硕士学位后从事的典型工作和就业类型、不同阶段工科有关学习成果与资格认定的具体描述、获得学习成果和各种能力的方法等。①

---

① OECD. A Tuning—AHELO Conceptual Framework of Expected Desired/Learning Outcomes in Engineering [EB/OL]. [2022-03-01]. https: //www. unideusto. org/tuningeu/imagee/stosiee/Summary_of_outcomes_TN/AHELO_Engineesing. pdf.

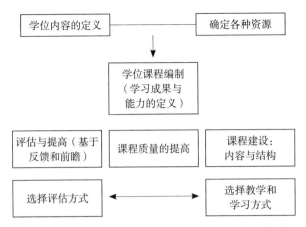

图 1 学位课程或教育项目的编制开发与质量保障过程

资料来源：2020 年笔者参考 https://www.unideusto.org/tuningeu/ 上的诸多文献整理而成。

在第一阶段和第二阶段（2000—2004），调优项目设计开发了 9 大学科的相关建议与课程开发和教学指南，包括商业管理、化学、教育科学、欧洲研究、历史、地球科学、数学、护理学和物理学。截至目前，该项目共开发了 42 个学科建议与指南。[①] 值得强调的是，各个学科建议与指南中要求本科课程达到的各种能力和获得的学习成果等，只是作为各国提供主要学科的课程设置与教学以及评估等方面的参考，一般性地描述相关学科的特性、期待学习者达到的学习效果和具备的各种能力，但并不具有强制约束力。实际上，调优项目允许和鼓励各国在课程编制过程中进行具有弹性的和自主的课程开发。

综上所述，近年来，基于调优项目的高等教育尤其是本科课程改革在理念、制度和内容三个层面的特点大致可以归纳如下。其一，在理念层面，欧洲大陆的许多国家，在法国和德国两大教育模式的影响之下，尽管各国之间存在差异，但大学机构在重视综合性学习和学术研究之外，也有着重视专业教育（professional education）的悠久传统。近

---

① Tuning Educational Structures in Europe. Subject Areas [EB/OL]. [2021-05-06]. https://www.unideusto.org/tuningeu/subject-areas.html.

年来，许多国家在保持这种传统的同时，为建立统一的"欧洲高等教育区"，贯彻调优项目所提出的相关建议，采取了各种改革措施。在这一背景之下，调优项目明确提出，本科课程阶段的目标应着重培养学习者的能力。这些能力包括特定学科所需要的能力以及与特定学科或专业相关的通用能力。其中，与特定学科领域和专业相关的能力依据学科不同，基本上是从对高等教育研究人员、相关学科的任课教师、雇主、学生等进行的调查的结果中提取的最重要的能力。因此，从国际比较的视角来看，欧盟主要国家本科阶段课程改革的目标首先是强调学士学位阶段的教育能够满足社会变化与劳动力市场的需要，其次是进一步促进这一阶段教育的专业化过程。[①]

其二，制度层面主要体现在建立三年制的本科课程体系，院校内部具体课程开发和教学活动原则上由各个不同的专业学院或专业教学单位自主负责进行。

其三，在教学内容层面，为了实现上述目标，院校需要根据相关学科的学术和专业发展变化情况，即学习者在学术、知识以及实践能力等方面应达到的标准，明确社会需要的以及毕业生在职场需要的能力，在此基础上开发和提供教学内容。此外，与传统的教学不同，调优项目强调以学习者为中心，鼓励学生积极主动地参与学习，教学单位则在每一个主要学习阶段进行持续和渐进的评估。

2. 案例分析

（1）德国大学本科课程的变化

根据相关研究，在博洛尼亚进程和调优项目实施过程中，德国本科

---

① 黄福涛. 能力本位教育的历史与比较研究——理念、制度与课程[J]. 中国高教研究，2012，(1)：27—32；Julia Maria, Gonzalez Ferreras and Robert Wagenaar. Tuning Educational Structures in Europe Ⅱ: Universities' Contribution to the Bologna Process [EB/OL]. [2021-04-02]. http://www. unideusto. org/tuningeu/images/stosies/PubSicstions/Tuning_2_4rd_version.pdf.

课程的主要变化包括：缩短了学制，加强了软技能和更加宽广的课程，增强了学生的就业力，提高了国际化水平。① 具体变化如表1所示。

表1 新的本科课程的变化与要点

改革目标	机械工程	商业管理
缩短学制	第一学位从5年减至3年	第一学位从5年减至3年
软技能和更宽广的课程	·所有课程注重软技能 ·除了极少的几个高年级课程之外，没有重大变化 ·增加新的软技能和项目活动课程	·所有课程注重软技能 ·课程结构和某些选课方式的变化 ·增加新的软技能和项目活动课程
就业能力	·实习时间通常比在应用科学大学中获得学位所学时间短 ·增加新的项目活动课程	·对实习没有要求，但在学生中实习很普遍 ·学士学位论文的完成通常与研究和在一家公司的工作结合起来进行 ·增加关注特定行业的新课程
国际化	·几乎所有课程都需要学生学习英语 ·教学语言和考试通常使用英语 ·与改革前相比，海外学习时间受到更多限制	·所有课程都需要学生学习英语或其他外语 ·教学语言和考试使用英语 ·关注国际问题和外语学习

资料来源：Anna van Santen. Varieties of Capitalism-Varieties of Degrees?: Undergraduate Education in Germany and the United States Compared [M]. Hertie School of Governance, 2014: 222.

（2）苏黎世联邦理工学院

苏黎世联邦理工学院的历史可以追溯到1855年，最初的创建者计划将其创建为创新和知识的中心。该学院强调自由和个人责任、进取精神和豁达精神。学院努力为学生提供独立思考的理想环境，为研究人员营造激发卓越绩效的氛围。

自1996年以来，共有来自120多个国家/地区的22200名学生，包

---

① Anna van Santen. Varieties of Capitalism-Varieties of Degrees?: Undergraduate Education in Germany and the United States Compared [M]. Hertie School of Governance, 2014: 222.

括4180名博士生在该校学习和从事研究。目前该校有540名教授、440个剥离公司（spin-offs）。建校以来，共产生了21名诺贝尔奖获奖者及其他数名国际学术奖获得者。每年申请100多个专利和150个发明报告。该校在2019/2020年泰晤士高等教育世界大学排行榜中位列13，在2020/2021年QS世界大学排行榜中居于第6，2019/2020年上海软科世界一流大学学术排行榜中居于19。

该校本科课程涵盖了深入的学术内容、实践知识、跨学科合作的能力以及与社会相关的关键技能。本科课程以德语开始。在第二年和第三年，一些课程使用英语教学。本科课程的结构特点在于，学士学位项目包括180个学分，通常需要3年。最长学习期限为5年。第一学年的主要内容涵盖数学基础知识、与各个学位项目相关的科学领域（例如物理学、化学和生物学）以及与学位项目相关的基础知识。第一学年有年末考试。在接下来的四个学期中，学生集中学习有关学位项目的理论和方法论方面的内容。具体的课程结构如表2所示。

表2 苏黎世联邦理工学院本科课程结构

第一学年学习内容（60学分）
综合基础内容
数学、物理学、化学、计算机科学、生物学
特定科目的基础内容
第一学年的考试
第二和第三学年学习内容（120学分）
特定科目的学习内容
选修和项目设计
可能需要撰写学士学位论文
多视角下的科学（Science in Perspective）

资料来源：ETH Zurich. Program Structured ETH Zurich [EB/OL]. [2022-10-12]. https://ethz.ch/en/studies/prospective-bachelors-degree-students/programme-structure.html.

（3）乌特勒支大学

乌特勒支大学是欧洲大陆最古老的大学之一，也是荷兰的顶尖研究型大学之一，在上海软科世界一流大学学术排行榜中连续多年蝉联荷兰第一。该大学的药物科学院本科课程学制为三年，每年由四个时间段构成，每个时间段为 10 周。在每个时间段，学生要学习一门 15 个学分的科目（course）或两门各为 7.5 个学分（ECTS）的科目。[①]

该学院的教学方式多种多样，不同教学方式的大致比例为：课堂讲授 10%，小班讨论课 10%，实践教学 20%，团队工作 30%，自学 30%。教学计划显示，第一学年开设四门必修科目（流行病学和临床发展、药物代谢动力学和药效动力学、药物与细胞、药物分子学），第二年开设三门必修科目。选修科目在第二年和第三年的部分时间开设。在第三学年的后半期，学生需要参加一项与药物相关的本科研究项目。这是该学院本科课程的独特之处。学生在三年级的一个学期中，在科学家和导师指导下，完成一个本科研究项目。

作为对比，笔者还选择了该校经济学和商业经济学的学士学位案例，该课程也需要三年的时间才能完成。每个学年同样包括四个时间段，每一个时间段由 10 周组成，所有这些时间段之后是一个考试周。学生每周上课时间大约是 12~18 个小时（听课和讨论课）。包括学前准备和预习等，学生每周学习时间大约是 30~40 个小时。[②]

该学位课程包括两大部分：专业课和选修课。学生在前一年半主要学习基础课程，并熟悉经济学和商业经济学、财务与会计的基本原理以及有关统计量化方面的课程，如数学和统计学等。例如，在第一个时间段，学生主要学习经济学和商业经济学导论，以及财政学和会计学导论。在第二个时间段，主要学习微观经济学、福利和机构、与经济学有关的数学。在第三个时间段，学习欧洲视野中的宏观经济学、统计学。在第四个时间段，学习战略和组织学，以及一门辅修科目或其他

---

① Utrecht University. Curriculum of College of Pharmaceutical Sciences [EB/OL]. [2023-05-04]. https://www.uu.nl/bachelors/en/college pharmaceutical-sciences/curriculum.

② Utrecht University. Curriculum of Economics and Business Economics（BSc）[EB/OL]. [2023-05-04]. https://www.uu.nl/bachelors/en/e conomics-and-business-economics/curriculum.

选修科目。在第一学年末,学生会收到继续升学的建议(Binding Study Advice, BSA),内容涉及学生是否选择了正确的课程内容等。如果未通过第一学年考试,学生必须至少获得45个ECTS(学分)才能升入二年级继续学习。

在后一年半,学生根据自身志向和兴趣,在导师或学习顾问的帮助下选修相关科目,参加实习或出国短期留学。学生可以选择的辅修科目有六门,包括法律、地理、社会科学或数据科学等。要想获得辅修科目的学分,学生同样需要撰写相应的研究报告。此外,学生也可以选择经济学课程或乌特勒支大学其他学院开设的科目。毕业之前,学生需要通过毕业论文答辩。

至于教学法,学生主要是听课和参加讨论课。前者主要指大班教学,教师与学生们一起讨论有关教材或参考资料,并做系统讲解。后者的班级规模不超过30名学生,在教师指导下,学生们分组讨论一个特定的主题。学生有时还需要会使用电子学习环境完成作业。为了测试其掌握知识和技能的情况,学生需要参加考试,撰写论文,进行口头报告或与其他人沟通完成小组作业或研究报告。

在学期间,学生可以选择在海外大学学习六个月。与乌特勒支大学合作的海外大学有近100所,包括与经济学院合作的几所美国大学。学生可以在海外合作校学习与经济学有关的科目。

此外,学生可以在第二学年或第三学年参加实习。实习能使学生获得工作经验,在实践中直接应用所学的理论知识。实习可以在国内,也可以选择在国外实习或研究。

3. 改革的影响与问题

调优项目不仅极大地影响了欧洲大陆主要国家的高等教育课程改革,在欧盟成员国之间形成了相对统一的有关本科课程的人才培养目标、课程结构、学习成果评价标准和方法等,而且也为最终创建拉丁美洲高等教育区、建立中亚高等教育区、调整和促进非洲各国之间在高等教育方面的合作、强化区域间的交流发挥了积极的引导作用。[①] 不仅如此，2012年中欧合作进行的调优项目也揭示了调优"以学生为中心""以能力为基础"，与中国正在进行的高等教育人才培养模式改革方向基本一致；此外，调优的理论和方法对中国正在进行的卓越人才培养计划具有参考价值。[②]

当然，调优项目的实施也面临不少挑战。首先，虽然欧洲大多数国家已逐渐实施了本、硕、博三级学位制度（本科阶段3年、硕士阶段2年、博士阶段3年），但是并非所有国家都统一采取了该学制。此外，即使大多数国家在本科阶段已经使用欧洲学分互换与积累制度，但是由于本科课程需要获得的学分数大致在180~220分之间，各国在学位和学历等方面要想做到完全对等兼容、比较和认可，仍然需要进一步努力和合作。其次，本科课程的设置与开发如何能够适应社会的迅速变化以及满足劳动力市场的需求，是决定调优项目尤其是各国课程改革是否成功的关键。笔者于2019年10月29日对调优项目主要负责人罗伯特·瓦格纳教授访谈时，瓦格纳教授也提到，一门学位项目及其相关科目要能最大程度地服务于学生的未来和社会需求，意味着要对劳动力市场的动态、学科领域的当前发展、新兴的通信和技术创新等，进行客观而认真的思考。本科课程开发最重要的是对应社会变化的需要，培养各行各业的领导者。同时，在课程内容中还需要包含个人发展、满足社会需要和训练学生具备应对社会变化的能力三个方面。瓦格纳教授指出，目前最大的挑战是无法满足社会需要，因为社会是不断变化的，我们对未来无法预测得更多。[③] 再次，按照《博洛尼亚宣言》以及其后的相关政治

---

① Jane Knight. A Model for the Regionalisation of Higher Education: The Role and Contribution of Tuning [J]. Tuning Journal for Higher Education, 2013, 1(1): 105-125.

② 国家教育研究发展中心. 中国-EU TUNING 共同研究 [EB/OL]. (2017-09-25) [2018-03-06]. http://www.docin.com/p-2043364299.html；窦现金. 优化教学过程的理论与探索 [M]. 高等教育出版社, 2014.

③ 基于2019年10月29日在清华大学对罗伯特·瓦格纳（Robert Wagenaar）教授访谈的内容整理而成。

文件，尽管统一的欧洲高等教育区已经基本形成，但是负责高等教育的规划与运转等，尤其是负责高等教育的拨款，依然是各国政府的主要责任。从本科课程的角度来看，一国的高等教育如何在培养国际化人才、服务于欧洲高等教育区或欧盟成员国的同时兼顾国家和地方政府的利益等方面，需要解决的问题依然很多。最后，如何在三年的本科教育阶段，满足来自学者、教师、学生、毕业生未来可能就业的部门、政府以及其他利益相关者的需求，在保持欧洲大陆传统本科教育特色的同时，吸收外来的教育模式，设计和开发出富有成效的本科课程体系，需要多方更多的合作与努力。

第三节　结　语

如上所述，本章的主要发现包括以下几方面。

首先，欧洲大陆的本科课程模式虽然在某些方面吸收和借鉴了美国大学自由教育和通识教育的理念，如重视学生的通用能力培养，强调学生主动积极参与学习等，但依然在很大程度上保留了自19世纪以来欧洲大陆的两大学术传统，尤其是在研究型大学中既需要重视学术研究或基础研究，也要强调专业教育。可以说，欧洲大陆的本科课程尽管发生了结构性变化，但洪堡精神并没有完全消失在本科课程和人才培养过程之中。正是在坚持传统教育的基础上适应社会变化、进行相应的改革，欧盟主要国家才形成了独特的本科教育模式或本科课程体系。

其次，从调优项目和若干案例来看，欧洲大陆一流的研究型大学并没有通过开设专门的自由教育或通识教育课程培养本科生。高等教育的专业化，满足不断变化的社会，特别是劳动力市场的需要，培养学生的就业力同样是一流研究型大学本科阶段教育的核心目标。在某种意义上，大学毕业生是否具备多种能力、是否能够就业（在本国或欧盟成员国等）是衡量本科教育是否成功的重要指标。没有证据明确显示，本科课程开发或本科教育与建设一流大学之间存在直接和有机的内在逻辑关系。换言之，至少调优项目不是为欧盟成员国建设世界一流大学提供服务，而是帮助各国优化本科课程结构、调整教学内容、培养具有多种能力的人力资源。

最后，本科课程的设计和开发不仅需要研究人员和大学教育者的参与，还需要其他利益相关者的积极参与，例如雇主、学生、专业和行业团体、各级政府以及国际组织等的积极参与。这是保证本科课程成功的重要前提条件之一。

第十章　日本本科课程改革

自1947年美国通识教育（general education）理念引入日本大学以来，日本的本科教育在培养目标、课程组织和教学内容等方面发生了革命性变化。不少学者认为，战后初期的大学教育改革是日本历史上仅次于明治维新时期学习西方模式建立近代高等教育制度的第二次重要改革。早在20世纪80年代日本高等教育从大众化步入普及化进程中，不少学者分析了美国教育理念是如何影响了20世纪40年代末至80年代日本大学一般教育[①]与专业教育之间关系的变化，同时还总结了日本一般教育在不同时期的特点[②]。近年来，有的研究通过探讨日本大学与一般教育以及教养教育之间的关系，主要从大学教育的目标、内容、大学教育与高中教育的联系以及教育制度四个角度，考察了"二战"结束以来日本大学通识教育在不同阶段的发展变化。[③]我国高教界有关"二战"后日本本科教育，尤其是一般教育的改革的相关研究也很多。例如，在中国知网输入日本本科教育和本科课程等关键词，相关主题的研究论文近200篇。但是，关注日本高等教育进入普及化阶段之后本科课程变革的研究却较少。按照马丁·特罗提出的高等教育三段论，根据美国的发展经验，高等教育的量变不仅会带来包括课程和教学方式在内的质变，

---

① 美国的general education在1947年被介绍到日本后，日文译为一般教育，中国多翻译为通识教育。1991年之后，日本使用教养教育取代一般教育，用于区别于专业教育或职业教育。尽管1991年之前使用的一般教育与此后使用的教养教育有着密切的关联，日本大学中教养教育的英译一般使用liberal arts education。（文献来源：黄福涛. 第6章 東アジアにおける一般教育の新展開[M]// 米澤彰純，嶋内佐絵，吉田文编集. 学士課程教育のグローバル・スタディ—国際的視野への転換を展望する. 明石書店，2022：187—188.）

② 关正夫. 日本の大学教育改革—歴史・現状・展望[M]. 玉川大学出版部，1988.

③ 吉田文. 大学と教養教育—戦後日本における模索[M]. 岩波書店，2013.

而且普及化阶段的高等教育还会面临新的挑战。①

尽管中国高等教育刚刚步入普及化初期阶段，涉及课程与教学等多方面的本科教育已经出现了不少问题。英美等先期进入普及化阶段的国家在本科教育改革方面的经验及教训固然对中国相关改革有一定的参考价值，但较之于美英等西方早发内生型国家或英语国家，日本和中国在近代高等教育起源、高等教育结构、本科人才培养、课程开发与教学，以及政府与高等教育的关系等方面存在更多的共性，介绍日本高等教育进入普及化阶段之后本科教育的变革一方面可以帮助我们了解东亚先期进入普及化阶段后本科课程所面临的问题以及变革，另一方面可以为未来中国本科课程改革提供相关的参考与经验。由此，本章主要目的是考察20世纪90年代日本高等教育稳步进入普及化阶段之后本科课程发生了哪些变革，这些改革具有哪些特征等。研究方法主要包括对政府提出的本科课程改革报告和建议进行分析，以及对文部科学省针对全国所有大学负责人实施的有关本科课程变化的问卷调查进行分析。以下，第一节简要介绍战后不同阶段日本本科教育的变革；第二节则根据文部科学省对日本大学进行的全国问卷调查结果，考察日本高等教育进入普及化阶段后本科课程的变化发展；最后一节总结本研究的主要发现以及日本本科课程所面临的挑战。

根据有关统计，1978年日本高等教育毛入学率达到适龄人口的50%。②按照马丁·特罗的大众化三阶段理论，此时日本开始进入普及化阶段。但是，从1979年至1984年日本高等教育毛入学率降至49%，1986年则是48%。从1987年开始，其毛入学率才开始基本保持平稳的持续增长趋势，例如，1990年毛入学率为54%，2000年为71%，2010年为80%，2020年为83%。鉴于目前中国高等教育毛入学率为54%，加之

---

① Martin Trow. Problems in the Transition from Elite to Mass Higher Education[R]// OECD. Policies for Higher Education. OECD, 1974: 1-57.

② 広島大学高等教育研究開発センター. 高等教育統計データ集—総合データ編—[R/OL]. [2015-06-06]. https://rihe.hiroshima-u.ac.jp/center-data/statistics/synthesis/.

从1991年开始，日本高等教育掀起了历史上的第三次改革，本章主要着眼于分析1991年以来日本本科教育，尤其是本科课程的变化与特点。

第一节 "二战"后本科课程变化与改革

"二战"结束后至目前，从本科教育内容的变化，特别是一般教育与专业教育的关系变化角度来看，日本本科教育的发展大致可以划分为四大阶段，本节主要对日本高等教育进入普及化阶段之前的三个阶段的特点做简要概括。

第一阶段（1947年—1950年初）也被称为美国占领时期的改革期。这一时期主要的改革包括美国占领当局和日本政府根据1945年哈佛通识教育委员会发布的《自由社会中的通识教育》一书中的有关内容，将美国研究型大学的通识教育理念和部分内容引入日本大学改革之中。然而，在实际改革过程中，由于战前日本大学强调专业教育，特别是改革遭到工业界和一些日本政府官员的强烈抵制，美国式的通识教育理念仅仅在日本大学中得到部分实现。例如，有关一般教育的课程内容只限于在大学教育的第一和第二学年开设，负责这类课程教学的主要是教养部的教师。不同于工学、理学、教育和医学等专业学院，日本大学中的教养部有点类似于中国大学中的公共教学部，主要面向全校学生提供全校公共课和基础课教学。① 教养部没有自己的学生，在校内的学术地位低于其他专业学院，在预算分配和教师人事权等方面也无法享有与其他专业学院同等的权利。因此，尽管在形式上日本大学按照美国通识教育理念在本科课程中开设了一般教育的相关课程内容，但是，与美国大学教育中的通识教育还是存在较大区别。

---

① 教养部类似于中国大学中面向全校学生教授外语和体育等公共课的教学组织，如大外教学院或体育教研室等，地位低于教授专业课程的专业学院。因此，政府要求各大学取消教养部，提高实施教养教育的组织机构在大学中的地位。

第二阶段指 1950 年初—1960 年的日本经济高度发展期。这一时期，日本形成了由一般教育、外语、体育保健、基础课和专业课五大类构成的本科课程内容。与前期不同，在日本工商业界的强烈要求下，日本许多大学在一般教育科目中增加了基础科目，并减少一般教育学分，增加专业课程学分的比例。

第三阶段大致始于 1970 年，基本上持续到 1990 年。在学生运动和国际化影响之下，日本政府在课程内容和学分要求等方面放松了对各大学的限制，成立了"临时教育审议会"和"大学审议会"，提出多种大学课程改革政策和方案，鼓励各大学根据各自的办学精神和人才培养目标，开设具有个性化和多样化、培养学生综合能力的课程。实际上，这一阶段很多有关本科课程的改革政策直接影响了 1991 年之后本科课程改革的实施。

如上所述，从 1947 年日本正式参照美国模式实施本科教育改革，截止到 1990 年日本高等教育毛入学率开始稳步进入普及化阶段，如表 1 所示，日本本科教育的主要特点大致可以归纳如下。

首先，在课程结构或形式上，绝大多数院校的本科课程由一般教育和专业教育两大部分组成。学生在第一学年和第二学年集中学习一般教育课程内容，从第三学年开始集中学习专业课程。这种将四年大学教育分为前后两个阶段、分别开设不同课程的本科课程模式，首先改变了战前日本大学本科教育仅仅强调专业教育的做法，从形式上将一般教育课程与专业教育课程置于同等重要的地位。其次，它在设计上保证了学生在学习专业教育课程之前必须修满规定的一般教育课程学分，要求学生在掌握专业知识和能力之前必须首先学习广泛的基础教育课程。但是，这种课程模式的最大问题在于，许多大学往往将一般教育课程作为专业教育的基础课程来开设，在进行一般教育的名目下，开设许多专业基础课程；另外，在许多院校，人文、社会科学和自然科学类中开设的许多科目与高中阶段的课程重复，失去了在大学阶段对大学生提供一般教育课程的本来意义。

表1 1991年之前日本大学本科课程基本模式

学期	学年	教学单位			教育科目			学分
8	4	各专业学院			专业教育科目			76
7								
6	3							
5								
4	2	教养学院	教养部	专业学院	一般教育科目	一般教育	人文	12
3							社会	12
							自然	12
2	1					外语		8
1						保健·体育		4
合计					124			

其次,一般教育课程主要由一般教育科目、外语(须开设2门以上外语科目)和保健体育科目三大部分组成。其中,一般教育科目由人文、社会和自然科学三大类中的有关科目组成。人文类包括哲学、伦理学、历史、文学、音乐和美术;社会科学类包括法学、社会学、政治学和经济学;自然科学类则主要包括数学、物理、化学、生物学和地质学等科目。各大学按照以上三大领域中所列学科,在各领域分别开设5门以上,合计15门以上科目,共36个学分;此外,外语科目为8个学分,保健体育科目为4个学分。一般教育课程共计48个学分。专业课程规定的学分为76个学分。按照文部省的规定,学生在4学年中至少修满124个学分方可毕业和获得学士学位。显然,从学分分配比例来看,日本本科课程依然非常强调专业教育内容的学习。

再次,在本科课程教学组织方面,大致可以分为三种类型:(1)由教养学院开设一般教育内容,如东京大学和埼玉大学的教养学院;(2)主要由教养部开设一般教育内容,接近90%的日本大学属于此类;(3)由专业学院的教师兼任开设一般教育内容,主要表现在许多私立大学和极少数国立大学之中。

最后,在日本政府从1991年放宽《大学设置标准》,掀起历史上第三次高等教育改革浪潮之前,文部省主要根据《大学设置标准》,对全国所有大学的课程安排、新学科的设置、教学科目的废止、一般教育与专业教育的学分比例要求、校内教学组织的调整、本科毕业的要求等进行严格的管理。

这种将四年大学教育分为前后两个阶段、分别开设不同课程的本科课程模式，首先改变了战前日本大学本科教育仅仅强调专业教育的做法，从形式上将一般教育课程与专业教育课程置于同等重要的地位；其次在设计上保证了学生在学习专业教育课程之前必须修满规定的一般教育课程学分，要求学生在掌握专业知识和能力之前必须首先学习广泛的基础教育课程。

第二节　普及化阶段的本科课程变革

伴随着日本高等教育毛入学率进入普及化阶段，在国际和中国多种因素影响之下，从1991年起，日本开始了继明治维新和"二战"结束初期后的第三次高等教育改革。

从现有资料来看，始于1991年的本科课程改革大致可以分为2000年以前的改革尝试期以及2000年之后的改革进行期。以下对不同时期改革的主要内容和特点进行论述。

1. 改革尝试期

1991年至2000年，有关本科课程改革的政策基本上可以总结为以下几大方面。

从政府颁布的本科课程改革相关政策来看，这一时期改革的重点包括以下几方面。首先，政府要求各大学在形式上取消一般教育和专业教育的明确区分，要求各大学根据本身特色，开发和编制个性化、多样化和综合性的本科课程，不再像以往那样在第一学年和第二学年集中开设一般教育科目，高年级阶段仅实施专业教育科目，代之以开发和实施四年一贯制的本科课程。

其次，在形式上取消专业教育科目与一般教育科目的区分的同时，政府要求各大学以教养教育（liberal arts education）取代以往的一般教育（general education）。至于教养教育的理念，根据《大学设置基准》第19条的有关阐述，其重点在于合理培养学生具备广泛而深刻的教养以及综合的判断力，并赋予学生丰富的人性等。

再次，在教学组织方面，政府要求各大学取消教养部，提高实施教养教育的组织在大学中的地位，构建全校教师都可能参与教养教育科目的教学组织或相应机构。

最后，政府放宽《大学设置基准》，给予大学更多开发和实施本科课程的自主权，与此同时还要求各大学实施自我评估和第三方评估，保证和提高本科课程质量。

在实践层面，根据日本文部省的相关调查，1991年至1994年间，有559所大学（约80%）根据上述政策实施了相应的本科课程改革。①例如，约90%的大学不再像以往那样，在低学年和高学年分别集中开设教养教育课程和专业教育课程，而是尽可能将两类不同课程贯穿在四年本科教育之中。尽管在本科教育过程中约有46%的大学还没有完全将两者有机结合起来，43%的大学已经在本科教育中实现了教养教育课程和专业教育课程的融合。不难看出，这一时期，日本本科课程结构逐渐发生了变化，教养教育课程与专业教育课程的开设由原先的横向分割形转为楔形。②具体而言，从第一学年开始，大学同时提供教养教育课程和专业教育课程。从低年级到高年级，学生学习的课程中，教养教育课程的比例逐渐减少，专业教育课程的内容逐渐增加。

在教养教育内容改革方面，如表2所示，截至1998年，97%的国立大学在教养教育科目中开设了"跨学科和综合性内容"，97%的大学

---

① 大学における教育内容等の改革状況について[R/OL]. (2002-11-8) [2023-06-06]. http://www.mext.go.jp/b_menu/houdou/18/06/06060504/001.htm.

② 江原武一. 16学院教育改革の方向と課題[J]. 高等教育研究紀要，2004，19: 197.

在教养教育科目中开设了"专业教育的基础科目"以及其他有关信息科学等的内容。

表2 1998年日本国立大学教养教育科目主要内容

科目内容	大学数（总数为99所）
有关社会、学术的主题等	77
有关身心健康方面的科目	81
培养信息运用能力	87
写作等训练	46
为高学年学习做准备	55
专业教育的基础科目	87
社会实践课程	12
实验、实习	69
跨学科、综合性内容	94

资料来源：文部省高等教育局学生課.特集 大学における改革への取組状況について[J].大学と学生，平成12年第420号：17.

2.改革进行期

1998年10月日本大学审议会提出《21世纪的大学形象和未来的改革措施》，特别是2000年11月《全球化时代的高等教育》最终报告的公布标志着本科课程改革进入第二阶段。[①][②] 与初期改革不同，2000年之后本科课程改革不仅仅关注课程结构和形式上的变革、教养教育内容、负责教养教育的教学组织、自我评估和第三方评估的引入等，更重要的是政府提出了未来日本本科教育的改革和发展方向，明确指出，今

---

① 文部省.大学審議会の1998年10月答申『21世紀の大学像と今後の改革方策について』[R/OL].(1998-10-26) [2022-01-06]. https://warp.ndl.go.jp/info: ndljp/pid/11293659/www.mext.go.jp/b_menu/shingi/old_chukyo/old_daigaku_index/toushin/1315932.htm.

② 文部省.大学審議会の2000年答申『グローバル化時代に求められる高等教育のあり方について』[R/OL].(2000-11-22) [2022-01-06]. https://www.mext.go.jp/b_menu/shingi/chukyo/chukyo4/siryo/attach/1318742.htm.

后主要参照美国大学，尤其是美国文理学院（college of liberal arts）模式，本科教育以教养教育为核心，专业教育逐步过渡到在研究生阶段实施。

这一时期，在实施教养教育的组织机构方面，大多数大学成立了负责全校教养教育的组织和学院等。不同于1991年之前一般教育主要由教养部教师担任，90%以上的日本大学基本上采取了包括专业教师在内的全校所有教师都参与教养教育教学的做法。例如，截至2003年10月，只有不到40%的大学中教养教育的实施是"在全校各学院代表组成的委员会协调下，由个别院系负责"，约5%的大学是"在几个院系代表组成的委员会协调下，由个别院系负责开设教养教育科目"。①

在政府直接而强有力的推动下，不仅负责教养教育的组织形式发生了重大变化，教养教育内容的变化也相当明显。通过分析文部科学省对日本大学进行的全国问卷调查的主要结果来看，这些变化大致可以概括为以下几点。

首先，根据文部科学省2001年对670所日本大学（其中包括99所国立大学、74所地方公立大学和497所私立大学）实施的全国调查的结果（图1），提供信息运用能力训练有关内容的大学最多（579所），其次是有关身心健康等内容（551所）、跨学科与综合内容（538所）、专业基础内容（537所），以及有关社会和学术方面的内容（494所）等。

---

① 吉田文. 大学の教養教育への圧力と教員編成に関する研究—大綱化から10年を対象にして—[R]. 平成14年度~16年度科学研究費補助金（基盤研究[C][2]研究成果報告書），2005: 23.

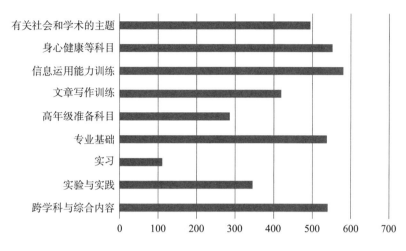

图1 2001年大学教育内容的改革状况

资料来源：文部科学省.『大学における教育内容等の改革状況について』. (2002-11-07) [2022-06-06]. http: //warp.da.ndl.go.jp/info: ndljp/pid/286184/www.mext.go.jp/b_menu/houdou/14/11/021107.htm#001.

其次，图2显示的是2006年文部科学省针对全国730所大学所做的全国问卷调查的结果。参与调查的院校包括87所国立大学、76所地方公立大学和567所私立大学。与2001年全国调查的主要结果相比，在日本大学数量没有大幅增长的情况下，截至2006年，提供各种教养教育科目的大学数量似乎有所增加。例如，在被调查大学开设的教养教育科目中，多达652所大学提供了有关信息运用能力训练方面的内容，634所大学提供了有关身心健康方面的内容，601所大学开设了与专业教育基础有关的内容。

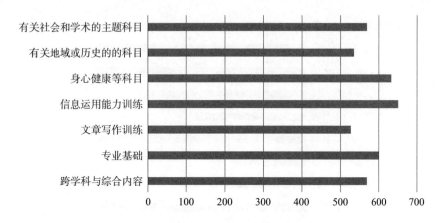

图2　2006年大学教育内容的改革状况

资料来源：文部科学省. 大学における教育内容等の改革状況について[R/OL]. (2006) [2022-9-10]. http://www.mext.go.jp/b_menu/houdou/20/06/08061617/001.htm.

再次，根据文部科学省在2015年针对779所日本大学进行的调查的结果（769所大学做了有效回答，有效回收率为99%），如图3所示，回答本科课程体系化的大学数量最多（553所），其次是加强对学生学习指导的大学（514所），471所大学开发并在本科教育中使用课程学习进度图，414所大学实现了教养教育与专业教育的有机结合。

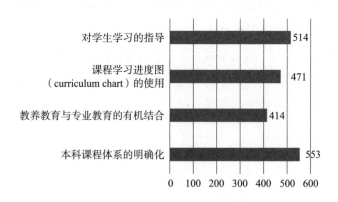

图3　2015年大学教育内容的改革状况

资料来源：文部科学省. 平成27年度の大学における教育内容等の改革状況について(概要)[R/OL]. (2007-12-13) [2022-09-10]. https://www.mext.go.jp/a_menu/koutou/daigaku/04052801/__icsFiles/afieldfile/2017/12/13/1398426_1.pdf.

复次，值得注意的是，近年来，开发和提供"一年级教育"（first-year education，也简称为"大一教育"）课程的大学数量迅速增加。如图4所示，2011年至2015年开设相关课程的大学基本上呈稳步增长趋势。例如，2011年约由88.3%的大学开设相关课程，截止到2015年其比例上升到96.6%。可以说，目前几乎所有的日本大学都开设了有关大一教育的相关内容。

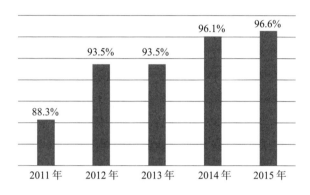

图4 2011—2015年提供大一教育课程的变化

资料来源：文部科学省. 平成27年度の大学における教育内容等の改革状況について（概要）[R/OL]. (2007-12-13) [2022-09-10]. https://www.mext.go.jp/a_menu/koutou/daigaku/04052801/__icsFiles/afieldfile/2017/12/13/1398426_1.pdf.

最后，在开设有关大一教育课程的大学数量不断扩大的同时，大一教育的内容也发生了相应变化。根据文部科学省的全国问卷调查结果，图5比较了2011年和2015年开设有关大一教育内容的大学的数量变化。与图5所示相同，与2011年相比，提供各种一年级教育内容的大学数量都有明显增加。其中，提供有关报告和论文写作等相关内容的大学数从2011年的78.8%增加到2015年的88.6%，教授学生如何教学口头表达和讨论的大学从2011年的69.5%增加到2015年的82.3%，有关激发学生学习动机的科目从2011年的67.6%增加到2015年的76.5%，致力于提高学生有逻辑地思考、发现问题和解决问题的能力的大学从2011年的49%增加到2015年的65.4%，教授新生如何记笔记的大学从

2011年的63.7%增加到2015年69.5%。截止到2015年，虽然在实施其他内容方面的大学比例尚不到被调查大学的一半，但与2011年相比，都有所增加。不难看出，提高大学新生的书面与口头表达能力、激发他们的学习动机等内容构成了日本大学大一教育的核心部分。这也在某种程度上表明，日本大学新生在进入专业教育阶段学习之前，需要接受相关基础知识的学习和集中训练。

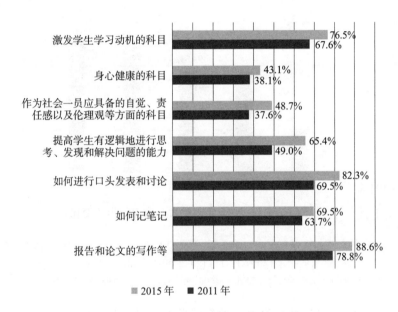

图5 开设有关大一教育内容的大学的数量变化

资料来源：文部科学省. 平成27年度の大学における教育内容等の改革状況について(概要)[R/OL]. (2017-12-13) [2022-09-10]. http://www.mext.go.jp/a_menu/koutou/daigaku/04052801/__icsFiles/afieldfile/2017/12/13/1398426_1.pdf.

综上所述，进入普及化阶段，日本本科教育的变化大致可以总结为以下几方面。首先，无论是在课程理念，还是在课程政策或者课程实施组织层面，1991年之后日本本科教育基本上实现了从一般教育向教养教育的转型。这种教育模式的转型不仅在形式上体现了从一般教育到教养教育的名称变化，而且在指导理念、教育内容以及相关组织或制度层面上都发生了实质性的变化。例如，仅仅从教育内容来看，尽管教养教育中保留了部分原先一般教育中的某些重要内容，例如，学生仍然需要从人文、社会科学和自然科学三大类科目中选择一定比例的必修内容，外语和有关体育和健康的内容仍然构成了教养教育中的必修部分，目前的教养教育无论在本科教育中的地位还是被期待发挥的功能都与1991年之前的一般教育有着本质的区别。

其次，与1991年之前的一般教育内容相比，近年来的教养教育大大增加了有关面向大一新生的教育内容，这些内容主要通过培养学生的基本能力，特别是书面表达、口头表达以及交流沟通能力，一方面帮助新生将高中阶段的学习与大学阶段的学习衔接起来，另一方面帮助新生顺利地从低年级专业基础的学习过渡到高年级专业阶段的学习。

最后，与战后历次本科教育改革类似，进入普及化阶段之后的本科教育改革，从一般教育向教养教育的转型也同样是在以文部科学省为代表的中央政府的直接指导和强有力监管下进行的。从实践层面来看，1991年之后的改革显然得到了绝大多数大学的响应与支持。从这个意义上而言，上述相关变化也是政府与大学相互合作、共同推动的结果。

第三节　结　语

根据上述分析，本章主要从以下两大方面揭示了战后日本本科课程的变革及其特点。首先，"二战"后日本本科教育，特别是本科课程的开发与实施基本上都是参考美国大学的相关理念展开的。如果说"二战"结束初期是以美国研究型大学作为主导模式，进入普及化阶段之后进行的有关改革主要是参考美国文理学院的办学理念。值得强调的是，尤其是从20世纪50年代开始，这一过程并非完全受美国办学理念或模式的支配，日本战前遗留的教育传统、来自产业界的需求、中国人口的变化以及高等教育规模等变化等，都对日本本科课程的变化产生了显著的影响。

其次，日本的案例在一定程度上验证了美国教育社会学家马丁·特罗有关大众化理论中的某些观点可以解释日本发生的相关变化，即伴随高等教育规模从精英阶段向大众阶段和普及阶段过渡，本科教育的结构和功能等方面也随之发生相应的变化。[①] 例如，在大众阶段向普及阶段过渡过程中，本科课程更富有弹性和时代性。传统意义上的本科教育不再完全是专门、专业或单纯的职业技术教育，本科教育阶段的专业性和职业性特点逐步淡化，更加强调面向一般国民的教育/通识教育（general education），及博雅或教养教育（liberal arts education），而且课程安排、课程结构、学习年限以及教学手段等都呈多样化的特点。此外，根据现有的研究资料，在开设跨学科和综合性学习内容，特别是一年级教育内容等方面，如第八章所述，1991年之后日本本科课程发生的变化在很大程度上与早已跨入普及化阶段的美国本科课程有极大的共同点。

值得指出的是，日本本科课程发生变化的同时，也面临以下多种挑战。首先是有关本科教育阶段完全实施教养教育或者说本科教育教养化的挑战。尽管政府提出未来日本本科课程主要参照美国文理学院模式进行改革，但从目前改革现状来看，至少从教养教育和专业教育的学分分配上来看，日本本科课程依然重视专业教育，强调本科毕业生需要满足劳动力市场变化的需要。

其次，1991年开始的政府主导下的本科课程改革虽然得到了绝大多数大学的支持，但是，在本科教育过程中教养教育课程是否与专业教育课程同样受到教师和学生的重视，其效果是否与政府和大学所期待的一致等，仍然需要进一步的研究。

再次，尽管越来越多的大学努力通过专业教育课程与教养教育课程的有机结合，尤其是增设有关大一教育内容的培养来适应普及化阶段本科课程的发展，但是这些措施能否满足学生多样化的需求，能否解决本

---

① Martin Trow. Problems in the Transition from Elite to Mass Higher Education[R]// OECD. Policies for Higher Education. OECD, 1974: 1-57.

科教育质量低下等问题也有待进一步观察。

　　最后，如何在按照文部科学省统一政策推进本科课程改革与发挥大学特色之间保持良好的平衡，在大多数大学，尤其是私立大学更加重视本科阶段专业教育课程与政府积极倡导教养教育课程之间实现适当的平衡也是目前有待解决的问题。

第十一章　中国本科课程改革

从20世纪90年代初期开始，中国高等学校掀起了一场所谓"静悄悄"的本科课程和教学改革浪潮。尽管每个阶段改革侧重点有所不同，持续至今的改革不仅涉及本科课程设置和教学内容的调整与变化，而且还涉及整个本科教育思想、教育观念、人才培养模式、教学手段、高校的内部教学组织结构及其教学管理等诸多方面的改革。从本科课程和教学内容改革的重点来看，自90年代初期至今，大致可以划分为以下两大阶段：第一阶段自90年代初期到20世纪末，主要着眼于专业课程改革，提出素质教育理念，逐步引入和学习美国等西方发达国家的本科课程模式；第二阶段自21世纪初期至今，不仅关注专业教育，而且扩大到整个本科课程改革，尤其是强调通识教育与专业教育融合，建设一流本科教育，提高本科教育质量以及建设有特色的本科教育。

20世纪90年代，中国的教学改革包含了课程和教学内容等方面的改革，因此，为保持整本书表达的统一与各章节间的相互衔接，除非特别强调，本章在广义上使用本科课程概念。广义的课程概念不仅包括本科教育人才培养理念和模式、相关政策方针、本科人才培养课程体系、院校和专业层面的课程及教学科目（或单门课程）等内容，还涉及教学方法以及本科阶段其他人才培养活动，如隐形课程、本科生研究以及社会实践活动等。本章首先介绍和整理20世纪90年代本科课程改革，其次分析进入21世纪以来本科课程改革的新动向，尤其是研究型大学课程改革的案例，最后简要概括本章的主要发现以及过去数十年里中国大学本科课程改革的主要特征。

第一节　20世纪90年代本科课程改革

1992年，在第四次全国普通高等教育工作会议上，国家教委首次提出了今后把教学改革置于高教改革核心地位的方针。1994年初，国家教委高教司提出了制订和实施《高等教育面向21世纪教学内容和课程体系改革计划》的意见。1995年初，国家教委高教司在清华大学组织了两次题为"当代科学技术与教学改革"的专家报告会，来自理、工、农、医等不同学科的院士、著名专家学者从不同角度阐述了有计划、有组织地进行教学内容、课程体系改革的重大意义和紧迫性。这个报告会标志着《高等教育面向21世纪教学内容和课程体系改革计划》（以下简称《计划》）的全面启动。

根据《计划》要求，教学改革的总目标是，转变教育思想，更新教育观念，改革人才培养模式，实现教学内容、课程体系、教学方法和手段的现代化，形成和建立中国特色社会主义高等教育的教学内容和课程体系，培养适应21世纪需要的社会主义现代化的建设者和接班人。其近期目标是，用5年左右的时间，集中优势力量，开展集体攻关，努力形成一批优秀的研究和改革成果，使我国高等教育的教学内容和课程体系相对落后于科技、经济、社会发展的状况有较大的改观，为21世纪初叶大范围提高我国高等教育的教学水平和教育质量打下良好的基础。[①②]

《计划》详细阐述了改革的对象和范围，它们包括：（1）研究21世纪对人才知识、能力、素质的要求，改革教育思想和教育观念，改革人才培养模式；（2）研究和调整专业结构、专业目录和专业设置；（3）研

---

① 教育部高等教育司. 高等教育面向21世纪教学内容和课程体系改革计划[M]. 高等教育出版社，1998：95.

② 国家教委1996年工作要点[R/OL]. (2004-08-22) [2020-05-29]. http://www.moe.gov.cn/jyb_sjzl/moe_164/201002/t20100220_3423.html.

究和改革各专业或专业群的培养目标和人才培养规格；（4）研究和改革主要专业或专业群的教学计划和课程结构；（5）研究和改革基础课程、主干课程的教学内容和体系，并同时研究和改革教学手段和教学方法，把教学内容和课程体系、教学方法建立在现代教育技术的平台上。改革要取得的两个重点的实质性成果是：（1）按照新的专业目录制定出主要专业的人才培养方案，实现课程结构和教学内容的整合与优化；（2）编写出版一批高水平、高质量的"面向21世纪课程教材"。[1]而教学改革的指导思想和人才培养模式改革的基本思路则可以概括为拓宽基础、淡化专业意识、加强素质教育和能力培养。[2]

从1994年国家教委提出《计划》到1999年，高校本科课程改革的进程基本上可以分为两大阶段，即1994年至1997年的改革发轫期及1998年以来的各种改革方案的实践期。

1. 改革的发轫期

这一阶段课程改革的主要特征表现为国家教委、中央及省市相关部门制定各种课程和教学改革的政策和方案、组织有关课题的立项，各高校及有关部门积极参与课程和教学改革方案的制定和课题申请等。与此同时，部分高校也已着手进行相关改革的尝试。

《计划》的实施主要是通过发动高校教师和研究人员申报项目、组织专家评审、国家教委批准立项的办法进行。一般来说，各主要专业的课程设置以及教学计划基本上是由几所院校，特别是重点院校的专家组成课题组，采取联合申报、分工合作方式进行研究。根据有关资料，到1996年9月，在文科（含外语）、理科、工科、农林、医药、经济和法学等六大科类范围内，国家教委先后分批批准了221项大的立项项目，其中包括985个子项目，有三百多所高等学校的一万多名教师、教学管

---

[1] 教育部高等教育司. 高等教育面向21世纪教学内容和课程体系改革计划[M]. 高等教育出版社，1998：20—21.

[2] 同上书，第43页。

理和研究人员承担了这些项目的研究。这些项目都属于国家教委级立项。自1995年至1997年，国家教委为这些项目筹集并资助经费700万元，有关部委资助了100多万元。此外，有些省、自治区、直辖市的教育行政部门和国务院有关部委以及许多高等学校，也分别制订并实施了各自的高等教育面向21世纪教学内容和课程体系改革计划。①

有关各主要专业课程设置和教学计划的课题研究一般包括以下几方面的内容：(1)培养目标的确定，(2)中外有关该专业培养模式的比较研究，(3)教学内容的选择与编制，(4)教学计划大纲，(5)相关说明等。值得指出的是，这些由各课题组研究制订的主要专业或专业群的课程设置和改革方案，并不是像以往那样，由国家教委以文件的形式发给各有关院校，变成法定的统一教学计划，要求各校严格执行。与以往历次，特别是50年代的教学改革相比，这次教学改革的自主权主要在各院校，教学计划和教学大纲的制订权也在学校，教材也不像过去那样必须用"统编"的教材。经行政部门委托专家鉴定或经试点证明成功的教学计划和改革方案，一般由教育行政部门向全国或一定范围的高校推荐，供各校选用，各校可根据实际情况制订有特色的人才培养模式或教学计划。简言之，各校的人才培养模式、教学方案等并非按照全国统一的模式制订，而是呈多样化的特点。②

2. 各种改革方案的实践

在广泛、大量研究和试点的基础上，国家教委及各有关高校集中在以下四个方面着手进行相关改革，即：(1)拓宽专业口径，修订本科专业目录；(2)制订面向21世纪新的人才培养模式及主要专业的教学计划；(3)建设基础科学人才培养基地和基础课程教学基地；

---

① 教育部高等教育司. 高等教育面向21世纪教学内容和课程体系改革计划[M]. 高等教育出版社，1998：95.

② 国家教育委员会高等教育司. 高等教育面向21世纪教学内容和课程体系改革经验汇编（Ⅱ）[M]. 高等教育出版社，1997：26—27.

（4）提倡和大力加强大学生素质教育。

（1）拓宽专业口径，修订本科专业目录

新中国成立初期，中国高等学校的本科专业设置主要是学习苏联模式，按照行业、产品甚至是岗位设置专业，专业总数达到了1400多种。为适应社会主义现代化建设的需要，国家曾于1987年和1993年两次修订专业目录，使专业总数减少到500多种。但是，随着科学技术发展的综合化、整体化以及人文和科技相互渗透、融和趋势的加速，原有的专业设置仍过于狭窄，难以培养社会发展需要的人才。因此，从1997年开始，国家教委根据科学性、适应性和规范性的原则，又着手对本科专业目录进行新一轮的修订，其根本目的就是要力求减少专业种数、进一步拓宽专业口径，改变50年代以来形成的专业过窄、高校按行业甚至是工作岗位开设专业的现象。通过全国本科专业目录的调整，增强了高等院校的办学活力和积极性，使得各院校以此为契机，制订新的人才培养方案和教学计划，实现培养基础扎实、知识面宽、能力强、素质高的人才的改革目标。1997年12月至1998年5月，经过对各科类提出的目录方案进行综合协调，在广泛征求意见的基础上形成了《普通高等学校本科专业目录》（参见表1）。

表1 普通高等学校本科专业目录（1998年颁布）

门类	哲学	经济学	法学	教育学	文学	历史学	理学	工学	农学	医学	管理学	合计
二级类	1	1	5	2	4	1	16	21	7	8	5	71
种数	3	4	12	9	66	5	30	70	16	16	18	249

资料来源：教育史上的今天：1998年7月6日，教育部颁布《普通高等学校本科专业目录》[EB/OL].（1998-07-06）[2020-06-26]. http://www.moe.gov.cn/srcsite/A08/moe_1034/s3882/199807/t19980706_109699.html.

与原《目录》相比，新《目录》增设了管理门类，其学科门类由原来的10个增加到了11个。下设二级类71个，专业种数由504种减少至249种，调减幅度为50.6%，在较大的程度上改变了过去专业种数过多、划分过细等弊端。不仅如此，新目录所列专业，除已注明者外，均按所在门类授予相应的学位。此外，新目录还对需控制布点的专业加注了标示，其中需一般控制设置的专业，由教育部负责审批；需从严控制设置的专业，原则上不再增加布点。

（2）研究新的人才培养模式，制订主要专业的教学计划

伴随90年代以来本科专业目录的修订，各高等院校在课程和教学改革实践中，根据自身的特色，本着拓宽专业、加强素质教育的原则，形成了多种不同的人才培养模式和教学计划。到1998年为止，近1000个教学改革方案在有关高校试行。从大部分院校的改革实践来看，各院校制订的新的教学计划有着以下几方面的特点。

第一，加强大学生的基础教育，拓宽专业教育口径。从许多院校制订的新的教学计划来看，这些院校在实施宽厚的基础教育的同时，还根据新的专业目录，改变以往基本上按专业制定人才培养目标的做法，按照学科门类或二级类，制定人才培养目标和教学计划，大大拓宽了专业教育的口径。具体而言，在加强大学生基础教育方面，许多院校在保留和改造传统的基础教育课程（如外语、计算机应用基础等）的同时，还增加了大量有关提高文化素质方面的内容，特别是在一些专业性很强的理工科院校，由于逐步实现了按学科门类或二级类制定人才培养目标，原先许多属于专业基础教育甚至是专业教育的内容也成为基础教育内容的一部分。大部分高校的基础教育不仅在内容上大大丰富了，而且在学时、学分等方面也有所增加。在教学计划的结构上，大部分院校，尤其是理工科院校多采取基础加模块、通才加专才等方式，即按照学科门类或二级类学科，在学院或系一级，用一年半、两年或更长时间实施基础教育，然后再按照各专业类、群、模块等，进行专业教育。例如，北京理工大学在1998年上半年以各学院、系为基础，按照专业门类合并后制订新的教学计划，前3年统一基础教育和技术基础教育，第4年根据学生的培养规格开设专业选修课。课程结构分为基础教育、科学技术基础教育和专业教育三大部分。其中，基础教育包括体能基础（外语、体

育、计算机应用基础)、自然科学基础(数学、物理、生物、化学)、人文社会科学基础(哲学与社会、历史与文化、经济与法制、艺术)和国防教育(军训)。科学技术基础教育包括机械基础、电子信息基础、化工材料基础、经济管理基础、应用理科基础和教学实习。专业教育包括专业选修课、生产、毕业实习和毕业设计(论文)。据初步统计,在新的教学计划中公共基础教育的比例已达到50%以上,有的专业甚至达到58%。①

第二,减少总学时和必修科目,增加选修科目,给学生更多的自修时间。例如,北京科技大学以材料类专业人才模式的教学内容改革为试点,在新的教学计划中把现有课堂教学学时降到2000左右。另外,还采取其他措施,保证课内外学时数必须达到1:2。由教师用更少的学时完成经过整合的课堂教学内容,为学生安排足够多的课外时间主动学习。②北京大学教学计划中规定,必修课学分不超过30%,其中任选课至少为10%,学校在各院系开设的选修课基础上还开设了150门左右的选修课,鼓励学生跨系跨学科选课。学校规定4年制总学分为150学分左右,每学期所修学分一般不超过21学分,以保证学生有足够的时间进行自学。③

第三,开设第二学位、双学位、辅修等多种课程,培养复合型人才。为了加大人才培养的改革力度,加强学生工作迁移能力的培养,许多大学还通过开设第二学位、第二专业、辅修专业等形式致力于复合型人才的培养,开拓复合型人才的培养渠道。例如,据不完全统计,自1995年至1998年,华东理工大学先后有6000人选修了第二专业,已有1180人获得第二专业证书。在试点取得成功的基础上,第二专业已从

---

① 于倩,等. 修订教学计划的几点思考[J]. 教学与教材研究, 1999, (4): 25—27.

② 教育部高等教育司. 深化教学改革 培养适应21世纪需要的高质量人才——第一次全国普通高等学校教学工作会议文件和资料汇编[C]. 高等教育出版社, 1998: 294—295.

③ 同上书,第148页。

原有的 8 个扩大到 11 个，允许学生选修第二专业的比例，也从原先的 10%~15% 逐渐扩大到 1998 年的 30%~40%。①

第四，院校内部组织的改革。伴随着专业目录的调整和各院校教学改革的深入发展，许多高等院校的内部教学组织结构，特别是专业结构发生了很大的变化。许多院校在制订新的人才培养计划中，通过合并、取消、新增及升格等方式，对原有院、系、所等进行调整，建立符合新的教学计划的教学组织。具体来看表现为以下几方面。

- 合并。在全校范围或系一级按照新的专业目录和人才培养目标对现有教学组织中心进行组合。例如，华东理工大学通过合并将全校原先的 42 个专业调整合并为 28 个专业，克服了专业设置狭窄的弊端。②北京理工大学电子系将 33 个工科本科专业合并为 11 个学科大类来组织教学。③
- 取消。在合并调整过程中，通过淘汰内容陈旧、设置重复的系、科，来减少专业种数，淡化专业设置，扩大人才培养口径。
- 新增。根据现代科技发展和市场的需要，对未来人才需求进行预测，充分利用已有的基础和特色，建立新专业。例如上海交通大学注意加强建设与第三产业及上海市支柱产业、高新技术产业有关的专业，先后建立了国际金融、涉外会计、房地产经营管理、人力资源管理、交通运输（国际航运）、涉外经济法、文化艺术事业管理（文化经济）及传播学等新专业。④
- 升格。通过合并、取消和新增等方式将原有的系、所升格为学院，实现了按学院招生、实施基础教育、分类培养的教学改革。

---

① 教育部高等教育司. 深化教学改革 培养适应 21 世纪需要的高质量人才——第一次全国普通高等学校教学工作会议文件和资料汇编[C]. 高等教育出版社，1998：391—392.

② 同上书，第 391 页。

③ 同上书，第 290 页。

④ 同上书，第 382 页。

例如，中国人民大学从1996年开始进行院系调整，首先在原工业经济系、贸易经济系、外国经济系、外国经济所及土地经济管理系的基础上成立了工商管理学院，后又相继通过合并等方式成立了马列学院、财金学院、经济学院等11个学院，包括了大部分系所。①

（3）建设基础科学人才培养基地和基础课程教学基地

为了加强和保护基础科学人才的培养、促进基础科学研究的发展，从1991年起，国家教委有计划、有步骤地分四批建立了83个"国家理科基础科学研究和教学人才培养基地"（简称"理科基地"）；1994年，批准建立了51个"国家文科基础科学人才培养和科学研究基地"（简称"文科基地"）；1996年，批准了45个"国家工科基础课程教学基地"（简称"工科基地"）。从1998年开始，教育部又启动并建立了11个"国家经济学基础人才培养基地"（简称"经济学基地"，各科类基础课程教学基地统称"人才基地"）。到1998年为止，对上述基地的经费投入已达4亿元左右。

按照国家教委等有关部门的规定，"基地"建设要按照"目标明确、改革领先、成果突出、师资优化、设备先进、教学优秀、质量一流"的要求，经过5~10年的建设和改革，逐步使这些"基地"专业点达到以下目标：

具有符合时代要求的知识、能力、素质综合协调发展并注重素质提高的各有特色的基础科学人才培养模式和培养方案；

具有较完备的、水平先进的适应培养优秀人才需要的教学实验室和其他办学条件；

拥有一支学术水平和教学水平高、结构优化、充满活力的师资队伍；

---

① 教育部高等教育司. 深化教学改革 培养适应21世纪需要的高质量人才——第一次全国普通高等学校教学工作会议文件和资料汇编[C]. 高等教育出版社，1998：267.

在人才培养和教学改革方面起带头、示范和辐射作用,具有现代化的教育思想,先进的教学内容、课程体系、教学体系、教学方法和手段,教学工作优秀,成果突出,成为本学科交流教学经验和教师进修、提高的基地;

教育质量达到中国一流水平,持续稳定地为相关学科输送高质量的研究生生源。①

"人才基地"专业培养的人才应是"学科基础扎实、富有创新精神、知识面宽、能力强、综合素质高"的有志于从事于基础科学研究和教育事业的优秀人才。②因此,设有基地的专业点,在招生和毕业生去向、人才培养与教学改革、师资配备、经费投入等方面都制定有适当灵活和优惠的政策。例如,南京大学化学化工学院是1991年9月批准的第一批化学基地点。由于国家的重点支持以及学校的配套经费,不仅南京大学的整体理科基础教学基地教学条件明显得到改善,而且还推动了本学科乃至整个理科教学改革,为探索培养高质量的理科人才创造了良好的条件。为了培养基础扎实而宽广、具有创造意识的高质量人才,该基地采取了两条措施:第一,强化基础,由学校统一组织基础教学,为基地点的学生成立专门的基础教育学院,配备优秀教师,开设与专业学科有关的基础课程;第二,因材施教,基地对一些基础好、学有余力的学生进行"个体培养",根据各自的特点来设计不同的课表。由于进入基地的学生本身素质相对较好,进入基地后接受了宽厚的基础教育,功底扎实,加上又能较早地进入实验室,参与科研工作,在本科阶段就能完成科研论文,因此,到1998年,在基地建设的7年中,该基地的本科生参与发表论文100余篇,其中有11名本科生三年完成学士学业,提前进入硕士研究生学习。③

---

① 教育部高等教育司. 深化教学改革 培养适应21世纪需要的高质量人才——第一次全国普通高等学校教学工作会议文件和资料汇编 [C]. 高等教育出版社,1998:107.

② 同上书,第107页.

③ 教育部高等教育司. 高等教育教学改革 [M]. 高等教育出版社,1999:273—274.

（4）提倡和加强大学生的素质教育

1995年，国家教委成立了"加强高等学校文化素质教育试点工作协作组"，开始有计划、有组织地在52所高等学校开展加强大学生文化素质教育试点工作。1999年6月，中共中央又颁布了《中共中央国务院关于深化教育改革全面推进素质教育的决定》，提出全面推进素质教育，培养适应21世纪现代化建设需要的社会主义新人的方针。经过几年的讨论，目前，在教育界，大学生应具有的素质内涵基本上已取得共识。它一般包括：思想道德素质、文化素质、业务素质、身体心理素质。"其中思想道德素质是根本，文化素质是基础，业务素质是本领，身体心理素质是本钱。"[①]素质教育的重点是指人文素质教育。主要是通过对大学生加强文学、历史、哲学、艺术等人文社会科学方面的教育，同时对文科学生加强自然科学方面的教育，以提高全体大学生的文化品位、审美情趣、人文素养和科学素质。根据历年来试点高校的经验，国家教委总结了实施和加强文化素质教育的几种途径与方式。第一，第一课堂和第二课堂相结合。这里第一课堂指的是开好文化素质教育的必修课和选修课，所开课程要在传授知识的基础上，更加注重大学生人文素质和科学素质的养成与提高。第二课堂主要是组织开展专题讲座、名著阅读、文艺汇演、体育活动等文化活动，陶冶情操，提高大学生的文化素养。第二，将文化素质教育贯穿于专业教育始终。教师在讲授专业课时，充分挖掘和发挥专业课对人才文化素质养成的潜移默化作用，同时把有关文化素质教育的内容渗透到专业课程的教学当中，做到教书育人。第三，加强校园人文环境建设，改善校园文化氛围。第四，开展各种形式的社会实践活动，使大学生通过参与社会服务活动，认识社会，了解社会，并在实践中提高自身的文化素养。[②]例如，华中理工大学从

---

① 周远清. 21世纪：建设高等教育强国[N]. 中国教育报, 1999-11-18（3）.

② 教育部高等教育司. 深化教学改革 培养适应21世纪需要的高质量人才——第一次全国普通高等学校教学工作会议文件和资料汇编[C]. 高等教育出版社, 1998：101.

1997 年开始，在大学生中积极开展文化素质教育活动。目前，该大学已初步形成了由三个层次、六个方面组成的文化素质教育体系，而且这个体系是开放的、动态的、不断完善的。具体来看，三个层次是指：（一）第一课堂（主课堂），建立相对稳定的课程体系；（二）第二课堂（课外科技文化活动），突出抓好活跃的探索性讲座；（三）社会大课堂（社会实践活动），开展求实、创新的实践活动。六个方面是指：建立并实施文化素质教育课程体系；实行人文科辅修专业制和双学位制；开设人文选修课和举行中国语文水平达标考试；举办人文社会科学系列讲座；开展多种形式的校园科技文化活动；开展社会实践活动，并将其纳入教学体系。[1]

第二节　21 世纪以来的本科课程改革

进入 21 世纪以来，本科课程改革大致可划分为两大阶段，前一阶段表现为通识教育方面的改革，后一阶段虽然主要集中于研究型或顶尖大学，与本科课程改革相关的主要是构建一流本科教育，培养基础学科拔尖人才，提高本科教育质量。不言而喻，这种简单的阶段划分并不意味着相关改革仅仅局限在不同阶段中实施。实际上，早在 20 世纪 90 年代 "211 工程" 和 "985 工程" 开始实施时就已有建设重点学科、提高本科教育质量的动向，另外，通识教育直到今天仍然是各大学本科课程与教学改革的重点之一。

1. 加强本科教育中的通识教育课程

在改革本科专业课程的同时，越来越多的大学积极尝试通过开设"通识教育"等课程来沟通文理，构建跨学科基础和专业教学的新的

---

[1] 教育部高等教育司. 深化教学改革 培养适应 21 世纪需要的高质量人才——第一次全国普通高等学校教学工作会议文件和资料汇编[C]. 高等教育出版社，1998：162—163。

本科课程体系。一般认为，中国大学中使用的"通识教育"是从英文general education 翻译而来。尽管在理念和内容及其实行途径等方面，通识教育与上述提及的素质教育有不少共同之处，但不同于作为应试教育对应物的素质教育，通识教育更多是针对狭窄的专业技术教育或专门教育，为拓宽学生视野、培养人格完善和负责任公民以及多种能力的一种教育观念和模式。从现有资料来看，北京大学可能是中国最早在理念、机构组织以及课程和教学内容等层面，提出并实践通识教育理念的大学。例如，1999年初北京大学就确立了"低年级实施通识教育，高年级实施宽口径专业教育"的本科教育改革目标。这一目标具体包括两方面内容：第一，在全校范围内进行教学课程设置、教学内容、教学方法和教材的改革，加强素质教育通选课的建设，逐步推荐导师和教学计划指导下的自由选课的学分制；第二，举办新型的实验班，在小范围内试行通识教育和宽口径专业教育相结合的基础教育和课程学分制。2000年9月开始在全校为本科生开设素质教育通选课，体现通识教育理念。此外，北京大学还于2000年9月成立元培计划管理委员会，在全校范围内推荐本科课程与教学改革，同时举办元培计划实验班，实践本科阶段通识教育理念。①

在上述改革实践过程中，北京大学本科课程结构发生了较为明显的变化。如表2所示，仅从中文系的案例来看：首先，该系要求的毕业总学分从1990年约170减少到2003年的140～160；其次，必修科目学分比例从76.5%减少到60.0%；再次，选修科目学分比例从1990年的17.6%增加到35.7%；最后，通识教育内容进入本科课程和教学内容之中。

---

① 北京大学．关于修订北京大学本科生教学计划的意见［Z］．北京大学档案馆藏，2002：档号：1GL6122002-4128；陈向明等．大学通识教育模式的探索——以北京大学元培计划为例[M]．教育科学出版社．2008：1—2．

表2 北京大学中文系本科课程变化

1990年课程设置		2003年本科课程设置	
毕业总学分	约170	毕业总学分	140～160
必修课学分	76.5%	必修课学分	60.0%
限制性选修课学分	8.2%	包括通识教育在内的选修课学分	35.7%
选修课学分	9.4%	毕业论文	4.3%
专业实习等	1.2%		
毕业论文	4.7%		
劳动课	一学期一周		

资料来源：北京大学教务处. 北京大学教学计划（文科），1990；北京大学教务处. 北京大学本科教学计划，2003.

自2016级学生开始，北京大学新版本科生教学计划包括公共与基础课程、核心课程、限选课程、通识与自主选修课程四部分。其中，公共与基础课程包括政治、军事理论、体育、计算机、大学英语等公共必修课程和学科基础（或先修）课程；核心课程是各专业最重要的专业必修课程，是最能反映该专业水平的课程；限选课程包括限制性选修的专业课、学院内课程和跨学院课程等；通识与自主选修课程包括通选课、专业选修课、非本院系的必修或限选课程、公选课等。[①] 其中，开设通选课的目的在于借鉴世界一流大学的经验，贯彻"加强基础、淡化专业、因材施教、分流培养"的教改方针，打破专业和学科壁垒，力求把单科化的专才教育转变为整体化的通识教育，在本科教育中建立以素质教育为取向的跨学科通选课体系，在最基本的知识领域为学生提供多学科交叉综合的精品课程，让学生广泛涉猎不同的学科领域，拓宽知识基础。通选课包括6个领域：（1）数学与自然科学，（2）社会科学，（3）哲学与心理学，（4）历史学，（5）语言学、文学、艺术与美育，（6）社会可持续发展。学校要求本科生毕业时应修满至少12学分。[②]

[①] 北京大学教务部. 北京大学本科生选课手册[Z]. 2017：19.
[②] 同上手册：59—60.

除了北京大学，其他一些重点高校也有不少改革举措。如，华中理工大学在1999年《关于制订1999级本科专业人才培养计划的若干意见》中明确提出实施"通识教育基础上的宽口径专业教育"的人才培养模式。并详细指出：通识教育基础既包括自然科学基础，也包括人文社会科学基础；既包括基础理论和基本知识传授，也包括基本能力和基本素质培养。在工科专业中，通识教育基础课程包括四个方面的内容：人文社科（含两课、文化素质教育）、体育、外语、计算机、数学等，自然科学（物理、化学、生物等），以及经济、管理等。[①] 清华大学则提出建立"以通识教育为基础，通识教育与专业教育相融合"的本科教育体系。具体而言，清华大学于2017年起全面推行大类招生和大类培养，打破学科界限，为学生成长创造更为宽广的选择空间。随后，学校以本科培养方案改革为牵引，不断深化教学各环节改革，在教育教学综合改革中确立并坚持价值塑造、能力培养、知识传授"三位一体"的教育理念，基本形成以通识教育为基础、通专融合的本科教学体系，逐步形成了学术型人才与专业型人才培养并重的格局。从清华大学教务部门制订的本科教学计划和本科培养方案来看，从20世纪90年代初期至今，不仅本科课程的专业大类区分和毕业总学分要求有所变化，而且在面向全校本科生的课程设置和内容等方面也发生了显著变化。尤其是通识教育理念导入本科教育之后，校教务部门系统梳理和构建了新的通识选修课程体系。2018年，成立了独立的教学机构写作与沟通教学中心，承担本科生必修课"写作与沟通"课建设与教学任务，着力培养学生的逻辑思维和批判性思维，提升写作与沟通能力。该中心每年开设50多个主题、200多个课堂，自2020级起实现本科生全覆盖。此外，自2021年开始清华大学设立了"优质通识课程建设计划"，首批共59门通识课程入选，推出"优质通识课程建设计划"，建成通识课程

[①] 华中理工大学教务处. 构建21世纪初人才培养新模式 华中理工大学99级本科人才培养计划[Z]. 1999：15—17.

499门。从本科阶段具体专业人才培养计划和方案变化来看,根据1992年建筑学专业教学进程计划安排,学制5年需修满273个总学分,其中包括:校定必修课48学分,系定必修课126学分,选修课38学分,夏季学期20学分,建筑师业务实践21学分,毕业设计20学分。当时的校定必修课及学分数为:(1)中国革命史4学分,(2)当代资本主义2学分,(3)中国社会主义建设2学分,(4)马克思主义哲学原理4学分,(5)英语16学分,(6)法律基础2学分,(7)军事理论2学分,(8)体育6学分,(9)高等数学10学分。系定必修课共计29门,选修课又分为专题组限选课、外语限选课和任选课三类。① 相比之下,2018和2019年度建筑学院建筑学专业五年制本科培养总学分减少到201学分。课程类型缩减为三大类,其中校级通识教育课程46学分,专业教育课程141学分,自由发展课程学分14学分。② 校级通识教育课程包括:(1)思想政治理论课,必修17学分;(2)体育4学分;(3)外语(一外英语学生必修8学分,一外其他语种学生必修6学分);(4)写作与沟通课,必修2学分;(5)通识选修课,限选11学分(通识选修课包括人文、社科、艺术、科学四大课组,要求学生每个课组至少选修2学分);(6)军事课程,4学分3周。专业教育120学分(五年制141学分),包括:(1)基础课程,40学分;(2)专业主修课程,56学分(五年制66学分);(3)夏季学期和实践训练,9学分(五年制20学分);(4)综合论文训练,15学分。此外,学生自主发展课程共10学分(五年制14学分)。③

尽管各大学之间存在差异,从整体来看,通识教育课程通常在大学一二年级开设,基本上包括校级或公共必修课等选修科目两大类。其内

---

① 清华大学教务处. 清华大学本科教学计划(1992年修订版)(Z). 1993:23—24.
② 清华大学建筑学院. 建筑学专业本科培养方案[EB/OL]. (2022-06-06) [2022-07-06]. https://www.tsinghua.edu.cn/jxjywj/bkzy2022/zxzy/1.pdf.
③ 清华大学建筑学院. 建筑学专业本科培养方案[EB/OL]. (2022-07-01) [2022-07-01]. https://www.tsinghua.edu.cn/jxjywj/bksjywj/1-jianzhuxue.pdf.

容除了部分必修课程外，各大学可以自由设置。这类课程学分在各大学所占比例不尽相同，约占毕业总学分的40%～50%之间。通常情况下，除体育和计算机类课程外，政治理论课和外语课约占全校必修课的50%以上。其他选修课程包括人文科学、社会科学、自然科学、中华文明与外国文明、跨学科课程等。

2. 提高本科教育质量，培养拔尖人才

进入新世纪后本科课程改革的另一重点是深化本科课程与教学改革，建设一流本科课程，全面提高人才培养质量。根据教育部相关文件，与本科课程改革直接相关的要点大致包括三点。（1）把思想政治教育贯穿人才培养全过程。用习近平新时代中国特色社会主义思想铸魂育人，加快构建高校思想政治工作体系，推动形成"三全育人"（全员育人、全程育人、全方位育人）工作格局。把思想政治理论课作为落实立德树人根本任务的关键课程，全面提高课程建设质量。（2）立足经济社会发展需求和人才培养目标，优化公共课、专业基础课和专业课的比例结构，加强课程体系整体设计。（3）推动科研反哺教学。强化科研育人功能，推动高校及时把最新科研成果转化为教学内容，激发学生的专业学习兴趣。加强对学生科研活动的指导。① 此外，教育部还提出了以下诸多措施：完善学分制，推进辅修专业制度改革，开展双学士学位人才培养项目试点，稳妥推进跨校联合人才培养；支持高校实施联合学士学位培养项目，发挥不同特色的高校优势，协同提升人才培养质量等。

在上述改革背景下，构建一流本科课程、培养拔尖人才尤其是近年来研究型大学本科教育改革的又一重点。例如，自2009年教育部实

---

① 教育部. 教育部关于深化本科教育教学改革 全面提高人才培养质量的意见 教高〔2019〕6号. 教育部关于深化本科教育教学改革全面提高人才培养质量的意见（2020年第2号国务院公报）（EB/OL）.（2019-09-29）[2020-03-04]. http://www.moe.gov.cn/srcsite/A08/s7056/201910/t20191011_402759.html.

施基础学科拔尖学生培养试验计划和基础学科拔尖学生培养计划 2.0 基地以来，北京大学并未专门设立拔尖人才学院，而是针对不同院系、不同学科甚至不同学生的特点，坚持多样性与相对开放的培养模式，不仅培养了一大批站在科学研究最前沿的青年学者，形成了一支世界级的高水平教师队伍，而且构建了多层次、个性化、高质量的本科课程体系。①

不同于北京大学，2009 年清华大学推出了"清华学堂人才培养计划"，其总体目的是使受计划支持的学生成长为相关基础科学领域的领军人物并逐步跻身国际一流科学家队伍，为国家培养一批学术思想活跃、国际视野开阔、发展潜力巨大的基础学科领域未来学术领军人才。自 2017 年起，世界文学与文化实验班、人工智能班（智班）、量子信息班、经济班纷纷纳入"清华学堂人才培养计划"。②在充分借鉴学堂计划培养拔尖创新人才的经验的基础上，根据强基计划（全称为"基础学科招生改革试点"）的培养要求，2020 年清华大学成立了致理、日新、未央、探微、行健五个书院统筹推进强基计划人才培养，覆盖清华近三分之一的本科生。③2021 年，成立了求真书院实施"丘成桐数学科学领军人才培养计划"。2022 年成立了为先书院，着重培养工科创新人才。自 2021 年以来，清华大学相继发布了《清华大学 2030 高层次人才培养方案》《清华大学 2030 创新行动计划》和《清华大学 2030 全球战略》等改革方案和计划，其中大多涉及本科教育和本科课程及教学方面的改革。

---

① 北大新闻网."拔尖"十年再启程——北大探索"基础学科拔尖学生"培养之路 [EB/OL]. (2020-01-06) [2022-12-05]. https://www.pkuef.org/info/1020/2934.htm.

② 清华学堂人才培养计划 [EB/OL]. [2023-06-06]. https://www.xtjh.tsinghua.edu.cn/.

③ 清华大学新成立五大书院 统筹推进强基计划人才培养 [EB/OL]. (2020-05-08) [2023-01-05]. https://www.join-tsinghua.edu.cn/info/1039/1014.htm.

第三节　结　语

综上所述，20世纪90年代以来，中国大学本科课程在观念、指导思想、形式和结构、内容和方法等方面发生了巨大变化。这些变化大致可以划分为两大阶段，而第一阶段实施的本科课程改革可以归纳为以下两个特点。首先，人才培养模式已从过去学习苏联以行业甚至是岗位设置各种狭窄的专业改变为重基础、宽口径，从过去仅传授专业知识转变为不仅注重传授知识、培养能力而且强调各种素质教育。至少可以说，在教学内容及课程设置方面，90年代的改革标志着中国高等教育基本上已经在较大程度上摆脱了苏联模式的影响，正在努力探索符合中国特色、面向21世纪的新的人才培养模式。其次，与以往相比，90年代的高校课程与教学改革更加注重发挥各院校的积极性。中央及地方各级管理部门虽然在教学改革的政策制定、经费拨款等方面仍然发挥着极大的作用，但无论是经修订的全国本科专业目录，还是在原国家教委领导下研究制订的各主要专业人才的培养模式及教学计划等，都不像以往历次的教育改革那样，作为政策性的文件强制全国各高校统一执行。从各高校进行的各种课程与教学改革实践来看，90年代的课程与教学改革更加注重要求各高校根据实际情况，办出自己的特色。

进入21世纪之后，第二阶段本科课程改革特点基本可以归纳为以下几点，即各大学通过导入通识教育理念，继续改革和完善本科结构与内容，实现文理融合，更加着眼于本科教育质量的提高，尤其是在研究型大学中，主要通过课程和教学等方面的改革，努力构建一流本科教育，培养基础学科拔尖人才。

总之，经过数十年的改革，中国许多大学，特别是一些声望较高的综合性和研究型大学，一方面形成了"二战"后初期至90年代初日本模仿美国建立的"两段式"本科课程结构，即低年级阶段主要传授通识教育或素质教育课程以及专业基础课程，高年级阶段集中开设专业课。另一方面，中国越来越多的大学参考英国传统大学中自由教育或博雅教育（liberal education 或 liberal arts education）和美国文理学院（liberal arts college）的相关理念，通过新设书院等新的教学组织，培养符合社会经济发展和新时代需要的人才。

附录1 大学课程开发与教师的教学活动

20世纪90年代初期开始，包括中美日在内的许多国家和地区都掀起了大规模的本科课程和教学改革。与90年代之前相比较，中美日三国的本科课程理念、结构、组织形式、主要教学内容、教学方法以及教学评估等方面都发生了显著的变化。例如，如本书第8章所述，自1990年欧内斯特·L.博耶（Ernest L. Boyer）提出《学术再思考：大学教师的优先活动》报告[1]以来，卡内基教学促进基金会和其他全国性学术专业团体都发布了不少有关高校课程和本科教育方面的改革报告和建议。目前，美国高校的本科课程开发、内容教学、通识教育与主修等专业教育的关系以及师生关系等方面都发生了显著变化。

1991年2月，作为文部省咨询机构的大学审议会向文部省提出《有关大学教育改善》的报告。根据报告，政府于同年7月开始实施新的大学设置基准。自此，日本进入历史上第三次大学教育改革时期。

1994年启动的"面向21世纪的高等学校课程和教学改革"标志着中国本科课程和教学改革的正式开始。不同于日本，中国本科课程改革的出发点和切入点是改革学习苏联模式而建立的专业教育。尽管不同时期改革的重点有所不同，20世纪90年代中期改革的基本理念可以归纳为"厚基础、宽口径和高素质"。素质教育以及其后出现的通识教育便是这一改革理念的主要产物和具体体现。总之，经过十多年的改革，中国许多大学，特别是一些声望较高的综合性大学，基本形成了"二战"后初期至90年代初日本模仿美国建立的"两段式"本科课程结构。

---

[1] Ernest L. Boyer. Scholarship Reconsidered: Priorities of the Professoriate [R/OL]. [2022-05-03]. https://www.umces.edu/sites/default/files/al/pdfs/BoyerScholarshipReconsidered.pdf.

尽管中美日三国在政治经济制度等方面依然存在极大的差异，但伴随着大众化、市场化、全球化尤其是知识经济社会的发展，三国有关本科课程改革的争论和变化趋势逐步趋于在同一方向发展。尤其是中日两国，近年来课程变化的共同趋势具体表现为以下两点。首先，由于中央政府放权，各大学可以自主编制课程，本科课程培养模式出现多样化的特点。其次，在本科阶段，教养教育或"素质教育"以及"通识教育"的地位得到了进一步的强化。特别是在日本，由于政府明确提出本科课程学习美国文理学院①模式，至少在政策层面，在整个本科阶段贯彻四年"教养教育"或"通识教育"一体化已成为目前及未来日本本科课程改革的主要目标。这些特征实际上都是美国绝大多数研究型大学通识教育模式的主要特征，因此，在很大程度上，中日两国主要是参照美国模式，积极推动各自国家的本科课程改革。

　　目前，介绍和研究中美日三国本科课程的文章不少，研究大多关注这些国家通识教育的改革、制度层面的变化以及院校层面的案例（喜多村和之②；舘昭③；绢川正吉④；吉田文⑤；江原武一⑥），而从国际比较的视角，运用实证方法，特别是基于全国问卷调查的分析结果，对三国本科课程开发特点以及大学教师从事本科教学方面的比较研究几乎没有。其

---

　　① 文理学院一般译自英语的 Liberal Arts College，通常只提供四年以文理教育科目为主的本科教育，某些文理学院说是可能提供学位课程，但绝大多数不开设研究生学位课程。文理学院大多数是私立的，并实施寄宿制。此外，招生名额极少，大多是每学年300～700人。文理学院主要集中在美国。

　　② 喜多村和之. 現代アメリカ高等教育論［M］. 東信堂，1994.

　　③ 舘昭. 大学改革 日本とアメリカ［M］. 玉川大学出版部，1997.

　　④ 绢川正吉. リベラルアーツ教育と学士学位プログラム［J］. 高等教育研究，2005,（8）：7—27.

　　⑤ 吉田文. アメリカの学士課程カリキュラムの構造と機能―日本との比較分析の視点から―［J］. 高等教育研究，2005,（8）：71—93.

　　⑥ 江原武一. 転換期日本の大学改革―アメリカとの比較―［M］. 東信堂，2010.

主要原因在于：首先，2007年和2008年，包括中美日三国在内，有19个国家和地区参加了国际问卷调查。至少在此之前，尚无有关中美日三国本科课程或大学教师从事教学活动的相关数据。其次，由于语言的问题，很少有学者能够运用第一手资料对三个国家大学教师的变化或现状进行研究。

第一节 研究框架和调查数据

自1918年美国芝加哥大学博比特出版《课程》（*The Curriculum*）一书以来，包括杜威等在内的许多教育理论家都有不少有关课程或大学课程的论述，其中1949年美国学者泰勒有关课程编制和开发的理论和原则在课程研究领域产生的影响可能最为广泛。①

在泰勒出版的《课程与教学的基本原理》一书中，他指出，开发任何课程和教学计划都必须回答四个基本问题：

第一，学校应该试图达到什么教育目标？（What educational purposes should the school seek to attain？）

第二，提供什么教育经验最有可能达到这些目标？（What educational experiences can be provided that are likely to attain these purposes？）

第三，怎样有效组织这些教育经验？（How can these educational experiences be effectively organized？）

第四，我们如何确定这些目标正在实现？（How can we determine whether these purposes are being attained？）

这四个基本问题——确定教育目标、选择教育经验（学习经验）、组织教育经验、评价教育经验——构成了著名的"泰勒原理"。

不少学者认为，泰勒原理实际上奠定了近代课程理论，尤其是课程

---

① Ralph W. Tyler. Basic Principles of Curriculum and Instruction [M]. University of Chicago Press, 1949.

编制和课堂教学的基础。虽然泰勒提出的原理存在值得进一步完善和商榷的地方，如没有明确提出学生的心理和情感等特征在教学活动中的重要性，没有充分关注教师与学生的互动，特别是没有强调学习是以学生为中心等，但它在极大程度上影响了此后众多课程理论的出现以及不少国家和地区的课程及教学改革。

如果泰勒原理主要是从学校或教育机构内部探讨课程编制和教学应该遵循的基本原理，20世纪50年代以美国学者古德拉德为首的研究小组则在影响课程计划、编制和开发的因素等方面取得了丰硕成果。例如，古德拉德领导的研究小组认为，至少在美国，影响课程计划或决定（decision-making）的力量（forces）有四个层面。来自这四个层面的力量分别为：社会的（societal，相关管理机构或部门）、院校的（institutional，学校或学院、大学等）、教学的（instructional，授课教师），以及个人或经验的（personal/experiential，学生）。[①] 这个研究成果的最大影响之一在于把学校或教育机构内部影响课程编制和决定的因素，与学校或教育机构外部的有关动因结合在一起考虑，把课程编制和开发的过程纳入更为宏观的背景中进行分析和考察。这对运用国际比较的方法，研究不同制度或社会因素对学校或其他教育机构中课程编制和开发的过程具有重要意义。

本章立足于上述研究，主要基于针对大学教师的国际问卷调查的相关分析结果，对进入21世纪以来中美日三国本科课程的某些特点以及大学教师在教学层面的活动做简要分析和概括。具体而言，通过对涉及大学课程开发活动的有关数据进行分析，对三国大学教师从事这些活动的特点以及意识进行国际比较研究。

本章的分析框架如图1所示：首先，侧重课程开发和教材编写等，讨论影响教师所在院校新课程或学术项目的人员，并比较三个国家大学

[①] John I. Goodlad. Curriculum Inquiry: The Study of Curriculum Practice [M]. McGraw-Hill Book Company, 1979: 349.

教师参加教材编写和课程开发的情况；其次，探讨具体课程实施，包括具体教学内容和教学方式的运用；最后，考察有关教学活动的评估，即哪类人员或群体对大学教师的教学活动评估产生了最大的影响力，哪类人员或群体对他们的教学活动进行了定期的评估。

图1 分析框架

此外，有关三个国家参加国际问卷调查的基本情况如下。

美国问卷的调查对象是四年制大学和学院的教师，由美国乔治·华盛顿大学和Seton Hall大学教授为首的研究课题小组和提供SPSS统计软件平台的相关公司共同负责实施。调查采取纸质问卷和网络问卷两种方式。问卷回收率为24.6%，有效样本数为1151个。

日本问卷调查由广岛大学高等教育研究开发中心课题组负责。根据日本大学的规模和类型等，课题组针对18所本科院校的教师发放纸质问卷，回收率为23%，有效样本数是1408个。

在中国，华中科技大学教育科学研究院课题组根据不同区域、不同层次、不同举办者以及不同学科等，对10所重点大学和60所地方本科院校进行了问卷调查。来自教师的回收率为86%，有效样本数为3618个；有68所院校回答了问卷，院校回收率高达97%。

就国际比较视角来看，来自三个国家的调查数据质量都比较高，可以进行比较研究。

第二节　调查结果分析

1. 影响教师所在院校新课程或新学术项目开设的影响人员或群体[①]

首先，如图 1 所示，对教师所在院校的新课程设置影响力最大的群体中，中国大学教师回答"政府或外部利益相关者"的比例为 48%，在三个国家中比例最高，其次是"校级负责人"，比例为 38%；影响力居于第三位的是"院系负责人"，比例为 9%；回答"委员会（学术委员会或教授会）"和"教师"的比例分别是 4% 和零。其次，按照从高至低不同人员或群体影响力排序，美国教师的回答比例分别为"校级负责人"（40%）、"委员会（学术委员会或教授会）"（37%）、"院系负责人"（16%）、"政府或外部利益相关者"（7%）和"教师"（1%）。最后，日本教师回答"委员会（学术委员会或教授会）"的比例最高，为 59%，其次分别为"校级负责人"（17%）、"校级负责人"（16%）、"教师"（6%）和"政府或外部利益相关者"（1%）。

以上结果表明，三个国家中，除了学生对新课程的开设都不产生影响外，中美日三国之间的差异十分明显。与美日两国相比，中国来自大学外部的影响力大于大学内部，来自大学层面的影响力强于来自基层负责课堂教学的教师个体。如果可以简单地把来自大学外部政府和利益相关者以及大学内部校级负责人的影响力视为行政权力，把教师的影响力看作学术权力的代表，那么在新设课程方面，中国属于比较典型的行政主导型。

在"教师"影响新课程开设方面，美国的回答仅为 1%，与中国基本相似。然而，其来自"政府或外部利益相关者"的影响弱于中国，对新设课程产生最大影响的群体是"校级负责人"。这一点可能与美国高等教育行政管理体制和大学内部行政管理体制有关。如果从国际比较的视角来看，美国既没有类似于中国的《普通高等学校设置暂行条例》或

[①] 这里的"新学术项目"直接译自英文的 new academic program。

《普通高等学校基本办学指标》，也不存在类似于日本的《大学设置基准》，更没有联邦政府通过颁布全国性统一标准管理所有高校的做法。尽管州立大学的预算和招生等在很大程度上受所在州政府政策的影响，但绝大多数美国高校的内部管理和运营取决于由校外和校内人士组成的理事会或董事会，诸如大学办学目标的制定、大学规划的形成和实施、预算支出、重大人事决定以及全校课程设置等，基本上是在校级层面的相关委员会上讨论决定的，即涉及全校重大行政管理方面的事项由校级负责人决定，相比之下，有关教学、科研以及各学院或系内部课程的开设等学术性事务基本由各个学院具体负责。因此，美国可谓校级行政主导型的代表。

日本来自各个学院的"学术委员会或教授会"影响力最强，"校级负责人"的影响力次之，来自"政府或外部利益相关者"的影响最小。其主要原因在于：19世纪后期日本近代大学的成立和发展主要是学习德国研究型大学模式，大学内部的管理和运营主要是由构成大学基本管理组织的学院教授会或相当于教授会的学术委员会负责。战后，日本大学虽然受到美国大学的影响，但直到2004年日本国立大学法人化实施前，在法律上和实际办学过程中，大学内部行政管理体制基本沿袭第二次世界大战之前的传统。其特点主要表现为：学院自治，教授会决定所在学院的几乎所有重大事项；大学校级管理人员不仅数量少，而且有关学校的重大决定基本上是由各个学院教授会讨论、各个学院达成基本一致意见后，再由校级领导人出面负责具体实施和推动。此外，从2007年日本国内问卷调查的分析结果来看，尽管国立大学法人化在2004年4月1日已正式实施，至少在影响新设课程方面，包括国立大学法人在内的整个日本大学中，依然是大学内部各个学院学术委员会或教授会的影响力最为强大。不仅政府和其他利益相关者的影响力在三个国家中最弱，其校级负责人的影响力也小于中美两国。从这个意义上而言，日本属于比较典型的学术主导型。

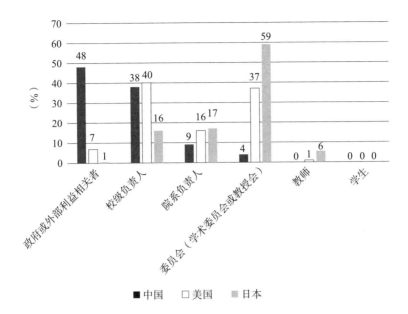

图2　影响教师所在院校新课程或新学术项目开设的群体或人员（多选）

注：调查问卷问题为："在您的学校，哪一类人员在决定新课程或新学术项目中影响力最大？"

有关三国大学教师在本学年或上学年中参加教材编写和课程的情况，如图3所示。其中，中日两国教师无论是参加教材编写的比例还是参加课程开发活动的比例都远低于美国教师。例如，中日两国教师参加教材编写的比例分别是27%和29%，即不到三分之一的教师参加了教材编写。相比之下，美国教师中参加教材编写的比例接近90%。在参与课程或学术项目开发方面，中国大学教师的比例虽然稍高于日本，但还不到一半的教师参与这方面的活动。美国大学教师中回答参加课程或学术项目开发的比例为76%，表明绝大多数的美国大学教师都参与了这两方面的活动。

中美日三国之间存在的差异性可能有以下两方面的原因。

首先，在中国，自1994年原国家教委开展《面向21世纪高等学校教学内容和课程体系改革》以来，原国家教委和后来的教育部组织专家，在主要学科领域和专业，系统编写了大量教科书及教学参考书供全国高校有关学科和专业使用。除了这些涉及主要学科和专业的教材和教学参考书，20世纪90年代中期之后，由于高校素质教育和通识教育教学活动的加强，许多相关教材和学习资料也由原国家教委或教育部、国内相关专业或学术委员会编写和发行。相比之下，美国高校教师在制订教学计划时，必须给学生明确提供授课时需要使用的教材和教学参考书。这些教材通常主要由全国性的相关专业委员会组织会员单位的教师编写或由各大学各专业自己组织力量编写，无论是联邦政府或州政府基本上都不直接参与这方面的活动。与中美不同的是，日本很少有供全国高校统一使用的教材或教学参考书，受战前德国研究型大学的影响，日本大学教师更倾向于从事研究活动，在研究活动方面花费的时间也多于教学活动。因此，在课堂教学活动中，很少有教师使用全国统一的教科书，他们介绍自己或与自己研究领域有关的最新科研成果比较多。这些都是影响日本大学教师很少参与教材编写的主要原因。

其次，在参与课程开发活动方面，中国专业课程的开发基本是由各个学院或系主导，由学校教务处或有关部门协调组织；全校公共课或必修课等，则由教务处或校级有关部门统筹安排。在三个国家中，中国校级教务处和相关部门在课程或学术项目开发中可能更具有影响力。至于美国大学的课程开发，除了涉及全校范围的通识教育课程外，相关活动更多是在大学内部的学院，特别是系的层面进行，授课教师在开发和设计各自承担的教学科目方面发挥着更为积极的作用。虽然近年来日本文部科学省要求各个国立大学法人有义务开展教师发展活动（faculty development），不过由于日本大学强调学院自治和教师学术自由的传统依然存在，特别是课堂教学层面的活动基本上属于各任课教师的神圣领域，因此教师参加本学院系统课程或学位课程开发相对少于中美两国教师。

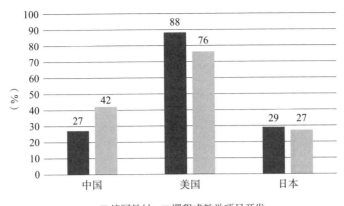

图3 参加教材编写、课程或学术项目开发

注：调查问卷问题为："在本学年或上学年中、您是否开展过以下的教学活动？"数据为回答"是的"的比例。

2. 授课内容的侧重点

图4显示的是三国大学教师在课堂教学活动中重视哪一方面教学内容的调查结果。除了日本大学教师在回答"我在教学中开展有关价值观和伦理方面的讨论"比例为45%，不及半数外，三个国家教师在回答教学活动强调实践导向和国际化的比例均超过半数。可见，课堂教学中重视这两方面的内容是三国大学教师的共同之处。不过，数据显示，三个国家中教师们表现出以下更多的差异性。

首先，在"教学中强调实践导向的知识和技能"方面，中国教师中回答"同意"的比例最高，为77%，其次是美国教师，比例为70%。日本教师中约半数也强调实践导向的教学，但低于中美两国。

其次，中国大学教师在回答"我在教学中强调国际化的视角和内容"方面的比例为67%，美国和日本的比例分别是53%和51%。这说明中国大学教师不仅比美日两国教师更加强调实践导向的内容，而且更加强调国际化视角和内容。

最后，美国大学教师在回答"我在教学中开展有关价值观和伦理方面的讨论"比例最高，为72%；中国大学教师回答比例次之，为67%；如前所述，日本大学教师回答比例最低，仅为45%。

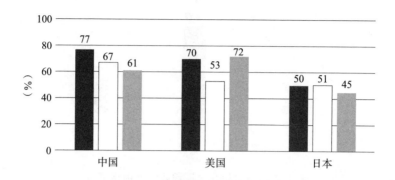

图4 教学活动强调的内容（多选）

注：调查问卷问题为："请根据自己的实际情况，对以下表述做出判断。"

中国大学教师之所以在教学活动中比美日两国教师更强调实践导向和国际化视角以及内容，原因可能有二。首先，20世纪50年代初期，在学习苏联模式，实施大规模的院系调整之后，中国高等教育基本以培养与社会上的职业相对应的专业教育为主要导向，强调职业性和应用性的专业教育长期影响大学教师的教学活动。尽管从90年代中期开始高校提倡素质教育和通识教育，拓宽专业口径，但专业教育依然构成本科教育的核心。其次，近年来，不少大学，特别是"211"和"985"大学除了大量开设双语和英文课程，还在提高本科教学质量和建设世界一流大学过程中开发中外合作办学项目，在课堂教学中积极引入国际化内容。

与中日两国相比，美国大学本科教育是向一般市民开放的教育。本科阶段教学最大的特点之一是强调通识教育，类似于中国医学、法律、建筑、工程等的专业教育基本是在研究生阶段开设。尽管各大学之间存在差异，一般而言，四年本科学习期间，学生需要学习约三分之一有关通识教育的课程内容。在通识课程中，学生除了需要掌握人文、社会科学和自然科学等方面广泛的知识和技能，这些课程的核心目标之一便是培养具有责任感和批判性思维的美国公民。这些可能是导致美国大学教师在教学活动中更加重视开展价值观和伦理讨论的主要原因。

日本大学本科教育战前非常注重专业教育，战后在美国影响下引入通识教育课程内容。直到1991年，从本科阶段课程结构来看，基本上是学生前两年集中学习通识教育课程，第三学年开始主要学习专业课程，不过从占毕业所需要的总学分比例来看，专业教育所需要的学分远远多于通识课程学分。1991年之后，日本各大学纷纷开展具有个性的课程改革，通过实施通识教育和专业教育四年一贯制，强调通识教育在本科阶段的地位。近年来，与中国一样，为了应对全球化和国际化的挑战，日本许多大学也开始大量开设英文授课，积极推动本科课程的国际化。

采取何种教学方式才能有效地进行课堂教学、最大限度地实现教学目标也是课程开发过程中的重要一环。图5显示的是对三国大学教师在本学年或上学年中是否开展过多种教学活动的分析。

总体来看，三个国家中几乎所有的大学教师都非常重视课堂讲授，这是各国大学教师所采取的最基本的、也最重要的教学方式。除此之外，与美日相比，中国大学教师虽然也开展多种教学活动，但表现得并非十分显著。从问卷回答结果来看，美国教师中回答"通过项目组的活动来让学生学习"（55%）、"远程教育"（25%）、"对学生进行个别化指导"（82%）和"在课外与学生进行面对面的交流"（93%）的比例均高于中日两国，说明美国大学教师在教学活动采取的手段或形式更加多样化。美国大学教师特别是在回答"通过项目组的活动来让学生学习"（25%）和"远程教育"（25%）的比例远高于中日两国，其原因和背景值得进一步研究。相比之下，日本大学教师回答"实验指导工作"（62%）和"多媒体教学"（32%）两个方面的比例高于中美两国，反映了日本大学教师教学方式的特点。

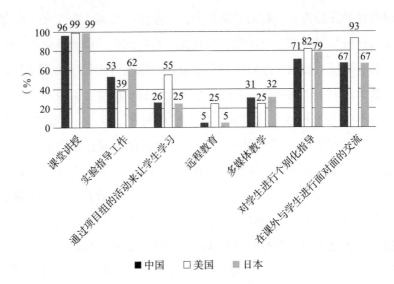

图 5 教学方式的采用（多选）

注：调查问卷问题为："在本学年或上学年中，您是否开展过以下的教学活动？"数据为回答"是的"的比例。

3. 教学活动的评估

图 6 是关于对教师所在院校教学评估最具影响力人员的分析结果。与图 2 分析结果基本一致，中国对教师所在院校教学评估中影响力最大的是"政府或外部利益相关者"和"校级负责人"，回答同意两者的比例都高达 41%；居于第二位的是"院系负责人"（11%）。同意"学术委员会或教授会"具有影响力的仅有 6%；而同意"教师"和"学生"具有影响力的比例分别占 1% 和 2%，几乎可以忽略不计。

根据美国大学教师的回答，对教师所在院校教学评估中影响力最大的是"学生"，比例为 43%，远远高于中日两国的比例。与中国相同，其次是"院系负责人"（41%），第三位是"学术委员会或教授会"（23%），"教师"在这类活动中发挥的影响力同样微乎其微。

如前所述，日本大学传统的学院自治特点可能是"院系负责人"在教学评估中最具影响力的主要原因。日本问卷回答者中选择同意的比例为 33%，低于美国的 41%，但在日本大学中高于其他人员的影响力。值得一提的是，如果三个国家进行比较的话，日本回答"学术委员会或教授会"的比例虽然只有 28%，但是在中美日三个国家中却是最高的。第三位具有影响力的是"校级负责人"，虽高于美国的比例，但远远低于中国的数值。

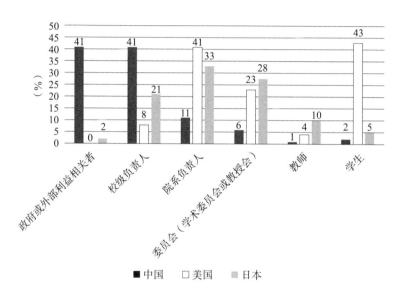

图 6　影响教学评估的人员（多选）

注：调查问卷问题为："在您的学校，哪一类人员在教学评估中影响力最大？"

与上述活动相关，表 1 是从管理角度所反映的参与教师教学活动定期评估的人员的情况分析结果。

表 1　教师教学活动的定期评估（%。多选）

人员	中国	日本	美国
同一个系或单位的教师	54.3	21.3	54.3
系主任或单位负责人	62.2	31.3	80.4
本校其他系或单位的教师	21.2	5.4	18.1
校级负责人	37.4	35.1	36.3

（续表）

人员	中国	日本	美国
学生	67.1	48.0	90.4
校外评估人员	21.5	10.3	8.3
本人	37.4	40.2	59.4
没有人进行评估	6.0	8.4	1.4

注：问题为："谁对您的教学活动进行定期评估？"

首先，三个国家中回答"没有人进行"的比例不到10%，说明各国基本都有相关人员对大学教师的教学活动进行定期评估。

其次，就哪类人员参与评估的结果来看，在七类可能参与对教师教学活动进行定期评估的人员中，三个国家问卷分析结果显示，回答"学生"对教师教学活动进行定期评估的比例均高于其他相关人员，中美日的比例分别是67.1%、90.4%和48.0%。其中，与图6一致的是，在美国，回答"学生"对教师教学活动进行定期评估的比例高达90%以上，可见学生对教师教学活动的影响之大。与此形成对照的是，在中日两国，回答"本校其他系或单位的教师"参与定期评估的比例最小，分别为21.2%和5.4%；美国回答"校外评估人员"的比例最小，仅有8.3%。

最后，值得提出的是，与美国和日本相比，国内政府或外部利益相关者在决定新课程影响力方面远远强于美国和日本。不仅如此，政府或外部利益相关者对教师所在院校教学评估的影响力也明显高于其他两个国家。

第三节　结　语

从以上分析来看，三个国家表现出来的基本特点如下。

首先，在大学课程开发过程中，特别是在决定新课程的开设和对教师教学活动进行评估的活动中，中国来自政府或外部利益相关者的影响力尤其明显，在这些活动中，这些校外人员或群体往往通过校级负责人自上而下地传达和贯彻自己的意志或决定。日本的影响力则主要集中在学院层面，在多数场合是通过学术委员会或教授会传达权力意志。相比之下，美国大学的校级层面，即校级负责人，在许多重大决定中发挥的影响更加明显和直接。不过，在编写教材和参与课程开发方面，美国教师比中日两国教师都更积极和活跃。

其次，由于各国大学传统、高等教育管理体制以及改革侧重点存在差异，三国大学教师在课堂教学中强调的具体内容也不尽相同。仅仅从数据来看，日本大学教师似乎在教学中力图平衡实践导向、国际化、价值观和伦理讨论三方面的内容；中国教师更加强调实践导向和国际化视角及内容；美国教师显然把更多精力放在开展价值观和伦理讨论等方面。

最后，值得提出的是，在三个国家中，除了日本教师在特定活动中发挥了重要影响力外，中外两国的教师个体在相关活动中似乎都没有发挥显著的影响力。换言之，在大学课程开发以及教学活动中，教师受到众多因素或其他人员的影响或制约，尤其是学生在定期评估教师教学活动中占有突出地位是三个国家表现出的共同特点。

由于教师个体在课程和教学改革中发挥了至关重要的作用，无论外部政府或利益相关者的改革需求或政策，还是校级负责人的改革对策，最终都必须通过教师个体的课堂教学得以实现，因此，在考虑和重视大学内外的利益相关者，特别是学生要求的前提下，不应忽视教师个体在课程和教学活动中产生的影响和发挥的作用。

附录2　大众化和普及化阶段本科教育的质量保证

高等教育进入大众化，特别是普及化阶段之后，如何保证高等教育质量是各国共同关心的问题。马丁·特罗从学生来源、教育目的、课程设置、教学方法等多方面，对高等教育不同阶段的变化做了细致的分析，但是对大众化与普及化阶段的高等教育质量保证，特别是本科教育的质量保证却没有做更多的论述。随着中国高等教育普及化的进展，有关高等教育，尤其是本科教育质量保证的课题日益引起人们的关注。本附录主要从比较的视角，在概括精英阶段本科教育质量保证模式的基础上，介绍当前欧美和日本等国家和地区所采取的有关措施。

需要指出的是，在不同历史时期以及不同国家和地区，本科教育质量保证一词有多种含义。本附录中的本科教育指可以授予学士学位或相当于学士学位资格的教育，在不同场合，它可以与不包括研究生层次的大学教育和高等教育在同一意义上互换使用；质量保证指为了确保学习者达到学士学位或相当于学士学位标准而实施的有关活动。此外，由于各国高等教育大众化或普及化的进程、步伐、特征以及社会和历史背景等不尽相似，本章主要选取美国、英国、苏联、中国和日本等国家作为主要研究对象，比较分析大众化和普及化阶段本科教育质量保证的一般动向和基本趋势。

本科教育质量保证的研究可以从不同角度、不同层次进行分析和研究。本章首先根据质量保证的主体，总结精英阶段本科教育质量保证的主要模式；其次从质量保证的侧重点、采取的手段、使用标准以及视角等方面，详细分析这些模式的基本特点和发展变化；最后根据上述国家的案例分析，探讨高等教育大众化，特别是普及化阶段本科教育质量保证的现状和动向。

第一节 精英阶段的主要模式

保证高等教育质量，特别是本科教育质量的通常做法是，通过制定大学办学标准来控制高等教育机构的入口（如通过入学考试选拔合格学生、保证生源质量等）、教学过程以及出口（制定毕业基本条件、制定授予学位和资格的有关规定）的质量。从高等教育历史发展来看，如果从质量保证主体的角度进行划分，精英阶段的主要模式有以下三种类型。

1. 院校主导型

这种类型主要指欧洲中世纪早期的大学。当时的大学享有极大的办学自主权，这些自主权包括：招收学生或邀请学者的权利；自主制订教学内容和授课的权利；颁发教学证书或学位的权利；不受外来干涉，自主管理大学教学、行政等的权利。教师或学生是办学的主体、大学的主要管理者，同时也是保证教育质量的实施主体。例如，12世纪以后，以巴黎大学为代表的教师型大学和以意大利博洛尼亚大学为代表的学生型大学比较典型地反映了院校主导型的特点。前者主要是教师决定学生入学、课程设置、教学过程、学校管理和学位及有关资格的颁发；后者是学生聘请教师、规定课程内容、管理学校事务、授予学位及资格。此外，根据巴黎大学模式建立的英国牛津大学和剑桥大学也带有类似的特点。

大学产生初期，模仿其他行会组织建立了师生行会，行会中的师徒制以及区别不同工种、技艺和能力的其他做法也被引入大学中。例如，根据学生学习的不同程度授予相应的证书和资格，反映学习者掌握知识的深度或广度。当时的中世纪大学没有入学考试。学生入学后，一般在主要传授"七艺"的文理学院学习6年左右，然后升入法学院、医学院和神学院。其中，神学院的学习时间最长，要取得神学博士，获得正式教学资格证书，一般需要10年。

当时大学中获得学士称号者是介于学生与教师身份之间、边在大学学习边辅助教师教学的人。以13世纪后期的巴黎大学为例,一般在传授"七艺"的学院学习5年之后通过两次考试的学生才能获得学士学位。①在时间要求上,博洛尼亚大学法学院学习市民法的学生至少需5年时间才有资格获得学士学位,学习教会法的学生需4年时间。

从词源学来看,今天使用的硕士学位和博士学位在中世纪拉丁语中基本上是在同一意义上使用,都是指传道、授业和解惑的教师阶层,只是在不同大学或不同学院中使用的称呼有所不同而已。例如,在博洛尼亚大学的法学院,教师被称为博士(doctor),而不是硕士(master)。在德国大学中,虽然硕士和博士也是在同一意义上使用,但是神学院、法学院和医学院的教师往往称作doctor,文理学院的教师则称为master。在此基础上,现代形式上的三级学位制度在英国大学逐渐形成。在英国大学中,bachelor是作为一个独立的、低于master和doctor的学位称号看待的,后两者按照学院之间的地位差别,将学院的教师称为master,而将大学高级学习阶段的神学院、法学院和医学院的教师称作doctor。英国的学位后来被移植到美国,构成了现代学位制度的基础。

显而易见,以早期中世纪大学为代表的院校主导型主要是通过大学的"出口",即颁发学位和资格证书、规定获得学位和资格证书的基本条件,来保证大学教育的质量。与此相关,学生在获得学位或资格证书之前,教师在教学过程中规定相关的教学内容、对教学提出具体的要求等,实际上也可以认为是为保证教育质量而采取的手段之一。由于中世纪各大学基本使用统一的教材、统一的教学语言——拉丁语,特别是不同大学颁发的学位在欧洲各地都得到相互承认,当时大学教育的质量标准是统一的,甚至是超越地域和国界的,在某种意义上属于国际化的标准。

---

① 横尾壮英. 大学の誕生と変貌—ヨーロッパ大学史断章[M]. 東信堂, 1999: 40—41.

在近代国家有组织、有计划地创办高等教育机构之前，直到18世纪末期，院校主导型一直是各国保证大学教育质量的主要模式。20世纪中期以后，即使有些国家的高等教育已经步入大众化阶段，院校主导型的本科教育质量保证模式也并没有完全消失。典型的院校主导型教育质量保证方式主要存在于历史悠久、具有极大办学自主权和学术自由的私立大学中，这些大学往往产生于中世纪欧洲，或与欧洲中世纪大学有着直接的传承关系。某些大学很早就获得了能够颁发教学证书（*ius ubique docendi*）的"特许状"（charter）[①]，享有独立办学的自由。例如，英国的传统大学就是比较明显的例子。与1992年升格为大学的多科技术学院不同，牛津和剑桥等传统大学由于在中世纪就取得了法人地位和学位授予权，在20世纪90年代之前，从课程设置到学位颁发等，都不受政府任何法令或办学标准的限制。

但是，从20世纪90年代开始，伴随着高等教育大众化的影响，以英国传统大学为代表的院校主导型模式不再成为大学教育质量保证的唯一模式。目前，即使是英国传统大学的本科教育也必须接受来自外部第三方的评估，院校在保证教育质量方面依然发挥巨大的作用，但再也不可能像历史上那样，作为唯一主体，主要通过控制入学考试和学位标准来维持教育质量了。

2. 政府主导型

18世纪末期，伴随着近代国家开始创立大学和高等教育机构，政府主导型应运而生。顾名思义，在这一类型中政府是教育质量保证的主体。这一类型以"法国模式"和"苏联模式"为代表。

1789年法国大革命后，新政权通过建立新型高等教育机构，严格规定入学标准、课程设置、教师选任、资格证书颁发等，从而开创了政府直接举办近代高等教育的先河。拿破仑夺取政权后，通过颁布一系列

[①] Hilde De Ridder-Symoens. A History of the University in Europe, Volume I: Universities in the Middle Ages [M]. Cambridge University Press, 1992: 6.

法令，使政府取得了主持国家统一考试、颁发中等教育毕业证书、任免公共高等教育机构教师的权利。为了将教育彻底置于国家控制之下，拿破仑政府还建立了督学制。督学根据总长的指示，可以随时视察各级各类学校，对教学、考试、学校财政等进行监督。

19世纪后期，"法国模式"影响了沙皇俄国近代高等教育体制的形成。例如，沙皇俄国公共教育部直接管辖大学，负责教师任命、课程设置和拨款等。

苏联"十月革命"后，特别是在斯大林执政时期，形成了所谓的"苏联模式"。在保证教育质量方面，苏联主要是采取了以下措施：其一，制定统一的高校基本办学标准；其二，建立全国性或区域性的教师网络，有系统、有组织、有计划、有目的地促进教师发展，提高教师的专业知识和教学水平；其三，通过实施统一的人才培养规格、统一的课程设置与教学计划，以及统一的教材，来保证人才质量；其四，加强教学管理，包括实施严格的考核和考试制度、建立系统的和比较完善的教学管理制度；其五，成立教研室或教研组，加强教师间的联系，共同编写教学大纲、选编教材和探讨教学方法等。① 从1952年夏天开始，在全面学习苏联模式的方针指导下，包括建立师资培训基地在内的各种保证教育质量的措施被介绍到中国。

这种模式的最大特点是：按照国家的意志，根据国家经济建设需求，通过制定统一的质量标准，主要采取行政手段，对涉及大学教育质量的几乎所有方面进行严格管理和监控。

从20世纪90年代开始，以计划经济为主、强调中央集权的政府主导型模式也发生了很大的变化。这些变化具体表现为：首先，中央政府放宽高等教育机构办学标准，在把部分管理权限移交给地方政府的同时，扩大高等院校的办学自主权；其次，除了依据办学标准对新办院校

---

① 黄福涛. 苏联高等教育模式形成的历史考察[J]. 清华大学教育研究，2002，（5）：57—64.

行使审批权,或通过财政拨款、干部任命等对所管院校进行指导和实施监控外,中央政府还成立了专门评估机构,组织专家对高等院校开展定期评估,把握高等院校的动态,保证办学质量。1994年中国开始的合格评估、优秀评估、随机性水平评估以及现行的普通高等学校本科教学工作水平评估制度等,都是明显的例子。

3. 衍生型

近代之后,在院校主导型和政府主导型两种模式的基础之上又衍生和发展出其他一些模式,可以分为以下三大类。

第一类是中央政府与院校混合型。这种模式的特点在于:中央政府制定高等教育机构的办学标准,主要对新办院校进行事先认定或审查,但是高等院校内部的招生标准、学术人员聘用、具体课程设置和内容、教学过程管理、学位授予标准等与保证教育质量有关的活动主要由各个院校负责。20世纪90年代之前的日本代表了这种类型。当时,文部省通过《大学设置标准》和其他相关法令和规定,不仅拥有事先审查、认定或批准新建院校办学的权利,而且还有权对某个学科或/和专业是否可以颁发学位进行审查。至于各个院校采取哪些具体措施保证教育质量,基本上由大学内部各学院(日语称为学部)教授会以及校级教育和研究评议会负责实施。它兼有上述两种模式的特点,政府一般制定基本办学标准、招生规模和本科毕业最低标准等;招生标准、课程设置、教学过程管理和学位颁发标准通常由各个院校负责。

第二类是地方政府与院校混合型。它与上述模式的最大区别有两点。首先,地方政府主要负责管理高等教育,制定大学办学标准、招生规模以及对新办院校的事先认定或审查。一旦通过审查,院校内部有关部门具体负责教育目标的确立、教学计划的安排、教学过程的管理和毕业生质量的保证等。其次,各地方政府根据自身的条件和所在地区的特点,采取不同的标准,实施相关的教育质量保证措施。例如,德国的州立大学等基本上都可以归入这一类。

第三类是非营利法人主导型。典型代表是美国由院校认定委员会

（由各院校会员单位组成）和专业课程认定委员会组成的两大质量保证机构。前者是针对整个高等教育机构进行认定的委员会，由不同地区认定委员会（Regional Accrediting Organizations）负责实施[①]；后者是针对不同学科或专业课程进行认定的专业或学科认定委员会（Specialized/Professional Accrediting Organizations），属全国性组织。这些认定机构大多成立于20世纪初期和中叶，当时的美国高等教育尚处于精英教育阶段。如美国中部各州高等教育委员会（The Middle States Commission on Higher Education）成立于1919年，截止到2007年共有515所会员单位，这些散布在中部各州的会员单位选举6位代表组成执行委员会，执行委员会成员与其他20多名来自各单位的专家负责对会员单位的认定评估。目前，美国按照不同地区建立的高等教育机构认定协会有6个。

美国工科认定委员会（Engineering Accreditation Committee）成立于1932年。[②]其前身是美国工程师职业开发协议会（Engineers Council for Professional Development），主要是为工科学生提供有关信息，为教师提供教师发展服务，开发和提供相关课程以及认定相关资格等。2005年更名，目前，该委员会下属28个分支会员学会，对超过550所美国高等院校中的2700门课程进行认定。据统计，美国现有针对不同专业或学科的认定委员会64个，分别对相关专业课程进行认定。它们都是独立的、非营利的法人团体，主要靠收取会员单位的会费维持运营。这些委员会根据不同机构、不同专业或学科所提供的自我评估报告，根据评估对象的性质和规模等，通过实地考察和听取有关人员意见等，提交外部评估报告书。

---

① Council of Regional Accrediting Commissions. Regional Accreditation and Student Learning: Principles for Good Practices [R/OL]. (2023-05-17) [2023-05-17].https://sacscoc.org/app/uploads/2019/08/Regional-Accreditation-and-Student-Learning-Principles-for-Good-Practice.pdf.

② Engineering Accreditation Commission, ABET. Criteria for Accrediting Engineering Programs, Approved by the ABET Board of Directors [R/OL]. (2004-03-02) [2023-06-18]. http://et.engr.iupui.edu/~jschild/misc/ABET_for_2005.pdf.

以美国为代表的法人主导型模式的特点在于，其主体是由高等院校自身和相关专业学术人员组成的委员会，根据自愿原则，实行同行评估（peer-review），其目的不在于对各院校或各院校的专业课程进行排名，而主要是根据一定的标准，保证被评估的院校或专业课程达到最低标准。此外，对各院校实施的评估依据不同地区认定委员会所制定的标准而各有差异，即采取相对标准；由各专业认定委员会针对不同专业课程实施的评估则采取全国统一标准，即绝对标准。

第二节　外部法人评估：后期大众化阶段的案例

在 20 世纪 60 年代初期，西欧大多数国家（如英国、德国和法国）的高等教育仍处于精英阶段，日本、加拿大、瑞典的高等教育正从精英阶段向大众化阶段过渡，美国则已经实现了高等教育的大众化。从目前掌握的资料来看，大众化阶段的本科教育质量保证体系至少可以分为两大类。

一类可称为前期大众化模式。主要指在 20 世纪 80 年代之前进入大众化阶段的国家。这些国家的基本模式大致有三种：政府主导型，如法国；政府和院校混合型，如日本；法人主导型，如美国。伴随着高等教育由精英阶段向大众化阶段过渡，这些国家的基本模式没有出现明显变化。换言之，在 20 世纪 80 年代之前，在不少国家，包括本科教育在内的高等教育质量保证体系并没有伴随着高等教育量的扩大而发生质的变化。其原因可能在于：传统模式基本上可以应对大众化的变化；此外，国家或地方政府财政投入或政府其他资助高等教育的政策和措施等，尚可维持高等教育大众化发展的需要；学生人数的增加等并不足以影响这些国家本科教育质量保证体系发生本质改变。较典型的国家包括美国、法国、德国和日本等。

另一类可称为后期大众化模式。这种模式主要产生于到 20 世纪 90 年代中期或后期才进入大众化阶段的国家。由于这些国家的高等教育大众化伴随着高等教育的市场化、国际化和经济全球化，为了履行"绩效"，获取更多的外部资金，在国际竞争特别是经济全球化过程中取得优势地位等，在后期大众化国家，本科教育质量保证体系或模式有了较大的变化。其中最明显的变化就是外部机构或第三方评估机构开始介入大学教育质量保证体系。其中，英国的案例具有典型意义。

从20世纪90年代开始，在英国以及一些英联邦国家和地区的高等教育大众化进程中，传统的院校主导型模式逐渐为非营利法人主导型模式所取代。例如，1993年，英格兰、苏格兰和威尔士等地的高等教育财政审议会开始尝试在高等教育机构中实施与教育质量评估有关的活动，当时各地区实施的评估标准、方法以及周期等不尽相同。1993年之后，所有高等教育机构正式实施质量评估（quality assessment）。最初，评估分为专业或学科评估以及机构评估两大类，主要由高等教育质量委员会（Higher Education Quality Council，HEQC）和高等教育财政委员会（Higher Education Funding Council for England，HEFCE）共同负责。前者于1992年由各高等教育机构共同设立，主要发挥由英国大学副校长协议会设置的大学审计委员会（Academic Audit Unit）的职能，主要通过内部评估的形式，对高等教育机构实施评估。后者是英国高等教育拨款机构，从1993年开始，主要通过外部评估的形式，对专业和学科进行评估。

同时，1996年英国政府的咨询机构——高等教育调查委员会（National Committee of Inquiry into Higher Education）在其报告中首次提出高等教育成果的概念，明确要求英国大学毕业生必须达到以下三方面的要求。①

1. 基本技能（Key Skills）：（1）交际能力（communication）；（2）数量的能力（numeracy）；（3）运用信息技术（use of information technology）；（4）掌握学习方法（learning how to learn）。

---

① 学士課程教育のあり方に関する小委員会. 学士課程教育の再構築に向けて（審議経過報告）[R]. 中央教育審議会大学分科会制度・教育部会，2007.

2. 认知技能（Cognitive Skills）：（1）理解方法论的能力（understanding of methodology）；（2）批判性分析的能力（ability in critical analysis）等。

3. 专业技能（subject specific skills）：实验技能等，以及各学科、专业的能力。

1997年英国的高等教育质量保证机构（the Quality Assurance Agency for Higher Education，简称QAA）成立之后，高等教育机构的外部评估主要由该机构具体负责。首先，包括传统大学在内的所有高等教育机构必须开展自我评估并向社会公开自我评估报告。自我评估主要包括：定期审查（regular monitoring）、定期检查（periodical review）、外部考试委员会制度（external examining）。其次，各院校在自我评估的基础上，由外部机构对高等教育机构进行外部评估。①

英国的高等教育质量保证机构是独立设立的非营利型法人团体，由理事会负责运营。理事会由14名成员组成，其中包括英国大学校长代表协会推选的4人，与高等教育拨款有关的机构推荐的4人，以及来自工业、商业、金融和其他行业的专业人士6人。其经费主要来自各高等机构缴纳的会费以及与高等教育拨款相关的机构或团体之间签订的合同。1998年至2002年，该机构主要负责英国高等教育质量的外部评估，侧重于院校质量保证的战略制定、教育水平、学习基础和信息通信等，对接受评估院校的教育水平和质量保证信度提出报告。到2002年，"学术评审"（academic review）这种新型教育评估方式在英国开始全面实施。具体包括3个层次：高等教育质量与水平评估分机构审查（institutional audits）、学科水平审查（discipline audits trails）和科目评估检查（subject review）。

根据1997年英国高等教育探讨委员会提出的报告，2001年该机构也针对高等教育机构颁发的五个不同层次的学位（Certificate，

---

① Quality Assurance in UK Higher Education: A Brief Guide [EB/OL]. (2007-12-21) [2022-05-12]. http://www.qaa.ac.uk.

Intermediate，Honours，Master and Doctoral）必须达到的标准提出了明确的要求。对相当于颁发本科学位的课程提出了应该具备的能力和希望将来可能发挥的能力两大类。在此基础上，各学科/专业制定了详细而具体的学位课程标准（subject benchmark statements）。根据各学科制定的标准，该机构与其他机构一起，对42个学科的学生学习成果进行评估。

与美国非营利型法人机构不同，首先，英国的QAA不是完全由高等院校或专业学术人员组成的认定机构，其成员还包括政府部门和工商界人士；其次，QAA实施的评估不是根据自愿原则，而是强制性的，所有高等院校都有义务接受；最后，QAA的评估是接受英国高等教育财政委员会（Higher Education Funding Council for England，HEFCE）等政府拨款机构的委托，通过与政府有关机构签订合同而开展的评估，在某种程度上，其评估结果可能影响政府对接受评估的院校的财政拨款。

第三节　学习成果评估：普及化阶段的案例

1. 美国案例

到20世纪70年代后期，除英国和意大利之外，西方主要资本主义国家高等教育入学率持续增长。进入90年代，许多国家的高等教育已经进入大众化后期阶段。继美国进入普及化阶段之后，日本和韩国等国也迈向高等教育普及化阶段。①

目前，发达国家中进入普及化阶段后期（主要指高等教育毛入学率占适龄人口的60%以上）的国家主要包括：美国、加拿大、瑞典、芬兰、日本和韩国等。如前所述，虽然美国和日本高等教育入学率分别在20世纪40年代后期和60年代初期超过15%，但是长期以来，两个国家的本科教育质量保证基本模式并没有发生实质性的变化。然而，在两国

---

① Paul Windolf. Expansion and Structural Change: Higher Education in Germany, the Unites States, and Japan, 1870-1990 [M]. Westview Press, 1997: 261-262.

高等教育进入普及化阶段，特别是进入 21 世纪以后，两国的本科教育质量保证模式发生了较大的变化。以下分别对两国近年来的基本动向和变化特征做一简单分析。

由于美国针对院校和专业课程的认定主要是着眼于院校的师生比、对设备和设施的资金投入以及教学内容和形式等硬件和外在指标，很难顾及或鼓励各院校办出特色和积极尝试改革，加之网络教学的发达对传统教学方式等提出了新的挑战，近年来，美国本科教育质量保证逐渐由原先针对院校认定和专业课程认定而转移到关注学生学习成果（student learning outcome）评估。根据有关研究，在美国，学生的学习成果一般定义为：作为接受特定高等教育的结果，学生所掌握的知识、技能和能力。从广义上而言，它还包括获得良好的职业、高额的收入、对社会的贡献、享受良好的生活方式、获得终身学习的能力等多种成果。[①] 此外，学生的学习成果还构成高等教育机构和课程有效性（effectiveness）的一部分。这里机构或课程的有效性指的是某一机构或课程是否达到了其最初设定的使命或制定的目标。如果某一机构或某一门课程无法提供直接的材料证明学生的学习成果，那么也就意味着无法证明某一机构或课程的有效性。

根据 CHEA 的规定，能够提供证明学生学习成果的支撑材料（evidence）须具备以下三个条件：首先，应该证明对象的合适性；其次，可供第三者检验的可能性；最后，对机构或课程的效果（performance）具有代表性。[②] 此外，这些材料又可分为直接支撑材料和间接支撑材料两大类。直接支撑材料包括教师用于考核学生的试卷和课题、专家的评估报告、具

---

① Peter T. Ewell. Accreditation and Student Learning Outcomes: A Proposed Point of Departure [R]. Council for Higher Education Accreditation, 2001.

② CHEA Institute for Research and Study of Accreditation and Quality Assurance. Statement of Mutual Responsibilities for Student Learning Outcomes: Accreditation, Institutions, and Programs[R/OL]. (2003-09-01) [2023-06-06]. https://www.chea.org/sites/default/files/other-content/StmntStudentLearningOutcomes9-03.pdf.

体授课的课题报告等;间接支撑材料包括学生的学习记录、对毕业生的追踪调查报告、用人单位对毕业生的评价、毕业生对自己成长的评价等。

有关机构或某一门课程在提供上述材料时还必须注意以下几点。第一,材料的综合性(comprehensiveness):必须能够全面反映某一机构或某一门课程的全貌。第二,材料的互补性(multiple judgement):在了解学生学习成果时,不同支撑材料之间可以相互补充说明。第三,材料的多样性(multiple dimension):有关学生学习成果的材料必须根据多种事实提炼而成,能够反映机构或学生表现的长处和不足。第四,材料的直接性(directness):不仅要提供有关学生学习达成度的间接材料,如毕业率、学生的自我评估、学生的满意度或就职状况等,还必须提供在直接调查基础上总结出来的有关学生表现或学习达成度的材料。

20世纪90年代,美国中部地区、西北部地区以及西部地区的高等教育认定委员会在对所属院校进行认定时,都很重视学生的学习成果评估(outcomes assessment)。这些内容主要包括:机构的目的、希望学生达到的高等教育标准以及该学科标准的明确表述;有关学生学习评估活动的计划;用于改善教学和学生学习的支撑材料;将有关学生学习评估的材料作为院校评估支撑材料之一部分的证明等。[①]90年代后期开始,美国各种专业认定委员会也采取相同措施。例如,90年代末,美国工程认定委员会制定了新的"工科标准2000"(Engineering Criteria 2000),该标准不再侧重于对课程形态的认定,而是关注学生成果的认定,即从教师"教什么"过渡到学生到底"学习了什么"。此外,新标准还对所有的工科学生明确提出必须达到的11种基础能力。它们包括数学、科学和工科知识的运用能力,设计和管理实验的能力,分析和解释数据的能力,作为专业人员而必须具备的理解责任和伦理的能力、有效交际的能力、认识终身学习之必要性和实施终身学习的能力等。美国商业学院协会(American Assemble of Collegiate School of Business)

---

① J. Fredericks Volkwein, et al. Engineering Change: A Study of the Impact of EC 2000 [J]. International Jounal of Engineering Education, 2004: 20(3): 318−328.

主要负责对包括74所国外大学在内的504所大学进行专业课程认定。2003年，该协会引入新标准（AACSB-International，2003），不再对特定的专业科目提出具体要求，而是通过系统的课程管理过程，为学生学习一般知识或技能提供机会。它们包括交际能力、有逻辑的理解力和论证能力、分析技能、使用信息技术的能力、理解多元文化与多样性的能力，以及反省和思考的能力等。

2. 日本案例[①]

如表1所示，日本大学质量保障体系的构建和变化大致可以分为五个阶段。各阶段的特点大致可归纳如下：

表1 日本大学质量保障体系的形成过程

1991年以前	根据"大学设置基准"，文部省通过事先控制新大学的设置与学位课程的审批等来保证大学教育质量。
1991—1997年	政府放宽"大学设置基准"，但同时要求各大学努力开展自我评估，并要求积极开展外部评估。
1998—2001年	自1999年开始，所有国立大学必须开始自我评估并公开评估结果。同时，各大学必须努力开展第三方评估。
2002—2003年	政府通过修改"教育基本法"，规定所有高等教育机构必须接受由第三方进行的认证评估。
2004年至今	国立大学成为国立大学法人，法律规定各国立大学法人每6年必须接受由政府主导的针对其中期目标及中期计划的评估。

资料来源：笔者根据多种资料整理。

第一阶段（1991年以前），大学设置基准的形成：政府是教育质量保障的主体，制定统一的质量标准，其中最重要的是1946年文部省制定的《大学设置基准概要》[②]。目前最新的基准是2002年修订的，共包括十二章和附则，内容包括大学教育研究的基本组织、教师的资格要求、

[①] 黄福涛.大学教育质量的保证与提高——日本的视角[J].国家教育行政学院学报，2005，(10)：29—36. 黄福涛.日本大学质量保障体系的建立与基本特征[J].深圳大学学报（人文社会科学版），2016，33（4）：143—149.

[②] 文部科学省.大学設置基準の概要[S/OL].[2016-11-12].https://www.mext.go.jp/kaigisiryo/content/000152951.pdf.

课程设置、学生、校园设施等、事务组织等。这一时期，政府出于对办学的控制，主要采取行政手段，对涉及大学质量的几乎所有方面进行严格控制和管理。这些活动显然是在国家层面实施的。

第二阶段（1991—1997），大学自我评估机制的导入：政府放宽大学设置基准中所规定的某些限制，把更多的办学权力下移到各高等院校，如允许各院校按照自己的办学目标和人才培养规格，自由开发和开设相应的课程。但是为了防止各院校教学质量下降，文部省同时要求各院校努力开展自我评估并积极尝试引入外部评估。

第三阶段（1998—2001），第三方评估的出现：自1999年开始，文部省进一步要求各国立大学开展自我评估并向全社会公布评估结果，即进入自我评估的义务化阶段。同时，还要求国立大学和其他院校积极开展第三方评估，进一步强调高校的绩效和办学透明度。

第四阶段（2002—2003），第三方认证评估的实施：政府通过修改教育基本法，规定所有高等院校必须接受由第三方实施的认证评估。如图1所示，值得注意的是，所谓由第三方实施的认证评估主要指由高校之外的非政府机构按照一定的标准对高校实施的评估。这些第三方评估机构只有事先得到政府的认证才能从事相关评估活动。目前得到政府认证，有资格对不同院校进行评估的机构主要包括三大机构。一是1947年仿照美国模式成立的大学基准协会。该协会于2004年得到政府认证，对包括短期大学和专业研究生院等在内的院校实施第三方评估活动。[①]2004年成立了主要针对私立大学进行第三方评估的公益财团法人日本高等教育机构。[②]政府于2002年成立了具有法人资格的大学评价和学位授予机构，其作为得到政府认证的第三方评估机构，主要负责公立高校的评估活动。该机构于2016年4月与国立大学财务·经营中心合

---

① 公益財団法人大学基準協会 [EB/OL]. [2022-07-30]. http://www.juaa.or.jp/outline/index.html.

② 公益財団法人大学基準協会 [EB/OL]. [2022-07-30]. http://www.juaa.or.jp/outline/index.html.

并，改称为大学改革支援·学位授予机构。①

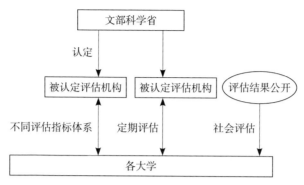

图 1 第三方实施的认定评估制度

资料来源：笔者根据文部科学省有关资料整理而成。

目前大学设置基准协会所实施的认证评估对象包括已成为其会员的国立大学、法人地方公立和私立大学，截止到 2022 年 4 月 1 日，加入该协会的正式会员数为 315 所，赞助会员 118 所。② 其主要特点如表 2 所示。

表 2 大学设置基准协会评估的主要特点

评估对象	会员校，按照志愿原则进行。
周期	大学、短期大学和高等专门学校（7 年之内），专业研究生院（5 年之内）。
评估标准	《大学设置基准》以及其下位的《本科课程基准》与《硕士·博士课程基准》。
结果	认定或不认定。
特征	1. 达成度评估与水平评估； 2. 学科领域评估与全校相关指标综合评估相结合； 3. 中间提出改善报告书的评估； 4. 重视同行的评估。

资料来源：大学基準協会. 大学基準協会の概要 [EB/OL]. [2022-07-30]. https://www.juaa.or.jp/outline/.

---

① 公益財団法人大学基準協会 [EB/OL]. [2022-07-30]. http://www.juaa.or.jp/outline/index.html.

② 大学基準協会 [EB/OL]. [2022-07-30]. https://www.juaa.or.jp/common/docs/outline/pamphlet.pdf.

此外，在接受该协会第三方评估之前，接受评估的院校提交给大学基准协会的自我评估报告书的要点主要包括以下几方面：（1）大学／学院的理念与目的；（2）教育研究组织；（3）本科课程的教育内容与方法等；（4）招生；（5）教员组织；（6）研究活动与研究环境；（7）设施与设备等；（8）图书馆与图书、电子媒体等；（9）社会贡献；（10）学生生活；（11）管理运营；（12）财务；（13）事务组织；（14）自我检查与评估；（15）信息公开与绩效等材料。

相比之下，大学改革支援·学位授予机构针对不同大学实施的认证评估主要特点如表3所示：

表3 大学改革支援·学位授予机构评估的主要特点

评估对象	国公、公立与私立大学，短期大学与高等专门学校
周期	每7年
评估标准	该机构制定的11个标准
结果	认定或不认定
特征	1. 根据大学评估机构制定的基准而进行的评估
	2. 以教育活动为中心的评估
	3. 强调各大学个性的评估
	4. 基于自我评估的评估
	5. 以同行为中心的评估
	6. 具有高度透明性的评估

资料来源：独立行政法人．大学改革支援·学位授与機構．大学機関別認証評価実施大綱[EB/OL]．[2022-07-30]．https: //www.niad.ac.jp/media/006/202206/no6_1_1_daigakutaikouR2.pdf．

不过，该机构的主要评估指标与协会所采用的指标体系并无本质上的区别。如主要指标包括：（1）大学的目的、基准；（2）教育研究组织（实施体制）；（3）教员与教育支援者；（4）招生；（5）教育内容与方法；（6）教育的成果；（7）学生支援等；（8）设施与设备；（9）提高与改善教育质量的制度；（10）财务；（11）管理运营。

第五阶段（2004年至今），国立大学法人评估的展开：2004年国立大学法人化之后，大学将按照文部科学省制定的6年中期目标，制定中期计划和年度计划。6年之后，根据各大学的中期计划，总务省和文部科学省等机构对大学实施评估。改变以往文部科学省主要根据大学教职员和学生人数以及上一年度的预算数额对大学进行拨款的做法，大学法人化以后，政府主要根据评估结果对大学进行预算分配。也就是说，大学在多大程度上实现了中期计划，成为决定大学预算分配的主要依据。政府成立了由文部科学省主导的国立大学法人评估委员会，对国立大学法人实施每6年一轮的法人评价，对国立大学法人的办学质量提供保障措施。[①]

与上述提到的认证评估不同的是，简单而言，在实施每六年为一期的法人评估之前，文部科学省要求各大学法人首先制定为期六年的中期目标和中期计划。文部科学大臣要求各国立大学制定为期6年的中期目标，该目标主要包括：（1）有关提高教育研究质量的事项；（2）有关改善办学的事项；（3）有关改善财务内容的事项；（4）有关自我评估及信息公开的事项；（5）其他重要事项。文部科学大臣在制定这些相关内容之前，须听取并尊重国立大学法人的意见。国立大学法人评估委员会根据不同法人在多大程度上实现了制定的中期目标进行所谓"目标达成度评估"，文部科学省根据评估的结果，决定该法人下一个六年度的预算数额。

值得强调的是，政府对国立大学下放部分权力（经营权等）并鼓励大学引入市场竞争机制，并不意味着放弃对国立大学的管理。就目前而言，今后国立大学法人将至少受到以下机构的评估和监督：

（1）由大学监事负责的对大学业务的监察；

（2）由会计监察人实施的会计监察；

（3）由大学评价·学位授予机构实施的评估；

（4）由国立大学法人评价委员会实施的评估；

（5）由总务省独立行政法人评价委员会实施的评估；

[①] 黄福涛. 日本国立大学结构改革的现状与趋势 [J]. 比较教育研究，2002，（10）：31—34.

（6）认证评估；

（7）由国家会计院实施的会计检查。

因此，可以说，政府对国立大学法人的管理只是变换了形式，将以往的直接行政命令改为评估。通过接受评估和外部检查等，国立大学不仅受到主管部门（文部科学省）的监管，而且还受制于其他政府部门（如总务省、财务省和通产省等）。在某种意义上，国立大学实际上受到了更多的外界制约和监督。

值得强调的是，在本科教育质量保证方面，2007年9月，文部科学省提出了"学士力"的概念。简单来说，"学士力"指的是所有本科专业生在获得学士学位之前必须具备的能力。这是日本政府为了保证本科教育和学士学位的质量，希望通过制定学生在本科毕业前必须达到的基本要求，为所有本科课程必须达到的最低学习成果提供政策参考。"学士力"的具体内容包括以下内容。

（1）知识与理解：包括①对多元文化与异文化知识的理解；②对人类文化、社会与自然知识的理解。

（2）应用的技能：包括①交际能力与技能，运用日语和特定外语，做到读、写、听、说"四会"；②数量的技能，对于自然或社会现象，能够运用象征或符号等进行分析、理解与表现。③信息能力，正确判断多种信息并能有效运用；④具备逻辑思考能力，对信息或知识能够进行多视角、逻辑性的分析与表现；⑤解决问题的能力，具备收集、分析、整理有关发现问题和解决问题所需的信息以及解决问题的能力。

（3）态度与志向性：包括①自我管理能力；②团队精神、领导力；③伦理观；④作为市民应具备的社会责任；⑤终身学习能力。

（4）综合的学习经验与创造思考力：能够综合地运用已获得的知识与技能等，在自我发现的新课题中运用这些知识与技能，并解决问题。

从上述内容不难看出，日本本科教育中旨在保证和提高本科生的

"学士力"的做法,在很大程度上与美国开展的学习成果评估有不少共同之处。

综上所述,到目前为止,日本构建大学,尤其是本科教育质量保障体系的大致过程基本可概括如下:首先,从主体来看,它是由文部科学省到第三方认证评价机构以及国立大学法人委员会评估机构的转变;其次,从质量保障目的来看,由政府直接审批、管理、监控各个院校转变为由第三方或外部机构认定以及强调提高院校的绩效;再次,从手段来看,由政府事先制定规章制度和审批转变到第三方或外部机构基于各院校自评基础上的实地考察;最后,从质量保障标准上来看,由国家统一制定大学、学院的标准和政府性规章制度转变为不同评估机构建立自己的标准以及不同国立大学法人制定自己的中期目标和中期计划。

与美国相比较,包括本科教育质量在内的日本大学质量保障体系大致由以下几个方面构成:首先,自我评估是基础——按照学校教育法第69条第3款的规定,所有高教机构必须实施自我评估,自我评估是认证评估和法人评估的前提和基础;其次,在此基础上,各院校接受由第三方机构进行的评估,即每五年接受大学基准协会的评估或每隔七年接受大学改革支援·学位授予机构的评估;最后,国立大学法人还需要接受每六年一次的法人评估,即由国立大学法人评估委员会实施的外部评估。

如图2所示,有关法人评估和认证评估的异同点大致可概括为以下几个方面。两者的共同点表现为:两者都要考虑国立大学的设立的使命和办学目标,都关注大学个性的发扬,并且都是在自我评估基础上进行外部评估。但两者也有明显的不同之处:对作为经营实体的国立大学法人进行的评估,强调对院校经营方面的质量保障,要求各大学法人对其投资与产出进行说明,侧重院校的绩效。此外,文部科学省每隔六年要求各法人制定中期目标和计划,对中期目标的达成度进行评估,并根据评估结果确定下一个六年的资源分配。相比之下,认定评估要根据接收评估的院校是否满足大学设置基准来进行判定，分为机构评估和学科评估，其判定结果为是、否或保留，评估中应指出长处、提出建议和确定下一期认定的评估申请。它更着重于认定（accreditation），更加强调大学教育质量，评估大学是否达到最低办学标准。

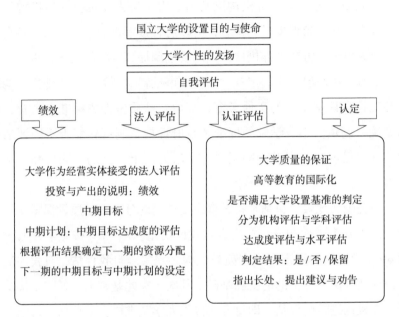

图 2 法人评估与认定评估的比较

自 1991 年以来，日本逐渐形成了多层次和多维度的高等教育质量保障体系。如图 3 所示，其大致构成基本包括各院校办学前批准和建校后评估两个部分。办学前批准是对院校是否满足大学设置基准的判定，然后根据学校发展和社会变化对大学进行改革，成立新的学院等，建立富有弹性的教育和研究体制。建校后评估包括自我评估、法人评估、认证评估等。日本通过以上评估来提高院校教学和科研质量，并根据评估结果对大学进行改革与改进。

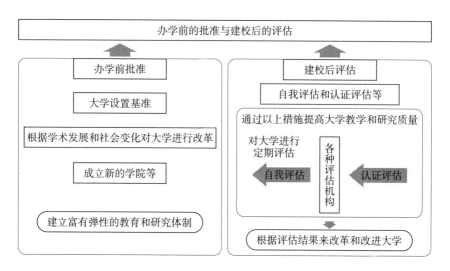

图 3 目前日本大学质量保障体系概要图

第四节 结 语

通过对部分国家的历史研究和比较研究，不难发现，高等教育大众化并不完全意味着本科教育质量保证体系的变化。在一定的时期，高等教育数量的扩大并没有直接导致本科教育质量保证模式产生质的变化，许多在20世纪90年代之前迈入大众化阶段的国家依然保留了精英阶段的基本特征。相比之下，自20世纪90年代后期进入大众化和普及化阶段的国家几乎都出现了形式、内容或结构上的变化。也就是说，单纯学生数量的增长并不足以改变在精英阶段形成的本科教育质量保证机制。在精英阶段形成的质量保证机制能否适应大众化或普及化所带来的变化、高等教育市场化的程度、高校在国际化和全球化竞争中的地位，高校教学和学习方式是否发生革命性变化等，都可能是影响一国本科教育质量保证机制的重要因素。因此，在某种程度上可以说，大众化和普及化阶段本科教育质量保证机制的构建还必须综合考虑学生数量增长之外的其他多种因素。

附录3 一流大学的本科教育

自2015年10月国务院印发《统筹推进世界一流大学和一流学科建设总体方案》以来，有关"双一流"建设的讨论和研究日益增多。特别是教育部有关领导提出一流大学要办好本科教育以后，"双一流"建设与建设一流本科教育间的关系，以及一流本科教育与一流大学间的关系等也逐渐成为热点问题。例如，2016年5月，林蕙青副部长认为，"一流本科是一流大学的重要基础和基本特征"，"建设一流大学必须建设一流本科"，一流本科教育是冲击一流大学建设的重要途径和有效方法。① 陈宝生部长则在2016年12月明确提出："没有高质量的本科，就建不成世界一流大学。"② 从主要媒体来看，《人民日报》以会议报道的形式概括了如下的观点，如："一流大学应有一流本科教育"，"本科教学是大学的根本、是建设世界一流大学和一流学科的迫切需要"，"本科教学是一流大学的灵魂"，"重视本科教学是一流大学成熟的标志"，等等。③ 除政府官员和相关媒体之外，不少高校领导也纷纷发表意见。例如，清华大学邱勇副校长认为，一流本科是一流大学的底色，没有本科教学水平的提升，就很难实现建设世界一流大学的目标。④ 南京工业大学黄维校长则断言，一流大学必有一流的本科教育。⑤ 相比之下，在高教界，除了为数不多的几篇随笔或感想之外，从学术或研究的视角，运用特定的研究方法探讨以上问题的文章或论著极少。例如，柳友荣的

---

① 林蕙青. 一流大学要办好本科教育 [N]. 光明日报，2016-05-07（13）.
② 陈宝生. 培养什么样的人，办什么样的大学 [N/OL]. (2016-12-29) [2022-04-15]. http://edu.people.com.cn/n1/2016/1229/c1053-28985766.html.
③ 董洪亮. 没有一流本科，很难成为一流大学 [N]. 人民日报，2016-05-12（18）.
④ 邱勇. 一流本科是一流大学的底色 [N]. 光明日报，2016-06-21（13）.
⑤ 黄维. 本科立人 本科立校——构建"中国特色 世界一流"本科教育体系初探 [J]. 中国高教研究，2016，(8)：1—6.

文章指出，在 CNKI 的文献中，以"一流本科教育"为"主题"进行文献检索，学术界对概念的分析和先行研究极少。实际上，早在 2009 年王强等人就对一流大学本科教育的基本特征做过比较系统的考察。根据他们的研究，一流大学本科教育具备以下几方面的特点：高质量的生源、通识教育的课程体系、研究性的教学模式、高水平的教学队伍、严格的淘汰制度。[①]遗憾的是，除了 2016 年张大良提出了评定高校是否办出一流本科教育的 5 个最基本、最核心的观察点[②]，目前探讨有关一流本科教育和双一流建设等的众多相关报告、发言和其他形式的讨论或研究中，极少提及这些早期成果。

基于以上背景，本章主要通过历史和比较的方法，分析世界主要大学排行榜中的相关数据，特别是美国、日本和香港部分院校案例，侧重探讨什么是一流大学的本科教育；或探讨相关的问题，即一流大学的本科教育一定是一流的吗。

本章第一部分简要概述相关的基本概念和基本分析框架。第二部分在介绍部分案例的基础上，重点介绍世界一流大学本科教育的主要特征。结论部分提出本研究的发现，本研究对学术研究、政策制定和院校改革的启示等。

第一节　概念和分析框架

目前，无论是从政策、学术的角度，还是院校等的角度，有关一

---

① 王强，周刚，朱启超，等. 一流大学本科教育的基本特征 [J]. 现代教育科学，2009,（5）: 46—50, 51.

② 张大良提出的评定高校是否办出一流本科教育的最基本、最核心的观察点具体包括以下五个方面：一是学校是否具有一流的师资队伍；二是学校是否有政策制度来保障一流的师资配备到本科教育；三是学校是否把一流学科优势和一流科研优势转化为教学优势；四是学校的一流科研成果是否及时转化为教学内容；五是学校是否培养出一大批优秀的创新创业人才。张大良. 创建具有中国特色世界水平的一流本科教育 [J]. 中国高教研究，2016,（6）: 1—4.

流大学（这里主要指世界一流大学）的研究数不胜数。自从1998年以来，伴随着中央和部分高校明确提出建设世界一流大学的目标并制定了相关战略和改革措施，国内出现了许多有关一流大学的论述和研究，也开发了不少衡量一流大学的指标体系等。不过，对于如何理解一流大学，国内外至今尚未有公认的精确定义和科学指标。例如，原北大校长许智宏早在2000年就认为，衡量世界一流大学有三个主要指标：首先，这些大学拥有从事重要和高水平研究的国际著名教授；其次，这些大学能够产生影响人类文明以及社会经济发展的成果；最后，这些大学的毕业生对人类文明做出了重大贡献。至少在当时，他认为，中国还没有一所大学达到这个水平，因此中国没有世界一流大学。① 在国际上，原世界银行高等教育专家萨米尔则认为，一流大学一般具备三个基本因素：首先是包括学生、教师和研究者在内的一流人才的聚集；其次是拥有充足的经费，除了来自公共拨款，还包括科研经费和来自私人和社会团体的大量捐赠；最后是实施良好的治理，包括有效的学术支持系统、清晰和科学的长远发展目标、称职的院校领导层、学术自由和大学自治等。②

值得强调的是，东亚的一流大学实际上还具备其他特征。首先，与英美的牛津、剑桥和哈佛等一流大学不同，目前东亚几乎所有最好的大学都是在学习和模仿西方大学的基础上由国家或中央政府直接设置、管理和拨款，日本的东京大学，中国的北京大学、清华大学，以及新加坡国立大学等无一例外。因此，从成立之初，这些大学几乎都是直接服务于国家和社会的近代化，致力于培养政府高级管理人员和社会精英。③

---

① 许智宏. 中国目前没有世界一流大学 [N/OL]. (2010-04-23) [2022-06-26]. https://news.sciencenet.cn/htmlnews/2010/4/230937.shtm.

② Jamil Salmi. The Challenge of Establishing World-class Universities. World Bank Publications, 2009.

③ Philip G. Altbach and Viswanathan Selvaratnam (eds.). From Dependence to Autonomy: The Development of Asian Universities [M]. Kluwer Academic Publishers, 1989: 1-21.

其次，在相关政策制定、资源配置，特别是财政拨款等方面，东亚国家或中央政府对这些一流大学中师生的支持力度远远超过其他一般大学或地方性大学。与其他地方院校，特别是私立院校相比，它们享有极高的学术声誉和社会声望。最后，东亚不少国家的一流大学往往是其他不同类型和不同层次的大学或高等教育机构改革、模仿和追随的榜样。由此，东亚有些国家和地区在实施高等教育体制和机构内部重大改革时，非常重视一流大学的引领和示范作用，希望借助一流大学的学术和社会影响力等，带动和促进其他不同类型和层次的大学或高等教育机构的变革。20世纪80年代后期高等教育收费方式和毕业生分配制度的改革、校办企业的尝试，90年代中国面向21世纪人才培养与本科教学改革、高教市场化、高校人事制度改革等都是比较明显的例子。日本国立大学法人化、全球人才培养项目、韩国大学国际化等，也基本反映了这一特征。

从学习年限、课程内容、教学要求、毕业标准等来看，虽然近年来美国式的四年本科教育模式在全球范围内影响日益加强，但不同区域和不同国家，特别是英美、欧洲大陆等之间仍然存在较大的差异。本附录在较为广泛的意义上使用本科教育的概念。它主要指学生在完成规定的学分或学习量，达到所在国家、地区或所在大学规定的标准、能够获得学士学位或相应学历证书或文凭的教育。除了个别学科、专业外，本科教育标准学习年限一般为4年，不包括某些无法颁发学士或相当于学士学位称号的专科教育和两三年制的社区学院、短期大学和高职技术学院等短期高等教育机构。

至于如何理解和定义一流本科教育，如上所述，尽管中国教育部、大学负责人甚至有些学者都在竭力强调一流本科教育在建设世界一流大学过程中的重要性，但目前从学术的角度看，对一流本科教育的概念和内涵的梳理、衡量指标体系的制定，特别是与一流大学之间关系的研究等都非常有限。鉴于此，如图1所示，本章在参考美国学者拉图卡（Lattuca）和斯塔克（Stark）相关研究成果①的基础上，把影响和决定一流本科教育的因素分为三大部分。即外部影响：社会、政府、学科专业委员会、市场、校友会、捐助人等；组织影响：学位课程之间的关联、学位课程资源、课程管理或治理；内部影响：教师、学生、学科、学科课程使命或目标。由于篇幅和收集资料有限，特别是外部影响因素和组织影响因素主要是通过内部影响因素才能发挥有效的作用，本附录仅仅关注内部影响因素中教师、学生、学位课程使命或目标等内容。

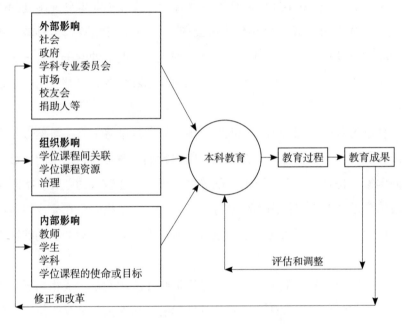

图1 影响本科教育质量的主要因素

资料来源：丽莎·拉图卡，琼·斯塔克. 构建大学课程——情境中的学术计划[M]. 黄福涛，吴玫，译. 大连理工大学出版社，2020：8.

---

① 丽莎·拉图卡，琼·斯塔克. 构建大学课程——情境中的学术计划[M]. 黄福涛，吴玫，译. 大连理工大学出版社，2020：8.

第二节　一流大学的本科教育

1. 一般特征

对于什么是一流本科教育，目前既无明确和科学的定义，也不存在有关一流本科教育的国际排行榜或其他全球公认的衡量指标体系。但是，2009年，时任哈佛大学校长莱文在谈到一流大学和世界一流大学教育时的某些观点多少可以反映哈佛作为世界一流大学，特别是美国最顶尖大学之一，其本科教育的某些特征。莱文认为，毫无疑问，世界一流大学必须培养学生具备独立和批判的思维能力，具备能够适应不断变化环境的能力，面对新事实以及发现解决问题的创造性方法的能力。培养学生掌握这些能力，必须鼓励学生积极主动学习，而不是仅仅被动地接受知识的传授。另外，他还指出，建设世界一流大学必须改变教学方法（pedagogy）和提供宽广的本科课程，其中改变教学方式要比改变课程困难得多，因为这需要足够的资源实施小班教学，要求教师采取新的教学方式等。此外，还需要强有力的学校层面的领导力和政治意志（political will）；教师拥有追求学术兴趣的自由，师生拥有表达思想的自由，等等。所有这些都是构成世界一流大学教育的基本要素。[①]同样，阿特巴赫等也认为，培养竞争力和不受约束的科学探索精神、营造学术自由的气氛、培养学生的批判思维能力及创新和创造能力在这一过程中非常重要。[②]

以下，笔者根据具有国际影响的大学排行榜中的相关指标内容，从国际比较的角度，大致归纳一流大学中与本科教育相关的几个特征。

[①] Richard C. Levin. The Rise of Asia's Universities–Seventh Annual Lecture of the Higher Education Policy Institute[C/OL]. (2014-03-01) [2014-05-08]. http://www.hepi.ac.uk/wp-content/uploads/2014/03/1.Seventh-Annual-HEPI-Lecture-Richard-Levin.pdf#search=%27world+class+university+Levin+Harvard+university%27.

[②] Philip G. Altbach and Jamil Salmi（eds.）. The Road to Academic Excellence: The Making of World Class Research Universities [M]. World Bank, 2011.

首先,如表1所示,根据2018年英国QS大学排行榜,位于世界前10名的大学中,涉及本科教育在内的有关指标显示出以下几方面的特征。

表1 QS世界大学排行榜中前10名大学有关教育的指标内容(2016—2017)

排名	大学名称	师生比	外籍教师比例	在校生比例		留学生比例		
				研究生	本科生	合计	研究生	本科生
1	麻省理工学院	1:3.7	56.3%	60.0%	40.0%	34%	83%	17%
2	斯坦福大学	1:3.8	47.6%	56.0%	44.0%	22.4%	84%	16%
3	哈佛大学	1:5.1	50.3%	68.0%	32.0%	21.4%	84%	16%
4	剑桥大学	1:3.5	41.4%	37.0%	63.0%	35.4%	63%	37%
5	加州理工学院	1:2.3	34.4%	56.0%	44.0%	27.3%	86%	14%
6	牛津大学	1:3	43.9%	42.0%	58.0%	36.2%	72%	28%
7	伦敦大学学院	1:5	45.8%	47.0%	53.0%	48.7%	54%	46%
8	瑞士联邦理工学院	1:7.6	76.3%	53.0%	47.0%	37.6%	72%	28%
9	伦敦帝国学院	1:4	52.7%	43.0%	57.0%	54.2%	53%	47%
10	芝加哥大学	1:5.7	23.5%	58.0%	42.0%	21.5%	80%	20%

资料来源:QS World University Rankings [EB/OL]. [2023-11-03]. https://www.topuniversities.com/university-rankings/world-university-rankings/2018.

第一,整体来看,师生比均低于1比10。其中,师生比最低的是牛津大学,为1比3,最高的是瑞士联邦理工学院,也不过是1比7.6。在本科教学活动中,相对较低的师生比有可能保证师生之间进行充分的交流,也易于教师对学生进行更多的个别和直接指导。

第二,外籍教师或国际教师比例很高。平均来看,外籍教师所占全体教师的比例接近一半,为47.2%。其中,瑞士联邦理工学院中外籍教师比例高达76.3%,芝加哥大学的外籍教师比例最低,但也超过了20%。在世界范围内选拔和招聘教师,一般更易于构建具有国际视野和具备国际竞争力的高水平的教师队伍。

第三，研究生占全体学生比例很高。世界排名前十的大学中研究生占全体学生的平均比例为52%。哈佛大学中研究生比例高达68%，最低的牛津大学也是42%。这一点说明，世界排名前十的大学，其研究生数几乎都要多于本科生数。大学教育实际上更多的是针对研究生的教育。此外，由于美英大学中硕士教育基本是作为进入博士阶段学习的预备或前期阶段，研究生教育大多可以理解为博士教育。实施高层次的研究生教育，重视学术研究型人才的培养，这也是世界一流大学区别于一般大学，特别是职业技术类院校的本质特征之一。

第四，留学生所占比例相对较高，特别是各大学研究生中留学生比例均超过了一半。除个别大学外，绝大多数大学研究生中的留学生比例都超过了80%，如加州理工学院、斯坦福大学、芝加哥大学等。整体来看，伦敦帝国学院中留学生比例为54.2%，最低的哈佛大学也超过了20%。其理由在于，大学接纳大批国际学生有助于教学活动更加注重国际化课程的开发和国际化人才的培养等。

简而言之，高度的国际化以及重视研究生教育是世界排名前十的大学尤其突出的特征。

其次，世界一流大学大多通过高度严格的选拔过程，招收高质量的本科生。除了具备基本入学条件或参加考试的资格以及相关选拔过程的资格外，表2显示，除了剑桥大学外，进入世界一流大学的本科生的合格率基本在20%以下。其中，哈佛大学、斯坦福大学、麻省理工学院、普林斯顿大学、哥伦比亚大学和芝加哥大学本科生入学合格率均低于10%。此外，图2中哈佛大学本科生报考人数与录取人数和录取率的变化也清晰地反映了这一点。根据哈佛大学提供的数据和预测报告，自2003年至2020年，报考哈佛大学本科生数基本呈持续增长趋势，但为了保证招收到国际一流的优质本科生，根据学校的师资和其他资源，学校录取人数不会因为报考人数的增长而大规模地扩招，直到2020年，为了保证学生享有现有的优质资源，大学录取人数基本上一直保持稳定状态。

表2 世界一流大学本科生入学合格率排名

1位	哈佛大学	合格率	约6%
2位	斯坦福大学	合格率	约6%
3位	麻省理工学院	合格率	约8%
4位	伯克利加州大学	合格率	约18%
5位	剑桥大学	合格率	约25%
6位	普林斯顿大学	合格率	约7%
7位	加州理工学院	合格率	约11%
8位	哥伦比亚大学	合格率	约7%
9位	芝加哥大学	合格率	约9%
10位	牛津大学	合格率	约18%

资料来源：世界の大学偏差値ランキングBest 10（2014）[EB/OL]. [2023-11-03]. https://matome.naver.jp/odai/2142902689168671801.

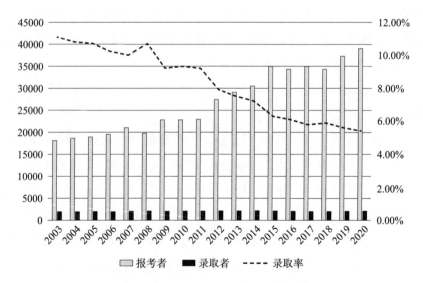

图2 哈佛大学本科生报考与录取率的变化

资料来源：Harvard College Admissions and Financial Aid [EB/OL]. [2016-11-15]. https://college.harvard.edu/admissions/admissions-statistics.

最后，世界一流大学具有极高的国际学术声誉，较之于其他大学而言，表现在更多的教师在国际高水平刊物上发表学术文章，更多的教师发表高引用率论文,更多的教师或研究者获得诺贝尔奖和其他国际奖项等。表 3 是上海交通大学根据教师的研究活动和水平公布的世界前 10 名大学名单。① 尽管该排名更侧重教师的研究水平或获得国际大奖的情况,其排名与 QS 的排名结果基本一致。这一点说明,即便从研究的角度对大学进行排名,世界前 10 名大学的排序基本上也没有本质变化。由于在英美等国家,即使是在世界一流大学,包括教授在内的所有教师基本上都有义务从事本科生教学,直接参与本科生教育。从这个意义上而言,具备国际一流研究水平的大批教师队伍也是保证高质量或一流本科教育的前提之一。

表 3 2016 上海交大的世界大学学术排名前 10 名大学

排名	学校名称	总分
1	哈佛大学	100.0
2	斯坦福大学	74.7
3	加州大学伯克利分校	70.1
4	剑桥大学	69.6
5	麻省理工学院	69.2
6	普林斯顿大学	62.0
7	牛津大学	58.9
8	加州理工学院	57.8
9	哥伦比亚大学	56.7
10	芝加哥大学	54.2

资料来源:Shanghai Ranking 2016 Academic ranking of World Universities [EB/OL]. [2023-11-03]. http://www.shanghairanking.com/index.html.

---

① 该排名所使用的主要指标包括:(1)诺贝尔奖得主和菲尔兹奖得主的毕业生/学生数占总毕业生/学生数的 30%,(2)获诺贝尔奖和菲尔兹奖的教师折合数各学科领域论文 30%,(3)被引用次数最高的学者人数占学者总数的 30%,(4)国际最权威学术刊物《自然》或《科学》上发表的论文数量占总论文发表数量的 7.5%,(5)引文索引(SCIE)和社会科学引文索引(SSCI)收录的论文数量占总论文数量的 7.5%,(6)全职教师的人均学术表现为 2.5%。

2. 案例分析

以下通过美国、日本和香港的四所大学案例，进一步具体分析世界一流大学本科教育的相关特征。

案例1：麻省理工学院①

从目前各种大学排名来看，麻省理工学院（MIT）均位于前5位之列，加之其理工科学科较多，对中国建设一流学科更有直接的参考价值。

麻省理工学院的校训是"学术知识与实践及应用技能的结合"（mind and hand），简言之，即使是世界一流大学，其教育和研究等活动也并非完全排斥培养学生掌握实践和应用技能，而是强调学术知识与应用技能的结合。

截止到2022年7月，麻省理工学院实施本科层次教育的组织机构主要由建筑和设计（School of Architecture and Planning）、工学（School of Engineering）、人文、艺术和社会科学（School of Humanities, Arts and Social Sciences）、理学（Sloan School of Sciences）、管理（Sloan School Management）、计算机科学管理（MIT Schwarzman College of Computing）六大学院构成。② 从教学组织整体来看，其学院基本是按照大类学科构成，更重要的是，针对本科生该校也设置有实用性很强的工学、建筑和设计等学院。也就是说，在本科阶段，学生就已经开始接受实用性很强的专业教育。

根据该校提供的相关资料，学生本科阶段的课程大致安排如下。

在第一学年，学生从大学或各学院开设的数学、化学、生物、物理等六大有关理科的核心课程（a core of subjects）中选修四至五门，同时还从人文、艺术、社会科学里的八门课程中选修两门。此外，学生还需要学习有关交流或交际（communication）等方面的内容。在此基础上，从一年级末至二年级末，学生需决定自己的主修科目（Major）。

---

① MIT Undergraduate education. http://catalog.mit.edu/mit/undergraduate-education/.
② MIT Education. http://web.mit.edu/education/schools-and-departments/.

在第二学年，学生在学习大学或各学院提供的一般必修科目的同时，也开始学习各系（department）开设的部分专业课基础导论，这些内容多与学生自己选择的主修科目有关。

在第三和第四学年，学生集中学习本系开设的专业内容。

除了以上基本内容，学校还为各学年的学生开设了多种选修科目或辅修的双学位课程（double degree subjects）等。值得一提的是，麻省理工学院还特别为本科生提供了不少参与教师研究课题的机会（Undergraduate Research Opportunities Program）。

从形式上看，麻省理工学院的本科课程结构实际上与中国绝大多数工科院校并无本质区别。例如，新生也并非完全只按照文理两大类招生，新生在进校前实际上已基本决定了在各自学院需要修读的学分，毕业后所获得的管理、工学或人文和社会等不同学科领域的学位称号。此外，基本上都是低学年注重拓宽学生基础，从三年级开始逐渐进入主修或专业学习阶段。

不过，在以下几方面，麻省理工学院的本科教育有所不同。首先，本科生可以参加在校导师主持的研究课题。麻省理工学院在学校层面上有常年的经费资助与常设的组织，帮助学生参与在校导师的课题与科研工作。其原因在于，该校60%以上的本科生最终会选择读研深造，所以从他们上二年级起，学校就已经开始有意识地培养他们作为学者的素质。这一点其实可以理解为本科生教育和研究生教育的一体化。也就是说，在定位本科层次的人才培养目标时，这所顶尖高校其实综合考虑了学生毕业后的去向，根据本科教育毕业生的出口，进行本科课程设置。把本科课程和人才培养目标，与硕士生甚至和博士生的培养目标结合在一起是其本科教育特色之一。

其次，本科生可以自由选修的学分比例大致占其毕业所需学分的三分之一。这种做法可以保证学生根据自己的兴趣和将来的去向或职业生涯设计更加自由的学习。

最后，大学特别注意营造激励学生自主学习和创造性学习的氛围以及国际化环境。例如，在近年麻省理工学院进行的各种有关本科教育的改革中，2014年提出的"MIT教育未来"明确提出，麻省理工学院今后的本科教育应该更加全球化、模块化和弹性化。①其内容大致包括以下几方面。

· 教育创新，如引入全校统一必修课、规定学生必须达到的最低升学标准等。
· 加强沟通与交流的教学。
· 新的教学方式（模块化课程、基于游戏的学习、基于项目的课程、网上等多种多媒体手段的课堂教学、全球讨论等）。
· 给学生提供更多的学习支持和更好的学习环境。
· 采取新的方式对学生学习成果进行评估。
· 扩大MIT教育在全球的影响力。

MIT前任校长查尔斯·韦斯特（Charles Vest）认为，麻省理工学院的毕业生应该成为全球的工程师（Global Engineers），应该具备以下基本素质：②

· 技术娴熟（Technically Adept）
· 知识广泛（Broadly Knowledgeable）
· 具有创造性和创业精神（Innovative and Entrepreneurial）
· 商业知识（Commercially Savvy）
· 多语言能力（Multilingual）
· 文化敏感性（Culturally Aware）

---

① Steve Bradt. The Future of MIT Education Looks More Global, Modular, and Flexible, Final Report of Institute-Wide Task Force Offers 16 Recommendations to Help MIT Evolve for a New World [R/OL]. (2014-08-04) [2022-04-18]. https://news.mit.edu/2014/future-of-mit-education-0804.

② Charles M. Vest. Engineering Education for the 21st Century [R/OL]. (2008-06-23) [2022-07-13]. http://www.asee.org/.../annual/.../ASEEAnnualConfVEST6-23-08.p...

- 能够理解国际市场（Able to Understand World Markets）
- 能够适应变化以及可迁移的专业知识和技能（Professionally Flexible and Mobile）

此外，韦斯特还特别强调，为大学和各学院营造出令人激动、富有创造性和探险精神、充满活力、积极进取和拥有自主权的环境比聚焦于课程的细节更为重要。①

案例2：东京大学②

东京大学的本科教育基本特征大致可以归纳为以下三方面：具有多样和高度选择性的教育、由从事世界最高水平研究的教师提供的教育、可以终生与优秀学友进行切磋的教育。

在本科教育阶段，东京大学制定的人才培养目标是培养更加全球化、更加具有挑战精神的人才。为了实现这一目标，近年来，该校采取了以下三大改革措施。

首先是国际化，主要包括提高师生的国际流动性、实现全球化的校园、提供多样化的学习机会。其次是实质化，主要包括促进学生的主体学习、确保学生拥有足够的学习量、提高教与学质量、实施本科四年教养教育与专业教育一贯制。最后是高度化，主要包括在整个四年本科教育期间实施高水平教养教育、大力提倡创新的专业教育、为顶尖学生提供更大的发展空间。

根据上述措施，东京大学针对本科教育进行了全校范围内的系统改革。主要内容包括引入4学期制、学务系统改革、信息和通信技术辅助（ICT）教学的加强、教育资源的有效利用、评估职能和体制的充实、适应全球化环境的构建等。除了教养与专业教育并重，东京大学还特别

---

① Charles M. Vest. Engineering, Innovations and the Challenges of the 21st Century [R/OL]. (2010-02-23) [2022-07-15]. http://www.youtube.com/watch?v=1_cV1FmiUKw.

② 大学法人東京大学. 平成26年3月11日東京大学における学院教育の総合的改革の推進 [R/OL]. (2014-03-11) [2022-10-15]. http://www.u-tokyo.ac.jp/content/400004451.pdf.

强调在本科教育阶段培养学生以下 5 方面的能力：[①]
- 具有扎实的基础，对最尖端的知识具有好奇心
- 公共的责任感和宏观的判断力
- 全球化的思考和行动力
- 发现问题和积极挑战的姿态
- 不同文化或价值观的理解与尊重

案例 3：东京工业大学

该大学本科教育的目的是培养能够在国际舞台活跃、把握科技发展的优秀理工人才。近年来，东京工业大学有关本科教育改革的要点包括以下三个方面：确立世界顶尖水平的教育体系、改革学习活动、大胆的国际化。在上述改革方针指导之下，从 2016 年开始，该校正式开始本硕博一贯制教育，即本科和硕士一贯制（本硕连读）以及硕士和博士一贯制（硕博连读）。此外，还开始实施本科至博士的课程一贯制教养教育（liberal arts education）。目前来看，该校本科教育的主要特点可以归纳为以下几方面，即实施一年级教育（first-year education），重视教养教育，提高职业发展教育（career education），鼓励学生采取灵活的学习方式，引入四学期制，开展目标达成度的评估，注重学生全球胜任力的培养，构建学生学习支持系统，教学与科研相结合，营造最佳教育环境。[②] 其中，不同于其他院校教养教育课程仅仅在本科阶段开设，东京工业大学的教养教育课程从本科一年级一直开设到博士三年级，为本科生、硕士生和博士生持续不断地提供教养教育方面的课程。

案例 4：香港科技大学[③]

香港科技大学从创校开始，便制定了发展成为一所立足本地、在

---

① 東京大学臨時教育改革本部. 学院教育の総合的改革に係る部局別改革プランの概要 [R/OL]. [2014-03]. http://www.u-tokyo.ac.jp/content/400004450.pdf.

② Features of Tokyo Tech's Education [EB/OL]. [2022-12-12]. http://titech.ac.jp.

③ 香港科技大学 [EB/OL]. [2022-12-12]. http://strategicplan.ust.hk/.

国际上具有深远影响力的研究型大学这一目标。例如，科大校董会于2000年宣布，大学在未来应该成为"一所在国际上具有深远影响，而又致力为本地服务的优秀学府"。按照这一定位，在国际上，科大要在每一个精选的教研领域走在世界前沿；在中国，要对国家的经济及社会发展做出贡献；在本地，则与政府及工商界通力合作，把香港发展成为以知识为本的社会。

在本科教育方面，科大力求为学生提供多方面发展的课程，其内容主要包括：首先，具有挑战性的课程，以增强学生的专业训练，并帮助学生追求卓越的学术成就；其次，校园国际化，以促进多元文化、开放视野及培养全球化公民意识；最后，推动恪守公民责任、对工作有承担的校园生活，以及沟通和领导技巧的培育。

如上所述，由于影响本科教育的因素多种多样，加之考察的对象极其有限，本附录不可能探讨世界一流大学与本科教育的所有问题，从仅有的案例来看，世界一流大学有关本科教育的若干基本共性大致可以归纳如下：

- 学生构成的高度国际化
- 本科生少于研究生
- 拥有从事世界一流研究的教师队伍
- 基本都是招收入学成绩最优秀的学生
- 本科教育都基本注重培养具有国际视野、把握学科前沿和挑战精神的人才
- 大学开设多种课程供学生选择
- 本科教育强调研究性学习
- 本科教育并不排斥专业教育，但基本把教养教育（或一般核心课程传授）和专业教育有机地结合起来
- 大学为师生提供良好的教学和学习环境，特别是为本科生提供较为灵活的学制和学习方式

第三节 结论与启示

本章介绍了世界一流大学本科教育的基本特征和改革动向，由于制约和影响本科教育水平的因素太复杂，仅有的几个简单案例无法说明这些一流大学所提供的本科教育就是世界一流本科教育，即世界一流大学的本科教育并不完全等同于世界一流的本科教育。不过，尽管存在差异，这些案例基本说明了世界一流大学更多强调的是研究生阶段，特别是博士生阶段的教育，强调教师从事世界一流的研究活动，而不是建设世界一流本科教育。实际上，早在20世纪70年代，美国教育社会学家本－戴维虽然没有明确界定什么是世界一流本科教育，却在论述什么是好的教育（good education）时强调了及时和迅速地将最新科学研究成果转化为课程和课堂教学的重要性。① 同时，他还指出，美国最好的教师基本上都集中在研究型大学，从事学术和专业（professional）研究，他们更加重视研究生教育。② 此外，美国哈佛大学前校长伯克也曾说过，世界一流大学并不需要在本科教育方面做得好（World-class research university need not to be doing well in undergraduate education）。③

从世界高等教育发展变化的历史来看，近代大学区别于中世纪大学的根本之处在于近代大学萌发了研究的职能。不同于中世纪教会把持的传统大学，在近代大学中，大学教师开始以探索真理为目的，从事科学研究，通过教学与科学研究相结合，把知识生产和知识传授紧密结合在一起来培养学生。从某种意义上来说，如果仅仅强调既有的知识，束缚师生的教与学，那么大学教育还只是停留在中世纪大学教育阶段。

---

① Joseph Ben-David. American Higher Education: Directions Old and New [M]. McGraw-Hill Book Company, 1972: 44-45.

② Joseph Ben-David. American Higher Education: Directions Old and New [M]. McGraw-Hill Book Company, 1972: 49-68.

③ Derek Bok. Our Underachieving Colleges: A Candid Look at How Much Students Learn and Why They Should be Learning More [M]. Princeton University Press, 2005.

此外，众所周知，一般而论，除了个别专门传授自由教育学科（liberal arts）的小规模学院外，美国高等教育的创新之处正是其在大学中引入了本科教育之上的研究生教育，特别是博士生教育。今天美国高等教育在世界上最发达和最领先的部分也是其研究生教育，特别是博士生教育，而不是什么本科生教育。从这一个意义上来说，是否具备一流本科教育既不是一流大学成熟的重要标志，也非世界一流大学的根本或重要特征。相反，如上所述，正是世界高水平或国际一流的研究生教育，特别是博士生教育才是构成美国世界一流大学的最根本要素之一。

本章的分析和考察具有以下几方面的启示。

首先，对学术研究的启示包括：第一，本科课程研究可能需要从目前重视开发和编制什么内容的课程转为着眼于考察哪些利益相关者应该参与课程开发，如何教授这些课程内容，大学如何提供有助于提高学生学习效果的良好环境，特别是学生学习效果的研究；第二，建设世界一流本科教育，需要从学术的角度研究世界一流本科教育的基本特征，开发衡量世界本科教育的指标体系，在此前提下，找出世界一流本科教育与中国本科教育的差异，讨论如何构建世界一流本科教育，提出科学战略规划和可操作的实施办法；第三，有必要进一步开展学生学习成果与学科水平评估以及与本科教育质量之间关系的研究，开发和发现衡量本科教育水平和质量的关键指标或观测点。

其次，对政策制定的启示主要包括：第一，讨论一流大学和一流本科教育建设不能完全不加区别地使用那些用以衡量西方，特别是英美一流大学和一流本科教育的标准，而需要考虑东亚有关国家和地区独特的历史传统、政治体制和社会文化价值观等；第二，追求和提高大学或学科排名并不能自然导致本科人才培养模式的转变、本科层次学生质量的提高，特别是一流本科教育的实现；第三，政府在制定建设一流本科教育的政策过程中，需要考虑到不同类型高校和不同学科之间的差异性，需要给予和增加高校更多的办学自主权以及学术自由。

最后，对院校改革的启示在于，从本科教育角度来看，在中国高校

"双一流"建设过程中,需要实现高校系统改革。例如,改革高校课程结构,关注本科人才培养国际变化趋势,提高大学的国际化水平,提供前沿教学内容,加强研究性学习,特别是激发学生的内在学习动力,为学生积极主动地学习提供良好的环境,构建能激励和帮助学生自主学习的机制和环境。